Träume, Omen, Orakel und Prophezeiungen

über die Symbolik der Bilder

Band 71 der Reihe „Die Götter der Germanen"

1

Bücher von Harry Eilenstein:

- Astrologie (496 S.)
- Photo-Astrologie (428 S.)
- Horoskop und Seele (120 S.)
- Tarot (104 S.)
- Handbuch für Zauberlehrlinge (408 S.)
- Physik und Magie (184 S.)
- Der Lebenskraftkörper (230 S.)
- Die Chakren (100 S.)
- Meditation (140 S.)
- Reinkarnation (156 S.)
- Drachenfeuer (124 S.)
- Krafttiere – Tiergöttinnen – Tiertänze (112 S.)
- Schwitzhütten (524 S.)
- Totempfähle (440 S.)
- Muttergöttin und Schamanen (168 S.)
- Göbekli Tepe (472 S.)
- Hathor und Re 1: Götter und Mythen im Alten Ägypten (432 S.)
- Hathor und Re 2: Die altägyptische Religion – Ursprünge, Kult und Magie (396 S.)
- Isis (508 S.)
- Die Entwicklung der indogermanischen Religionen (700 S.)
- Wurzeln und Zweige der indogermanischen Religion (224 S.)
- Der Kessel von Gundestrup (220 S.)
- Der Chiemsee-Kessel (76)
- Cernunnos (690 S.)
- Christus (60 S.)
- Odin (300 S.)
- Die Götter der Germanen (Band 1 – 80)
- Dakini (80 S.)
- Kursus der praktischen Kabbala (150 S.)
- Eltern der Erde (450 S.)
- Blüten des Lebensbaumes 1: Die Struktur des kabbalistischen Lebensbaumes (370 S.)
- Blüten des Lebensbaumes 2: Der kabbalistische Lebensbaum als Forschungshilfsmittel (580 S.)
- Blüten des Lebensbaumes 3: Der kabbalistische Lebensbaum als spirituelle Landkarte (520 S.)
- Über die Freude (100 S.)
- Das Geheimnis des inneren Friedens (252 S.)
- Von innerer Fülle zu äußerem Gedeihen (52 S.)
- Das Beziehungsmandala (52 S.)
- Die Symbolik der Krankheiten (76 S.)

- König Athelstan (104 S.)

Kontakt: www.HarryEilenstein.de / Harry.Eilenstein@web.de

Herstellung und Verlag: BoD - Books on Demand, Norderstedt   **ISBN:** 9783744833264

Die Themen der einzelnen Bände der Reihe „Die Götter der Germanen"

1. Die Entwicklung der germanischen Religion
2. Lexikon der germanischen Religion

3. Der ursprüngliche Göttervater Tyr
4. Tyr in der Unterwelt: der Schmied Wieland
5. Tyr in der Unterwelt: der Riesenkönig   Teil 1
6. Tyr in der Unterwelt: der Riesenkönig   Teil 2
7. Tyr in der Unterwelt: der Zwergenkönig
8. Der Himmelswächter Heimdall
9. Der Sommergott Baldur
10. Der Meeresgott: Ägir, Hler und Njörd
11. Der Eibengott Ullr
12. Die Zwillingsgötter Alcis
13. Der neue Göttervater Odin   Teil 1
14. Der neue Göttervater Odin   Teil 2
15. Der Fruchtbarkeitsgott Freyr
16. Der Chaos-Gott Loki
17. Der Donnergott Thor
18. Der Priestergott Hönir
19. Die Göttersöhne
20. Die unbekannteren Götter
21. Die Göttermutter Frigg
22. Die Liebesgöttin: Freya und Menglöd
23. Die Erdgöttinnen
24. Die Korngöttin Sif
25. Die Apfel-Göttin Idun
26. Die Hügelgrab-Jenseitsgöttin Hel
27. Die Meeres-Jenseitsgöttin Ran
28. Die unbekannteren Jenseitsgöttinnen
29. Die unbekannteren Göttinnen
30. Die Nornen
31. Die Walküren
32. Die Zwerge
33. Der Urriese Ymir
34. Die Riesen
35. Die Riesinnen
36. Mythologische Wesen
37. Mythologische Priester und Priesterinnen
38. Sigurd/Siegfried
39. Helden und Göttersöhne

40. Die Symbolik der Vögel und Insekten
41. Die Symbolik der Schlangen, Drachen und Ungeheuer
42. Die Symbolik der Herdentiere

43. Die Symbolik der Raubtiere
44. Die Symbolik der Wassertiere und sonstigen Tiere
45. Die Symbolik der Pflanzen
46. Die Symbolik der Farben
47. Die Symbolik der Zahlen
48. Die Symbolik von Sonne, Mond und Sternen
49. Das Jenseits
50. Seelenvogel, Utiseta und Einweihung
51. Wiederzeugung und Wiedergeburt
52. Elemente der Kosmologie
53. Der Weltenbaum
54. Die Symbolik der Himmelsrichtungen und der Jahreszeiten
55. Mythologische Motive

56. Der Tempel
57. Die Einrichtung des Tempels
58. Priesterin – Seherin – Zauberin – Hexe
59. Priester – Seher – Zauberer
60. Rituelle Kleidung und Schmuck
61. Skalden und Skaldinnen
62. Kriegerinnen und Ekstase-Krieger

63. Die Symbolik der Körperteile
64. Magie und Ritual
65. Gestaltwandlungen
66. Magische Waffen
67. Magische Werkzeuge und Gegenstände
68. Zaubersprüche
69. Göttermet
70. Zaubertränke
71. Träume, Omen und Orakel
72. Runen
73. Sozial-religiöse Rituale

74. Weisheiten und Sprichworte
75. Kenningar
76. Rätsel

77. Die vollständige Edda des Snorri Sturluson
78. Frühe Skaldenlieder
79. Mythologische Sagas

80. Hymnen an die germanischen Götter

Inhaltsverzeichnis

A Träume

I Traumdeutung in der germanischen Überlieferung

Die Deutung der Träume bildet in diesem Buch den ersten Teil, weil die Träume die häufigste Begegnung mit der Bilderwelt sind, die sich im Innen als Träume und im Außen als Omen und Orakel finden.

I 1. allgemein

I 1. a) Wortschatz

Es gibt nächtliche Träume:

draumr	- Traum
svefna-farir	- „Schlaf-Fahrten" = Träume
drauma-vetr	- Traum-Winter = Schlaf (Winter = Nacht)
draum-thing	- Thing der Träume = Schlaf
dreyma	- träumen, im Traum erscheinen

Und es gibt Tagträume:

hima	- tagträumen, in Gedanken versunken sein (zu „himin" für „Himmel")
himaldi	- Träumer, Taugenichts (zu „himin" für „Himmel")

Weiterhin gibt es Wahrträume:

draum-heill	- Zukunftsdeutung mithilfe von Träumen
drauma-madr	- Träumer = jemand, der oft Wahrträume hat

13

räsir draum	- ein Traum wird wahr, d.h. er hat die Zukunft gezeigt
svefna-synir	- „im Schlaf Gesehenes" = nächtliche Vision, Wahrtraum

Und es gibt Visionen:

em er draums	- „in einem Traum sein" = in Trance sein, auf einer Traumreise sein, eine Vision haben

Dann gibt es die Wesen, die im Traum erscheinen:

draum-kona	- Traumfrau (Frau, die in einem Traum erscheint)
draum-madr	- Traummann (Mann, die in einem Traum erscheint)
drama-skrimsl	- Traum-Ungeheuer
draum-orar	- Traum-Gespinste, Phantome, Phantasien
draum-skrök	- Traum-Gespinste, Phantome, Phantasien

Und schließlich gibt es noch die Traumdeutung:

draumar-radning	- Traumdeutung
draum-spakr	- in der Traumdeutung geübt sein
draum-speki	- Übung in der Traumdeutung
draum-spekingr	- geschickter Traumdeuter

Die überlieferten Träume der Germanen sind so gut wie alle Wahrträume. Diese Träume werden bisweilen von Frauen (Walküren) und seltener Männern im Traum verkündet. Manchmal müssen sie von einem Traumkundigen gedeutet werden.

Träume scheinen mit dem Himmel und daher evtl. auch mit den Göttern assoziiert worden zu sein.

I 1. b) Jakob Grimm: Deutsche Mythologie

Von der traumdeutung hier nur weniges. dreám hieß den Angelsachsen jubilum, entzückung und so ist auch das altsächsisch drohtines drôm = himmel als dei jubilum, gaudium aufzufassen, gegenüber dem manno, liudo drôm, dem vergänglichen traum der welt.

Für den begrif von somnium (schlafen) galt angelsächsisch svefen, altsächsich suebhan; altnordisch ist svefn somnus. mittelhochdeutsch entsweben, einschläfern, wozu auch das althochdeutsche suëp (aer) gehört, so daß schlafen und träumen eigentlich entzücken, entschweben des geistes in die luft aussagt („Astralreise").

Nahe liegen die lateinischen sopor und sompnus, somnus, somnium. althochdeutsch wie altnordisch scheint troum, draumr auf somnium eingeschränkt.

Der Traum ist seinen Bezeichnungen zufolge eine Wahrnehmung, die stattfindet, wenn die Seele den Körper verlassen hat (siehe „Astralreise" in Band 50).

I 1. c) Alwis-Lied

Thor:
„Sage mir, Alwis, da alle Wesen,
Kluger Zwerg, Du kennst,
Wie heißt die Nacht, die Nörwis Tochter ist,
In all den Welten?"

Alwis (Tyr):
„Nacht bei den Menschen, Nebel den Göttern,
Hülle höheren Wesen,
Riesen Ohnelicht, Alfen Schlummerlust,
Traumgenuß nennen sie die Zwerge."

Der Schlaf konnte mit „Traumgenuß" umschrieben werden.

I 2.   Todes-Ankündigungen für einen einzelnen Menschen

Es sind insgesamt 22 Todesankündigungen im Traum überliefert worden. Diese Art von Wahrträumen scheint bei den Germanen eine große Rolle gespielt zu haben.

I 2. a)   Jomsvikinger-Saga

Es wurde eine stattliche Hochzeit gefeiert und dann wurden Palnir und Ingibjörg in ihr Ehebett geführt.

Sie schlief schnell ein und hatte einen Traum. Als sie aufwachte, erzählte sie Palnir den Traum. „Ich träumte,“ sagte sie, „daß ich hier auf diesem Hof war und ein Gewebe auf dem Webstuhl hatte, das von grauer Farbe war. Die Websteine waren daran befestigt und ich war dabei, zu weben. Dann fiel einer der Steine von der Mitte des Gewebes nach hinten. Da sah ich, daß die Websteine Menschenköpfe waren. Ich hob den einen Kopf auf und erkannte ihn.“

Palnir frug, wessen Kopf es gewesen sei, und sie sagte, es sie der des Königs Haraldr Gorm-Sohn gewesen.

Palnir sagte, es sei besser, dies geträumt zu haben als nicht.

„Das meine ich auch,“ sagte sie.

Ein Totenkopf kündigt den Tod des betreffenden Menschen an.

I 2. b)   Gisli-Saga

„Mir träumte,“ sagte Gisli, „daß uns Männer entgegenkamen und daß Eyolf bei ihnen war und als wir uns trafen, wußte ich, daß es fröhliche Arbeit zwischen uns geben würde. Einer von der Gruppe lief den anderen voraus und er grinste und riß seinen Mund weit auf und mir schien, daß ich ihn in der Mitte entzweischlug und mir schien, daß er einen Wolfskopf trug. Dann fielen viel andere über mich her und mir war, als ob ich meinen Schild in meiner Hand halten würde und lange Zeit meinen Stand wahren konnte.“

fröhliche Arbeit = Kampf
einen Wolfskopf tragen = ein Ulfhedinn (Wolfsfell-Ekstasekämpfer) sein

16

In manchen Träumen wird die Zukunft ganz konkret vorhergesehen.

I 2. c) Gesta danorum

Ethelred verweigerte ihrem Mann König Gorm nach ihrer Hochzeit die sexuelle Vereinigung, da sie unsicher war, ob sie von ihm Kinder empfangen konnte. Daher wollte sie zunächst ein Orakel befragen – eigentlich ein bißchen spät …
Doch da hatte Gorm einen Traum:

Als sein Geist im Schlummer ruhte, schien ihm, daß zwei Vögel aus der Scham seiner Frau hervorgeglitten kamen – der eine von ihnen größer als der andere – und daß sie emporflogen und durch den Himmel segelten und daß sie, nachdem eine Weile verstrichen war, zurückkehrten und sich auf seine Hände setzten. Dann schwangen sie sich, nachdem sie sich ein wenig ausgeruht hatten, ein zweites und ein drittes mal mit ausgebreiteten Flügeln in den Himmel hinauf.

Schließlich kehrte der kleinere von den beiden ohne seinen Gefährten zurück und seine Flügeln waren mit Blut beschmiert.

Der letzte Satz bedeutet vermutlich, daß die beiden Brüder auf Raubfahrt ausgezogen sind, also zu „echten Wikingern" herangewachsen waren – was wohl auch den letzten Zweifel der Königin daran, daß Gorm ein passender Ehemann für sie sei, beseitigt haben wird …
Der größere der beiden Brüder ist anscheinend auf dieser Raubfahrt gestorben – er kehrte nicht zurück.
Diese beiden Vögel sind Seelenvögel, die nicht beim Tod vom Diesseits in das Jenseits hinüberreisen, sondern bei der Geburt vom Jenseits in das Diesseits kommen.

Vögel symbolisieren Menschen – es handelt sich um Seelenvögel.
Die vorhergesehenen Ereignisse werden im Traum oft fast realistisch dargestellt – manchmal steht jedoch z.B. „Blut" für „Tod" u.ä.

I 2. d)   Die Geschichte über Gunnlaug Schlangenzunge

Hrafn zog heim nach Mosfell mit seiner Gattin Helga; und als sie da kurze Zeit gewesen waren, da geschah es eines Morgens, ehe sie aufstanden, daß Helga wachte, aber Hrafn schlief und unruhige Bewegungen machte.

Als er erwachte, frug Helga ihn, was er geträumt hätte.

Da sprach Hrafn diese Weise:

„ Insel des Schlangenlagers!
Verwundet dünkte ich mich Dir liegend im Arm.
Dein Bett, o Braut,
schien mir gerötet von meinem Blute;
die Göttin des spendenden Bierschiffes vermochte nicht,
Hrafns Wunden zu verbinden.
Tod bedeutet das,
Linde des Lauches!"

Schlangenlager = Gold; Insel = Trägerin; Gold-Trägerin = Frau
Bierschiff = Trinkhorn; dessen Göttin = Frau
Lauch = Waffe; Linde = Frau; Waffen-Frau = Walküre = Frau

Hier wird der eigene Tod recht realistisch vorhergesehen.

I 2. e)   Die Geschichte über Gunnlaug Schlangenzunge

Im Sommer, noch ehe man hier in Island etwas von dieser Geschichte erfuhr, hatte Illugi der Schwarze einen Traum, während er zu Hause in Gilsbakki war. Es war ihm, als ob Gunnlaug im Schlafe zu ihm käme, ganz mit Blut bedeckt, und folgende Weise spräche.

Illugi entsann sich nämlich derselben, als er erwachte und wiederholte sie dann vor den anderen:

„Ich wußte, daß Hrafn mich hieb mit dem sausenden Fisch
auf den geschmückten Brünnenbuckel;
aber die scharfe Spitze fuhr Hrafn in den
Schenkel – da erlangte der leichenhackende Adler
das Meer meiner warmen Wunden, der Krieger spaltete
Gunnlaugs Haupt mit dem Schlachtspieß."

sausender Fisch = Schwert
Brünnenbuckel = Schild
leichenhackender Adler = Schwert oder Axt
Meer der Wunden = Blut

Im Süden in Mosfell geschah es in derselben Nacht, daß dem Önund träumte, Hrafn
käme zu ihm und wäre über und über blutig; dieser sprach folgende Weise:

„Gerötet ist das Schwert; aber der
Schwertgott schuf mein Unheil; die Schilde
der Schildverderber wurden jenseits des Meeres erprobt.
Ich glaube, die blutbefleckten Blutgänse standen im
Blute über meinem Haupte. Der wundengierige
Wundengeier durfte noch waten im Wundenflusse."

Schwertgott = Tyr
Schildverderber = Krieger
Blutgänse = Raben (Leichen-Fresser)
Wundengeier = Raben (Leichen-Fresser)
Wundenfluß = Blut

Auch hier ist der Traum über dem Tod eines anderen Mannes sehr realistisch.

I 2. f)   Die Saga über Kampf-Glum

Es wird gesagt, daß Kampf-Glum eines Nachts einen Traum hatte, in dem ihm
schien, daß er vor seinem Haus stände und zu dem Fjord hinüberblicke. Und ihm war,
als würde er die Gestalt einer Frau sehen, die geradewegs vom Meer aus durch das
Land zu Thvera hin ginge. Sie war von einer solchen Länge und Größe, daß ihre

Schultern die Berge zu beiden Seiten berührten. Da ging er ihr von seinem Wohnplatz aus entgegen und bat sie, zu seinem Haus zu kommen – und dann erwachte er.

„Thvera" ist der Ort, an dem Kampf-Glum wohnt.

Dies schien allen sehr seltsam zu sein, aber er sagte, daß dieser Traum ohne Zweifel sehr wichtig sei, „und ich deute ihn so: Mein Großvater Vigfuss muß tot sein und diese Frau, die höher als die Berge war, muß sein Schutzgeist sein, denn er war an Ehre und in den meisten anderen Dingen weit größer als die meisten anderen Menschen und sein Schutzgeist muß nach einem Ruheort gesucht haben, an dem ich bin."
Aber im Sommer, als die Schiffe kamen, erfuhren sie von dem Tod des Vigfuss.
Da sang Glum wie folgt:

„In der Mitte der Nacht, unter dem Himmel,
auf dem Ufer des Eyja-Fjords,
sah ich den Schutzgeist vorübergehen,
in Riesengestalt auf der Erde.
Die Göttin des Schwertes und des Speers
stand in meinem Traum auf dieser Erde;
und während das Tal vor Furcht erzitterte,
ragte sie hoch über die Berge ringsum empor."

Göttin des Schwertes und des Speers = Walküre, Schutzgeist

In manchen Träumen verkündet der Schutzgeist eines Mannes, der gerade verstorben ist, dessen Tod in einem Traum seinen nahen Verwandten.

I 2. g)   Bruchstück einer Saga über einige frühe Könige in Dänemark und Schweden

Und am Abend, als König Hroerek zu Bett ging, hatte Aud ihm ein neues Bett in der Mitte des Fußbodens bereitet und bat den König, in diesem Bett zu schlafen und darauf zu achten, was er träumen würde, „und erzähle mir das dann morgen."
Dann suchte sie sich selber einen Schlafplatz.
Und am Morgen kam Aud und frug ihn nach seinen Träumen.

„Mir träumte, ich stünde in einem Wald," sagte er, *„und daneben habe ich eine weite, schöne Ebene gesehen und auf dieser Ebene sah ich einen Hirsch stehen. Dann rannte ein Leopard aus dem Wald heraus und mir schien, daß sein Fell wie Gold war. Der Hirsch stieß sein Geweih unter die Schulter dieses Tiers und es fiel tot nieder.*

Als nächstes sah ich einen großen fliegenden Drachen, der über den Hirsch kam und ihn sofort mit seinen Krallen packte und ihn in Stücke riß.

Dann sah ich einen Bären mit einem Bärenjungen und der Drache wollte sich das Bärenjunge holen, aber der Bär beschützte es – und dann erwachte ich. "

Sie sagte: „Dies ist ein bedeutungsvoller Traum und Du solltest vor meinem Vater König Ivar auf der Hut sein, falls er Dich täuschen will, denn in Deinem Traum hast Du den Streit zwischen Königen gesehen, die miteinander kämpfen werden und es wäre gut, wenn Du nicht derjenige wärst, für den der Hirsch gestanden hat, aber das scheint mit am wahrscheinlichsten zu sein .... "

Die Nordgermanen kannten das Wort (und das Tier?) „Leopard" durch ihre Fahrten mit den Drachenschiffen in das Mittelmeergebiet. Sie benutzten dieses Wort jedoch als allgemeine Bezeichnung für „Ungeheuer" – es ist hier also nicht unbedingt ein konkreter Leopard gemeint. Das „goldene Fell" dieses Tieres in diesem Text spricht jedoch dafür, daß zumindestens eine Raubkatze gemeint ist.

Träume in der ersten Nacht in einem neuen Bett werden wahr. (Diese Ansicht gibt es auch heute noch.)

Hirsche, Bären, Drachen und Leoparden stehen für Könige. Das Töten des einen durch einen der anderen steht für den Mord des einen Königs an dem anderen.

I 2. h) Bruchstück einer Saga über einige frühe Könige in Dänemark und Schweden

Als die Neuigkeit der Heirat von Aud der Tiefsinnigen bis zu ihrem Vater König Ivar dem Weitumfassenden gelangte, fand er es unverschämt, daß König Radbard sie ohne seine Erlaubnis geheiratet hatte.

Der Beiname „Weitumfassender" des schwedischen Königs Ivar, der von ca. 620-700 n.Chr. lebte, bezog sich darauf, daß ihm Königreiche von Großbritannien bis Rußland Tribut zahlen mußten.

Da versammelte er ein großes Heer aus seinem gesamten Reich, aus Schweden und Dänemark. Er versammelte ein so großes Heer, daß er mehr Schiffe hatte als man zählen konnte. Er brach mit seinem Heer auf und zog nach König Radbards Land östlich des Baltikums und erklärte, daß er dessen gesamtes Königreich verwüsten und versengen werde.

König Ivar war damals bereits sehr alt. Und als er seine Heeresmacht nach Osten in den Golf von Finnland gebracht hatte, beabsichtige er, seine Schiffe mit seinem Heer dort zu verlassen, wo das Reich des Königs Radbard begann.

Da geschah es eines Nachts, als der König auf dem Achterdeck seines Schiffes schlief, daß er träumte, daß ein großer Drache von dem Meer her geflogen kam und Funken von ihm aufflogen wie Funken von einer Schmiede und alle Länder rings um ihn her erleuchteten. Hinter ihm flogen alle Vögel her – es schienen ihm alle Vögel der Nordlande zu sein. Dann sah er eine große Wolke von Norden her nahen und er sah, daß sie einen so großen Regen und so große Stürme brachte, daß er dachte, daß alle Wälder und alle Länder von dem Wasser, das herniederströmte, fortgespült werden würden. Mit ihr kamen Donner und Blitze. Und als der große Drache vom Meer aus über das Land flog, da kam über ihn der Regen und der Sturm und eine solch große Finsternis, daß er ab dem Augenblick weder den Drachen noch die Vögel mehr sehen konnte, auch wenn er den großen Lärm der Donner und des Sturmes hören konnte. Das Unwetter zog nach Süden und nach Westen und umgab sein ganzes Reich. Und ihm schien, daß er da nach seinen Schiffen blickte und sie waren zu nichts anderem als zu Walen geworden – alle von ihnen – und sie schwammen ins Meer hinaus.

Als er erwachte, rief er seinen Ziehvater Hord zu sich und erzählte ihm seinen Traum und bat ihn, ihn ihm zu deuten.

Hord sprach, daß er zu alt sei, um zu wissen, wie man Träume verstehen müsse. Er stand auf einem Felsen unterhalb des Endes des Piers, während der König auf dem Achterdeck lag und eine Ecke seines Zeltes angehoben hatte, während sie miteinander sprachen.

Der König war in einer schlechten Stimmung und sprach: „Komm an Bord, Hord, und deute meinen Traum!"

Hord sprach, er könne nicht an Bord kommen, „aber Dein Traum braucht keine Deutung. Du kannst selber sehen, was er bedeutet und daß es sehr wahrscheinlich ist, daß es bald eine Veränderung des Herrschers in Schweden und Dänemark gibt. Und nun ist die Gier des Grabes in Dir, der Hunger, der das Ende eines Menschen ankündet – diese Begierde von Dir, Dir alle Reiche zu unterwerfen. Aber was Du nicht weißt, ist, daß das Ergebnis Dein Tod sein wird und daß Deine Feinde Dein Königreich besitzen werden."

Der König sprach: „Komm her und sprich Deine Schicksals-Prophezeiungen!"

Hord sprach: „Hier will ich stehen und von hier aus sprechen."

Der König sprach: „Wer war Halfdan der Tapfere unter den Asen?"

Hord antwortete: „Er war Baldur unter den Asen und all die Götter weinten – im Unterschied zu Dir."

„Du sprichst gut," sagte der König, „komm her und sage mir Deine Botschaften!"

Hord sprach: „Hier will ich stehen und von hier aus sprechen."

Der König sprach: „Wer war Hroerek unter den Asen?"

Hord antwortete: „Er war Hönir, der der ängstlichste unter den Asen war, auch wenn er schlecht zu Dir gewesen ist."

„Wer war Helgi der Kühne unter den Asen?" sprach der König.

Hord antwortete: „Er war Hermod, der den größten Mut hatte und Dir nicht gut gesonnen war."

Der König frug: „Wer war Gudrod unter den Asen?"

Hord antwortete: „Er war Heimdall, der der närrischste unter den Asen war, auch wenn er schlecht zu Dir gewesen ist."

Der König sprach: „Wer bin ich unter den Asen?"

Hord antwortete: „Du mußt die Schlange sein, die das Schlimmste in der Welt ist, die, die sie Midgardschlange nennen."

Der König antwortete sehr wütend: „Wenn Du mein Verhängnis verkündest, dann laß mich Dir sagen, daß Du nicht mehr länger leben wirst, denn ich kenne Dich, dort wo Du stehst, Du großer Thurse! So fahre selber zur Midgardschlange und laß uns sehen, wer von uns der bessere ist, wenn es zum Kampf kommt!"

Da sprang der König vom Achterdeck herab und er war so wütend, daß er durch die untere Ecke des Zeltes sprang. Hord stürzte hart von dem Felsen und stürzte in das Meer und das war das letzte, was die Wächter auf dem Schiff des Königs jemals von den beiden sahen.

Der Drache und die vielen Vögel sind der König und sein Heer. Der Sturm ist sein nahender Tod und die Dunkelheit sein Ende. Die Wale sind die daraufhin führerlosen Schiffe, die heimkehren.

Die Fragen des Königs und die Schicksalsprophezeiungen des Hord machen den Eindruck, als ob sie in einer bestimmten Tradition ständen, die beiden gut bekannt ist – eine Art Frage-und-Antwort-Dialog, der evtl. eine feststehende Form war, in der man vielleicht ein Orakel oder eine Seherin befragte.

Hord ist Odin in der Verkleidung seines Ziehvaters – Odin ist oft der Todesbote der Könige in den Sagas, die durch den Schutz des Göttervaters ihr Leben lang siegreich gewesen sind. Am ausführlichsten ist dies in der Völsungen-Saga in der letzten Schlacht des Königs Sigmund (der Vater des Sigurd/Siegfried) beschrieben worden.

Halfdan der Tapfere, Hroerek, Helgi der Kühne und Gurdrod sind Vorfahren des Königs Ivar von Schweden. Sie sind im Jenseits offenbar verschiedenen Göttern gleichgesetzt worden.

Drachen und Vögel symbolisieren einen König mit seinem Heer. Sturm kann Gefahr darstellen und Dunkelheit den Tod.

I 2. i) Gisli-Saga

Gisli war ein Seher und ein großer Träumer und er träumte wahr. Alle Männer sind sich darin einig, daß Gisli derjenige ist, der nach seiner Verbannung noch am längsten gelebt hat – abgesehen von Grettir Osmund-Sohn. Grettir war achtzehn Jahre lang ein Verbannter gewesen.

Es wird berichtet, daß Gisli einst in einem Herbst sehr unruhig schlief, während er in Audas Haus war. Als er erwachte, frug sie ihn, was er geträumt habe.

„Ich habe zwei Frauen, die in meinen Träumen bei mir sind,“ antwortete er, „Die eine ist gut zu mir, aber die andere erzählt mir nichts als Übles und ihre Geschichten werden Tag für Tag schlimmer und sie sagt mir wirklich meinen Untergang voraus. Aber das, was ich gerade geträumt habe, war folgendes:

Mir schien, daß ich zu einem Haus oder zu einer Halle käme und in die Halle hineingehen würde und dort meine Freunde und Verwandten sähe – sie saßen am Feuer und tranken. Dort waren sieben Feuer – einige von ihnen waren schon niedergebrannt, aber einige andere brannten so hell wie nur möglich.

Da kam meine Traum-Frau herein und sagte, daß dies Zeichen meines Lebens seien und daß sie zeigten, wieviel Leben noch kommen würde. Und sie riet mir, daß ich, solange ich leben würde, den alten Unglauben und die Hexerei lassen sollte, und daß ich zu den Tauben und den Lahmen, den Armen und den Schwachen gut sein solle.

'Denk' daran,' sagte sie, 'Du hast noch so lange zu leben, wie Du Feuer gesehen hast.'

Dann ging mein Traum nicht mehr weiter.“

Die Traum-Frau rät Gisli dazu, den alten Glauben abzulegen und sich christlich zu verhalten – wobei das von ihr befohlene Verhalten gegenüber den Schwachen und Armen auch ein Teil des germanischen Verhaltenskodex gewesen ist.

Dann sang Gisli diese Strophen:

„An sieben Feuer erinnert sich der Skalde,
Frau, die in der Halle brannten.
Rings um diese leuchtende Glut saßen Männer,
saßen Männer und tranken wie Brüder.
Alle und ein jeder in der Halle
grüßte Gisli freundlich als seinen Gast;
Gisli grüßte sie sanft und traurig,
seine passenden Worte drückten Dankbarkeit aus.

So sprach die Schicksals-Frau, weise und klug,
so sprach sie zu Norwegens Freund,
sanft war die Frau und voller Mitgefühl:
'Mann! Siehe das Ende Deiner Reise,
Erkenne diese sieben brennenden Feuer –
sieben Jahre bleiben Dir,
dann wirst Du zu diesem Ort zurückkehren
und Dich freuen, frei von Leid.

Die Halle, die Gisli hier sieht, ist offensichtlich Walhalla.

Edler Mann,' fährt die Stimme fort,
'Verwirf' der Zauberer verhaßte Künste.
Kühner Held mit den stärksten Sehnen,
Folge dem goldenen Schatz der weisen Frau.
Erinnere Dich an diesen altersgrauen Rat:
Nichts beschmutzt das Herz so sehr
wie hinterhältige List, wie müßiges Gerede;
Übel ist Hexenkunst, schwarz ihre Taten!

Die „weise Frau" ist die Sprecherin selber. Ihr „goldener Schatz" ist ihre Weisheit. Auch diese Verhaltensregeln sind ein germanisch-christliches Gemisch.

Zügle Deine Hand, zögere zu töten,
Erzürne die Männer nicht so, daß sie Dein Leben wollen!
Komm! Dein Wort zu der Tochter der Weisheit
soll nicht das erste sein, das den Streit weckt.
Mann von edler Gesinnung, helfe
stets den Schwachen, Lahmen, Blinden;
Hart ist die Hand, die sich niemals öffnet;
aber strahlend und gesegnet der großzügige Geist!'"

... ...

Als die Nächte länger wurden, wurden mit ihnen auch die Träume länger und jene üble Traum-Frau kam immer öfter zu ihm und Gisli hatte schwere Nächte.

Einst sprach er zu Auda, als sie ihn frug, was er geträumt habe, und seine Antwort bestand aus Versen:

„Eine Mühsal-bringende Frau sucht mich in meinem Schlummer heim:
Wenn die Träume wahr sind und es so geschieht,
bleiben mir nicht mehr viele Winter, die ich noch zählen werde;
Niemand wird mich einst 'Graubart' nennen:
Diese Traumfrau gebietet mir, zu leben und zu welken –
vergeblich ist es, zu versuchen, ihren Zauberspruch zu brechen;
doch das kümmert mich wenig, meine Geliebte!
Ich träume, aber ich schlafe tief und gut."

Da erzählte er ihr, daß diese üble Traumfrau immer wieder zu ihm kam und ihn mit Blut überspritzen und ihn damit beschmieren und ihn darin baden wollte und daß sie boshaft auf ihn blickte.

Die üble Traum-Frau erscheint hier als eine germanische Priesterin, die Gisli wie im Tempel-Ritual mit Blut besprizt, was in diesem Zusammenhang wohl bedeutet, daß sie ihn dem Tod weiht.

Die gute Traum-Frau ist offenbar eine „christliche Walküre" und die böse Frau eine „germanische Walküre". Die Vorstellung von guten und bösen Walküren ist hier mit der Vorstellung der Missionare über den guten und den bösen Glauben verbunden worden.

„Meine Träume lasten noch immer schwer auf meinem Herzen,
und meine üble Traum-Frau senkt sich über mich;
all' meine Freude ist schier verschwunden,
ich habe keine fröhlichen Stunden mehr:
Sobald der Schlaf meine Augen versiegelt hat,
erscheint eine abscheuliche Frau,
in Blut gebadet und Blut-beschmiert,
und tränkt mich mit dem Tau der Speere."

Tau der Speere = Blut

Und noch einmal sang er:

„Geliebte Frau, ich habe nun alles ausgesprochen,
was ich über meine Träume denke,
habe nichts verborgen, nichts geflüstert,
Worte der Wahrheit quellten in Strömen hervor:
Wut steigt nun Stunde für Stunde an,
Schmerzhaft werden meine Feinde meine Hand bald spüren –
Hochgeborene Anführer, deren große Macht
mich mit dem Zeichen des Verbannten brandmarkten."

... ...

Es wird erzählt, daß nun nur noch zwei Jahre von den Jahren übrig waren, von denen die Traum-Frau gesagte hatte, daß er sie noch zu leben habe.

Als die Zeit verging und Gisli in Geirthiofs-Fjord war, kamen wieder die Träume über ihn und er hatte harte Kämpfe in seinem Schlaf. Und nun kam die üble Traum-Frau immer häufiger zu ihm, auch wenn die gute ihn ab und zu ebenfalls besuchte.

So geschah es eines Nachts, daß die gute Traum-Frau zu ihm kam und daß sie auf einem grauen Roß zu reiten schien und ihm gebot, mit ihm zu ihrem Heim zu gehen – und er folgte ihr voll Freude. Da kamen sie zu einem Haus, das fast eine Halle war und sie führte ihn in dieses Haus und ihm schien, daß dort Daunen-Kissen auf den Bänken lagen und daß es mit allen Dingen gut ausgestattet war.

Sie bat ihn dort zu bleiben und guten Mutes zu sein: „Hierhin wirst Du gelangen, wenn Du tot bist und Deine Zeit in Segen und Sorglosigkeit verbringen."

Das Jenseits, daß die gute/christliche Traum-Frau Gisli zeigt, ist nicht das christliche Paradies, sondern eine Art „Walhall ohne Odin".

Da erwachte er und sang diese Strophen über das, was er geträumt hatte:

„Siehe, die Göttin zeigt ihre Macht,
setzt mich auf ihren grauen Zelter,
läßt mich zu ihrer Halle reiten,
heißt mich alle Tage dort willkommen:
Alle ihre Worte bringen mir Linderung,
schwören Freundschaft für alle Zeit;
In meinen Ohren klingen noch immer diese sanften Töne
und diese Weisen finden noch immer kein Ende.

Dort gab es viele Kissen gut zur Rast,
auf die Bänke verteilt in jener Halle,
dort saß ich weich wie ein Schwan auf Flaum,
Oh!, mein Herz erinnert sich an das alles –
Und noch mehr: diese liebe Frau
bettete mich auf ein Lager von weichesten Daunen,
dankbar für die Gaben machte sie mich,
mein Gesicht vergaß die Stirn zu runzeln.

Da sprach diese freigiebige Frau:
'Mächtiger Fürst! Du Verhängnis Deiner Feinde!
Eile hierher, von niemandem verfolgt;
Der Tod wird Dich von allem Leid befreien:
Dann wirst Du,' sprach sie weiter,
'alle diese Schätze Dein eigen nennen;
mich wirst Du zur Frau erlangen,
wir werden glücklich wie Vögel fliegen!'"

Die gute Traum-Frau ist die Göttin, mit der sich der Tote im Jenseits vereint, um dann von ihr als Seelenvogel wiedergeboren zu werden. Dabei nimmt auch sie selber die Gestalt eines Vogels an – wie die Walküren-Schwanenfrauen.

Zwei Frauen verkünden im Traum das Schicksal – eine die guten Dinge und die anderen die üblen.

Herdfeuer verkörpern die Anzahl der Jahre, die noch zu leben bleiben.

Manchmal wird im Traum die eigene Ankunft in Walhall gesehen.

I 2. j)   Die Lachstal-Saga

Olaf Pfau hatte viele wertvolle Rinder. Er hatte einen sehr guten Stier, den er 'Harri' nannte. Er hatte ein graugeflecktes Fell und war größer als alle anderen seiner Rinder. Er hatte vier Hörner, zwei große und schöne, ein drittes stand aufrecht nach oben und ein viertes ragte aus seiner Stirn hervor und streckte sich über seine Augen hinab. Mit diesem Horn brach er im Winter das Eis auf, um an Wasser zu kommen.

Der Name „Harri" bedeutet „Herr". Dies zeigt die große Hochachtung des Olaf für seinen Stier. Es wäre denkbar, daß er ihn mit Tyr assoziierte, da dieser der „Herr der Götter" war und ihm Stiere geopfert wurden.

Vierhornige Ziegen, Schafe und Antilopen sind gut bekannt, aber der vierhornige Stier scheint eher ein mythologisches Wesen zu sein.

Er scharrte auf der Weide wie ein Pferd den Schnee fort. In einem besonders harten Winter zog er von Herdholt aus in die Breitfjord-Täler zu einem Ort, der nun Harri-Stätte genannt wird. Dort weidete er den Winter über mit sechzehn anderen Rindern und fand für alle genug Gras. Im Frühjahr kehrte er zu den heimischen Weiden von Herdholt an den Platz zurück, der nun Harri-Lager genannt wird.

Als Harri achtzehn Winter alt war, fiel sei Eisbrecher-Horn ab und im selben Herbst tötete Olaf ihn.

In der darauffolgenden Nacht träumte Olaf, daß eine Frau zu ihm kam und sie war groß und sah furchterregend aus.

Sie sprach und sagte zu ihm: „Schläfst Du?"

Er sagte, daß er wach sei.

Die Frau sagte: „Du schläfst, aber das kommt auf dasselbe hinaus, als wenn Du wach wärest. Du hast meinen Sohn getötet und hast ihn in einer erbärmlichen Gestalt zu mir kommen lassen. Für diese Tat sollst Du Deinen Sohn durch meine Tat über und über Blut-bedeckt sehen! Und mit ihm zusammen werde ich das auswählen, was Dir zu verlieren am schlimmsten scheinen wird!"

Die Bezeichnung des Stieres durch die Frau als „Sohn" spricht sehr dafür, daß dieser Stier aus den Tyr-Mythen stammt, da der ehemalige Sonnengott-Göttervater bei seiner Wiederzeugung mit der Jenseitsgöttin und bei seiner anschließenden Wiedergeburt durch sie die Gestalt eines Stieres gehabt hat.

Danach verschwand sie und Olaf wachte auf und sah noch immer die Umrisse der Frau.

Olaf nahm sich diesen Traum sehr zu Herzen und erzählte ihn seinen Freunden, aber niemand konnte ihn auf eine Weise deuten, die ihm gefiel. Er fand, daß diejenigen am besten sprachen, die sagten, daß das, was er gesehen hatte, nur ein Traum oder ein Wachtraum gewesen sei.

Eine Frau verkündet einem Mann in seinem Traum seinen nahenden Tod.

I 2. k) Die Saga über Hromund Greipson

Hromund hatte sein Zelt nahe bei dem Ufer des Sees aufgeschlagen. Seine Brüder hatten sich bereits früh am Morgen bewaffnet, aber Hromund sprach: „Ich hatte einen bösen Traum letzte Nacht. Irgendein Unheil lauert auf uns – ich werde heute nicht in die Schlacht ziehen."

Seine Brüder entgegneten, daß es unehrenhaft sei, nicht den Mut zu haben, das Heer des Königs zu unterstützen, wenn er doch genau dafür hierhergekommen war.

Sie zogen in die Schlacht und kämpften tapfer und all die von dem Heer der Haddinge, die sich ihnen entgegenstellten, fielen haufenweise.

Doch eine Hexe war zu ihnen gekommen in der Gestalt eines Schwanes. Sie sang und wirkte solch machtvolle Zaubersprüche, daß niemand von Olafs Männern sich verteidigen konnte. Dann flog sie über Greip und sang laut. Ihr Name war Kara. In diesem Moment trat Helgi der Kühne den acht Brüdern entgegen und erschlug sie alle.

Zu diesem Zeitpunkt griff Hromund in die Schlacht ein. Helgi der Kühne erblickte ihn und schrie: „Da kommt der Mann, der meinen Bruder Hröngvith getötet hat. Nun mußt Du auf dies Schwert aufpassen, das ihm gehörte und das er in seinem Hügelgrab hatte. – Du hast Dich ferngehalten, als ich Deine Brüder erschlug."

„Du brauchst nicht an meinem Mut zu zweifeln, Helgi," entgegnete Hromund, „denn der eine oder andere von uns beiden muß nun fallen."

Helgi sprach: „Mistelzweig ist solch eine schwere Waffe, daß Du sie nicht handhaben kannst. Ich will Dir eine andere leihen, mit der Du zurechtkommst."

„Du brauchst mir kein verzagtes Herz nachzusagen," schrie Hromund, „Erinnere Dich an den Schlag, den ich Hrönvith gab, als ich seinen Schädel zu Staub zerbrach!"

Helgi sprach: „Du hast das Strumpfband eines Mädchens um Deine Hand gewunden, Hromund. Leg den Schild, den Du trägst, zur Seite. Es ist unmöglich, Dich zu verwunden, solange Du diesen magischen Schutz trägst: Ich bin mir sicher, daß Du von dem Schutz durch dieses Mädchen abhängig bist!"

Hromund konnte diese beißenden Worte nicht ertragen und warf seinen Schild und seinen Schutz fort.

Helgi der Kühne war immer siegreich gewesen und er hatte seine Siege durch Magie erlangt. Der Name seiner Geliebten war Kara – sie war bei ihm in der Gestalt eines Schwanes. Helgi schwang sein Schwert so hoch über sich, daß er die Beine seiner Schwanenfrau abschlug. Er rammte sein Schwert bis zum Griff in den Boden und sprach: „Mein Glück ist geflohen: Es war schlimm, daß ich Dich nicht getroffen habe."

Hromund entgegnete: „Du hattest großes Unglück, Helgi, daß Du der Mörder Deiner eigenen Geliebten geworden bist und nun kein Glück mehr haben wirst."

Kara stürzte tot herab. Und mit dem Hieb, den Helgi gegen Hromund geführt hatte und durch den das Schwert bis zu dem Griff in der Erde versunken war, hatte er Hromunds Bauch aufgeschlitzt. Helgi aber stürzte durch die Wucht seines eigenen Streiches vorwärts nieder. Hromund zögerte nicht und schlug Helgi mit Mistelzweig auf den Kopf, spaltete seinen Helm und seinen Schädel und brach dabei einen Splitter aus der Klinge von Mistelzweig.

Dann nähte er seinen eigenen Bauch wieder zusammen und kämpfte weiter und die Männer sanken in Haufen vor ihm nieder.

> Ein Krieger wird durch einen Traum davor gewarnt, am kommenden Tag in die Schlacht zu ziehen.

I 2. l) Ortnit-Lied

„Mir träumt' ein Abenteuer: / Vor einer Felsenwand
Da sollt ich gewinnen / ein gutes Sturmgewand.“
Mit klagenden Worten / sprach das edle Weib:
„Sohn, willst Du das nicht lassen, / so verlierst Du Leben und Leib.“

Ein „Sturmgewand“ ist eine Ritterrüstung. „Vor einer Felsenwand“ bedeutet, daß Ortnit die Rüstung in den Bergen findet – wobei hier mit „Berg“ ein Hügelgrab gemeint ist (in dem der Tyr-Zwerg Elberich, Ortnits Vater, wohnt – siehe „Elberich“ in Band 7).

Ortnits Mutter erkennt die Gefahr, die mit der Suche nach dieser Rüstung verbunden ist.

Ein die Zukunft vorhersehender Traum, ein Orakel oder eine Vision ist die Standaderöffnung in den germanischen Mythen und Sagen.

> Der Traum von einem Kampf bedeutet den drohenden Tod.

I 2. m)   Nibelungenlied

In ihren hohen Ehren träumte Kriemhilden,
Sie zög einen Falken – stark, schön und wild.
Den griffen ihr zwei Aare, daß sie es mochte sehn:
Ihr konnt auf dieser Erde größer Leid nicht geschehn.

Sie sagt' ihrer Mutter den Traum, Frau Uten:
Die wußt ihn nicht zu deuten als so der Guten:
„Der Falke, den Du ziehest, das ist ein edler Mann:
Ihn wolle Gott behüten, sonst ist es bald um ihn getan."

„Was sagt ihr mir vom Manne, vielliebe Mutter mein?
Ohne Reckenminne will ich immer sein;
So schön will ich verbleiben bis an meinen Tod,
Daß ich von Mannesminne nie gewinnen möge Not."

„Verred es nicht so völlig," die Mutter sprach da so,
„Sollst Du je auf Erden von Herzen werden froh,
Das geschieht von Mannesminne: Du wirst ein schönes Weib,
Will Gott Dir noch vergönnen eines guten Ritters Leib."

Ein Falke ist ein Geliebter und die beiden Adler, die ihn töten, zwei Verräter von hohem Rang.

I 2. n)   Völsungen-Saga

Es lebte einst ein König, der Giuki hieß, der in einem Reich südlich des Rheines herrschte. Er hatte drei Söhne: Gunnar, Högni und Guttorm; Gudrun war der Name seiner Tochter, die schönste der Frauen. Und alle diese Kinder waren allen anderen Königskindern an Heldenmut, und Stattlichkeit und Gestalt voraus: Stets waren seine Söhne in Kriegen und vollbrachten viele ruhmreiche Taten. Giuki jedoch hatte Grimhild die Weise geheiratet.

Budli war der Name eines Königs, der mächtiger als Giuki war, auch wenn sie beide sehr mächtig waren. Atli war der Bruder der Brynhild. Atli war ein kühner Mann und ein grimmiger; groß und schwarz anzuschauen, jedoch trotzdem von edler

Gesinnung und der größte der Krieger. Grimhild war eine Frau mit leidenschaftlichem Herzen.

Die Tage der Giukungen standen in voller Blüte – vor allem wegen diesen Kindern, die den Söhnen der Menschen so weit voraus waren.

Eines Tages sagte Gudrun zu einer ihren Zofen, daß sie keine Freude im Herzen habe. Da frug eine der Frauen warum ihre Freude gegangen sei.

Sie antwortete: „Sorge ist in meinen Träumen gekommen, daher ist nun Sorge in meinem Herzen, wenn Du es denn wissen möchtest."

„Dann erzähle ihn mir, Deinen Traum," sprach die Frau, „denn Träume sagen oft nichts anderes als das Wetter vorher."

Gudrun antwortete: „Nein, nein, dies ist kein Wetter-Traum – ich habe geträumt, daß ich einen schönen Falken auf meinem Handgelenk hatte, mit einem Gefieder aus goldenen Federn."

Da sprach die Frau: „Viele haben von Deiner Schönheit, Deiner Weisheit und Deinen guten Sitten gehört. Der Sohn eines Königs wird wohl bald bei Dir sein."

Gudrun antwortete: „Mir träumte, daß mir nichts so lieb sei wie dieser Falke und ich hätte lieber alle meine Schätze gehenlassen als ihn."

Die Frau sprach: „Nun, dann wird der Mann, den Du haben wirst, der stattlichste sein und Du wirst ihn von Herzen lieben."

Gudrun antwortete: „Es peinigt mich, daß ich nicht weiß, wer er sein wird. Laß uns zu Brynhild gehen, denn sie wird darum wissen."

Da kleidete sie sich in Gold und viele schöne Dinge und ging mit ihren Zofen bis sie zu der Halle der Brynhild kamen. Die Halle war mit Gold geschmückt und stand auf einem hohen Hügel. Als man sie näherkommen sah, wurde Brünhilde angekündigt, daß sich eine Gruppe von Frauen in vergoldeten Wägen der Burg näherte.

„Das wird Gudrun Giuki-Tochter sein," sprach Brynhild, „Ich habe letzte Nacht von ihr geträumt, laßt uns ihr entgegengehen! Keine schönere Frau wird je zu unserem Haus kommen."

Da gingen sie ihr entgegen und hießen sie willkommen und gingen zusammen in die Halle, die innen schön bemalt und mit silbernen Gefäßen ausgestattet war. Stoffe waren unter ihren Füßen ausgebreitet und sie wurden von vielen Menschen bedient und sie ließen es sich in mancherlei Weise gut ergehen.

Gudrun war jedoch ein wenig still.

Da sprach Brynhild: „Es ist nicht gut, die Menschen in ihrem Vergnügen verlegen zu machen – ich bitte Dich, das zu vermieden. Laß uns zu unserer Ergötzung von mächtigen Königen und ihren großen Taten erzählen."

„Das ist eine gute Rede," sprach Gudrun, „laß es uns so halten. Welche Könige scheinen Dir unter allen Menschen die ersten zu sein?"

Brynhild sprach: „Die Söhne des Haki und auch Hagbard; sie vollbrachten im Krieg so manche Ruhmestat."

Gudrun antwortete: „Sie waren ohne Zweifel große Männer und von edlem Ruf! Sigar jedoch nahm eine ihrer Schwestern und verbrannte die andere, ihr Haus und alles – und man könnte sagen, daß sie langsam mit ihrer Rache sind. Warum hast Du nicht meine Brüder genannt, die für die besten der Männer zu dieser Zeit gehalten werden?"

Der Männername „Haki" bedeutet „Haken" oder „Kinn".

Der Name „Hagbard" setzt sich aus den Worten „Hag" für „umgrenzter Bereich, Hain, Tempelbezirk" und „Bart" zusammen. Da die Skalden der Germanen besonders lange Bärte trugen und die Funktionen des Priesters und des Skalden in früherer Zeit noch von denselben Personen ausgeübt wurden, da beide Tätigkeiten noch als weitgehend zusammengehörig empfunden wurden, könnte der „(Lang-)Bart im Tempelbezirk" ursprünglich eine Bezeichnung für einen Priester-Skalden gewesen sein.

„Sigar" bedeutet „siegreiches Heer". Auch ein Bruder des Helgi Sigmund-Sohn, also ein Halbbruder des Sigurd, trug den Namen „Sigar".

Brynhild sprach: „Zweifellos sind sie vielversprechende Männer, aber noch wenig erprobt. Einen jedoch kenne ich, der ihnen weit voraus ist: Sigurd, der Sohn des Königs Sigmund. Er war noch ein Jüngling, als er die Söhne der Hundinge tötete und seinen Vater und seinen Muttervater Eylimi rächte."

Gudrun sagte: „Woher weißt Du das?"

Brynhild antwortete: „Seine Mutter ging zwischen den Toten und fand Sigmund schwer verwundet und wollte seine Wunden verbinden. Er jedoch sagte, daß er zu alt für den Krieg geworden sei. Er bat sie, sich dies als Trost in ihr Herzen zu nehmen: daß sie den berühmtesten aller Söhne in sich trägt. Und weise war dieses Wort des weisen Mannes, denn nach dem Tod des Sigmund ging sie zu König Alf und dort wurde Sigurd in großen Ehren aufgezogen und vollbrachte Tag für Tag eine Ruhmestat und dieser Mann ist der berühmteste in der Welt."

Gudrun sprach: „Durch Liebe hast Du diese Nachrichten über ihn erlangt. Aber aus diesem Grund komme ich auch hierher: Dir Träume von mir zu erzählen, die mir große Trauer gebracht haben."

Da sprach Brynhild: „Laß Dich nicht von solchen Dingen traurig machen: Verweile bei Deinen Freunden, die sich Dich fröhlich wünschen – alle von ihnen."

„Dies habe ich geträumt," sprach Gudrun, „daß wir, viele von uns, aus dem Frauenhaus hinausgingen und einen besonders großen Hirsch sahen, der alle anderen Hirsche, die je gesehen wurden, weit übertraf, und sein Haar war golden. Und diesen Hirsch wollten alle erjagen, aber ich allein fing ihn. Er schien mir besser als alle anderen Dinge; aber danach hast Du, Brynhild, ihn vor meinen Knien geschossen und getötet und es war eine solche Verzweiflung in mir, daß ich sie kaum ertragen konnte. Und anschließend gabst Du mir einen Wolfs-Welpen, der mich mit *dem Blut meiner Brüder besprizte."*

Brynhild sprach: „Ich will Dir Deinen Traum lesen und so werden die Dinge hernach geschehen: Sigurd wird zu Dir kommen, der, den ich zu meinem Geliebten erkoren habe. Und Grimhild wird ihm Met vermischt mit schädlichen Dingen geben, was uns alle in einen großen Kampf stürzen wird. Ihn wirst Du haben und ihn wirst Du schon bald missen. Und Du wirst König Atli ehelichen und Du wirst Deine Brüder verlieren und Atli in seinem Bett ermorden."

Gudrun antwortete: „Es ist Jammer und Leid, zu wissen, daß solches geschehen wird!"

Und damit gingen sie und die ihren wieder zurück heim zu König Giuki.

Der goldene Hirsch wird wohl der allgemeinen germanischen Hirschsymbolik entstammen, in der der Sonnengott-Göttervater (goldener Hirsch) sich des Nachts im Jenseits mit der Muttergöttin als Hindin vereint, von ihr am Morgen als Kitz wiedergeboren und von ihr anschließend gesäugt wird – so wie auch Sigurd von einer Hindin aufgezogen und gesäugt wird. Entsprechend wohnt auch Brünhild/Sigdrifa im Hindinhügel (Hügelgrab).

Diese Symbolik findet sich besonders ausgeprägt bei dem keltischen Hirschgott und Schamanen Cernunnos, aus dem dann später die Fähigkeit des Merlin, sich in einen Hirsch zu verwandeln, wurde.

Der Hirsch und der Stier sind die beiden (Opfer-)Tiere des Tyr.

Ein Falke stellt den Geliebten dar.
Ein Hirsch stellt einen edlen Krieger dar.

I 2. o) Das andere Gudrun-Lied

Atli:
„So haben auch mich neulich Nornen geweckt;
Vergönnte das Grauen-Bild günstige Deutung!
Ich wähnte Dich, Gudrun, Giukis Tochter,
Mir die Brust durchbohren mit blankem Dolch."

Gudrun:
„Der Traum von Dolchen bedeutet Feuer,
Holde Heimlichkeit der Hausfrau Zorn.
Ich brenne Dir bald ein böses Geschwür aus,
Ich heile und lindre, wie leid Du mir seist."

Atli:
„Reiser im Garten sah ich ausgerissen,
Die ich da wachsen lassen wollte.
Entrauft mit der Wurzel, gerötet im Blut
Und aufgetragen, daß ich sie äße.

Ich sah von der Hand mir Habichte fliegen
Ohne Atzung, dem Untergang zu.
Ihre Herzen wähnt ich mit Honig zu essen
Sorgenschwer geschwollen von Blut.

Welpen wähnt ich entwänden sich mir,
Ich hörte sie harmvoll heulen und wimmern.
Ihr Fleisch, fürcht ich, war faul geworden:
Mit Ekel aß ich von dem Aase da."

Gudrun:
„Dir werden Schacher im Schlafgemach richten,
Den Lichtgelockten die Häupter lösen:
Sie werden erschlagen nach wenig Nächten,
Kurz vor Tag, und aufgetischt. -

Seitdem lieg ich den Schlummer meidend
Trotzig im Bette: So will ich tun."

Eine Norne zeigt einem König im Traum, daß er von seiner Frau erstochen wird.
Junge Bäume im eigenen Garten und Habichte verkörpern die eigenen Kinder.
Blut bedeutet Tod.
Viele Aspekte der kommenden Ereignisse werden realitätsnah dargestellt.

I 2. p) Völsungen-Saga

Die Geschichte erzählt, daß König Atli eines Nachts erwachte und zu Gudrun sagte: „Mir träumte," sprach er, „daß Du mich mit einem Schwert erstochen hast."

Da deutete Gudrun den Traum und sagte, daß es Feuer bedeute, wenn Menschen von Eisen träumten: „Dies geschieht wohl, weil Du Dich selber in Deinem Stolz für den ersten der Menschen hälst."

Atli sprach weiterhin: „Und ich träumte, daß hier zwei junge Speierling-Bäume wuchsen und ich wünschte, daß sie durch mich keinen Schaden nähmen. Dann wurden sie mit der Wurzel ausgerissen, mit Blut gerötet und zur Tafel getragen und mir wurde befohlen, davon zu essen.

Ja, und noch einmal träumte ich: Zwei hungrige und ungefütterte Falken flogen von meiner Hand und fuhren zur Hel und mir schien, daß ihre Herzen mit Honig gemischt wurden und daß ich davon aß.

Und dann träumte mir noch einmal: zwei schöne Welpen lagen vor mir und jaulten laut und ich aß von ihrem Fleisch, obwohl mein Wille nicht mit dem Essen war."

Gudrun sprach: „Diese Träume sind in keiner Weise gut, doch sie werden wahr werden. Deine Söhne sind gewiß dem Tode nahe und schwere Dinge werden uns geschehen."

„Und noch einmal traumte ich: Ich dachte, ich läge in einem Bad und Männer berieten zusammen, mich zu erschlagen."

Diese Dinge verblaßten mit der Zeit, aber ihr Leben zusammen war in keiner Weise zärtlich.

Die Wichtigkeit von Träumen und ihrer Deutung für die Germanen läßt sich an der Wichtigkeit ihrer Seher und Seherinnen erkennen und auch daran, daß sehr viele Sagas mit einem Traum, einer Vision, einer Weissagung o.ä. beginnen.

Bei den Kelten hießen die Priester sogar „Seher": „Druide" bedeutet „Baum-Seher" in etwa im Sinne von „Männer und Frauen, die den Weltenbaum hinauf zu den Ahnen und Göttern reisen, um von ihnen die Zukunft und das Ferne zu erfahren und guten Rat und Hilfe zu erhalten".

Ein König träumt, daß er von seiner Frau erstochen wird.
Junge Bäume im eigenen Garten und Habichte verkörpern die eigenen Kinder.
Blut bedeutet Tod.
Viele Aspekte der kommenden Ereignisse werden realitätsnah dargestellt.

I 2. q) Völsungen-Saga

Nun berichtet die Geschichte von Gunnar, daß es ihm in derselben Weise erging, denn als sie erwachten, erzählte ihm sein Weib Glaumvor viele Träume, die ihr ein Zeichen dafür zu sein schienen, daß Verrat drohte. Gunnar jedoch deutete sie in anderer Weise.

„Dies war einer von ihnen, " sprach sie, „mir schien, ein blutiges Schwert wurde in diese Halle hier hereingetragen, mit dem Du durch durchbohrt wurdest, und an beiden Enden der Halle heulten Wölfe."

Der König antwortete: „Unsere Hunde werden mich wohl beißen – blutige Waffen bedeuten oft Hundebisse."

Sie sprach: „Und wieder träumte mir: Eine Frau kam herein, schwer von Gemüt und niedergeschlagen und wählte Dich als Gemahl. Vielleicht war dies Deine Schicksalsfrau."

Er antwortete: „Dies ist schwer zu deuten und niemand kann dem ihm zugemessenen Schicksal ausweichen und es ist auch nicht unwahrscheinlich, daß meine Zeit nur noch kurz ist."

So erhoben sie sich am Morgen und richteten ihre Gedanken auf die Reise.

Die „Schicksalsfrau" ist offenbar die Walküre, die Sterbenden ins Jenseits holt. Sie ist auch die Jenseitsgöttin, mit der sich der Tote vermählt, damit sie ihn wiedergebären kann.

Eine Frau träumt, daß ihr Mann erstochen wird und daß Wölfe in der Halle heulen – Tod und Feinde.

Eine schwermütige Frau kommt in die Halle und wählt den König zum Mann – das ist Hel, die den Toten zu seiner Wiederzeugung zu sich in die Unterwelt holt.

I 2. r) Ragnarsdrapa

Einst erwachte Jörmunrek
von einem Traum: In der Mitte der blutgetränkten Edlen,
während Schwerter wirbelten:
Ein Streit brach aus in der Halle

von Randwers königlicher Sippe,
als die Raben-schwarzen
Brüder des Erp Rache nahmen
für alles bittere Leid.

"*Randwers Sippe*" sind die Nibelungen. Randwer ist der Sohn des Ostgotenkönigs Jörmunrek.

Die "*Brüder des Erp*" sind Hamdir und Sörli, die den Tod ihrer Halbschwester Swanhild rächten. Hamdir und Sörli hatten Raben-schwarzes Haar.

Der blutige Tau der Leichen
floß über den Sitz des Königs,
fiel auf den Boden; man sah
abgetrennte bluttropfende Füße und Hände.

Der "Tau der Leichen" ist das Blut.

Hamdir und Sörli töteten Jörmunrek, indem sie ihm "*Füße und Hände*" abschlugen und ihn verbluten ließen.

In den Springbrunnen des Ale-Kelches
fiel er kopfüber, Blut-geblendet:
Dies ist auf den Schild, das Blatt des Busches
aus Leifs Land gemalt.

Der "*Ale-Kelch*" ist das Trinkgefäß des Königs Jörmunrek. "*Ale*" ("Bier") ist hier eine allgemeine Umschreibung für "vornehmes Getränk" – auch Met und Wein konnten so benannt werden. Der "*Springbrunnen*" ist das Getränk, das emporspritzte, als der Kopf des Königs in den Kelch fiel – die Skalden mochten solche Bilder mit entgegengesetzten Bewegungen.

Die Kenning "Leifs Land" für "Schild" bezieht sich auf eine unbekannte Mythe.

Dort umringten sie
den Schützer des Boden-Pferdes des Landes,
sie standen wie der Saum der Segel
an den Masten des leidvollen Nagelfar.

Hamdir und Sörli standen um den toten Jörmunrek, dessen Seele nun auf dem Jenseitsschiff "*Nagelfar*" in die Unterwelt zu Hel fuhr.

Das hier mit "*leidvoll*" übersetzte germanische Wort bedeutet eigentlich "arm, mittellos" und ist wohl eine Anspielung darauf, daß Jörmunrek ohne seine Schätze ins

Jenseits reisen mußte.

Der „*Saum des Segels*" führt rings um das Segel und bildet somit ein Quadrat oder eine ähnliche geschlossene Form, die dem Stehen von Hamdir und Sörli rings um den toten König entspricht. Der Skalde Bragi hat hier das Bild des Totenschiffes Nagelfar geschickt mit dem Bild der Mörder des Königs, die ihn umstanden, verknüpft.

Ein König sieht seine eigene Ermordung in allen Details im Traum vorher.

I 2. s)   Saga über Olaf Tryggvason

Als Kark erwachte, berichtete er dem Jarl einen Traum, den er geträumt hatte – wie ein Mann, der finster und übel anzuschauen war, in die Höhle gekommen war, und daß er gefürchtet hatte, daß er hereinkommen würde, und daß dieser Mann ihm gesagt habe, daß 'Ulli' tot sei.

Da sagte der Jarl: „Erling muß getötet worden sein."

Und noch ein zweites mal schlief Thormod Kark und schrie in seinem Schlaf auf und als er erwachte, erzählte er seinen Traum – er hatte nämlich denselben Mann herabkommen sehen und er hatte ihn gebeten, zum Jarl zu sagen, daß nur alle Meeresengen verschlossen worden seien.

Und als Kark diesen Traum Jarl Hakon erzählte, sagte er, daß dies bedeuten könnte, daß sein Leben kurz sein werde.

Ein finsterer Mann verkündet im Traum den Tod eines anderen Mannes.
Alle Meerengen sind verschlossen = baldiger Tod.

I 2. t)   Gesta danorum

So bedrängte Ulfhild ihren Mann, bis er ihrem Drängen nachgab und versprach, daß er ihr bei dem Verrat helfen werde.

Doch mittlerweile wurde Hadding in einem Traum gewarnt, daß er sich vor der Arglist seines Schwiegersohnes hüten solle.

Er ging zu dem Fest, das seine Tochter ihm mit viel vorgespielter Liebe bereitet hatte, und wies einen Wächter nah bei ihm zu stehen an, damit er zur Stelle war, wenn er ihn brauchen sollte.

Während Hadding aß, wartete der Gefolgsmann, der damit beauftragt worden war, die verräterische Tat durchzuführen, auf einen passenden Augenblick für sein Verbrechen und hielt seinen Dolch unter seinem Gewand verborgen.

Der König, der ihn bemerkte, blies auf einem Horn ein Signal für die Krieger, die in der Nähe warteten. Sie eilten sofort herbei und sorgten dafür, daß der Verrat auf den, der ihn beabsichtigte hatte, zurückfiel.

Ein Mann wird im Traum vor einem Anschlag gewarnt.

I 2. u) Saga über Asmund Recken-Töter

Asmund:

„Da wankte mein Entschluß,
bebte in meiner Brust,
als elf Männer
den großen Recken herausforderten –
bis in meinem Schlaf
die Göttin zu mir sagte,
daß ich dort
zu dem Schwert-Spiel verpflichtet sei. "

Ein Göttin sagt einem Mann im Traum, daß er zu dem anstehenden Zweikampf verpflichtet ist.

I 2. v) Fost-Brüder-Saga

„Ich kann wie andere in meiner Familie durch meine Träume die Zukunft vorhersehen und ich habe allerlei über mich selber geträumt, aber nur wenig über Dich. Und das, was ich träume, wird auch geschehen – Deine Lady Hel wird Dich umarmen und all Dein Besitz wird verderben. Unrecht erlangte Güter gedeihen niemals. "

Ein Mann sieht im Traum den Tod eines Feindes voraus.

I 2. w)   Walther und Hildegunde

Mit dieser Antwort kehrte   /   Herr Ortewein zur Stund;
Was sie gesprochen hatten   /   tat er den Helden kund.
Herr Hagen riet dem König: /   „Nimm an was er Dir beut,
So kannst Du reichlich lohnen   /   die Dich begleiteten heut,
Und doch den Streit vermeiden   /   der schwerlich Sieg verschafft:
Noch ist Dir Walther unkund   /   und seine Heldenkraft.
Mir träumte heut von Leide   /   und nicht von Kriegesglück:
Gesund zur Heimat kehren   /   wir beide nimmer zurück.
Einen wilden Bären nächten   /   sah ich im Kampf mit Dir:
Ihr hattet lang gerungen,   /   da riß das grimme Tier
Dir von der Hüfte nieder   /   das eine Schenkelbein,
Dass Du im Blute lagest   /   beschwert mit tödlicher Pein.
Als ich darauf mit Waffen   /   Dir rasch zu Hilfe sprang,
Auf mich einher gefahren   /   kams mit der Tatze Schwang:
Sechs Zähne und ein Auge   /   schlug mir das Untier aus.
Drum meide, König, meide   /   mit diesem Helden den Strauß.“
Da sprach König Gunther   /   mit Stolz zu seinem Mann:
„Ich höre wohl, Du gleichest   /   Deinem Vater Aldrian:
Der trug auch eitel Zagen   /   in seiner kalten Brust,
Hat stets mit schönen Worten   /   den Kampf zu meiden gewußt.“

Strauß = Kampf

Ein Mann sieht seinen eigenen Tod und den seines Königs voraus.
Ein Bär ist ein Feind.

I 3.   Todes-Ankündigungen für eine Gruppe von Menschen

Die Träume, in der der Tod einer ganzen Gruppe von Menschen vorhergesehen wird (22), sind genauso häufig wie die Träume, in der der Tod von nur einem Menschen vorhergesehen wird (22).

I 3. a)   Atli-Lied

Kostbera:
" Üble Dinge drohen, wenn ihr dahin eilt,
Nicht freundlichen Empfang findet ihr diesmal.
Mir träumte heut, Högni, ich hehl es nicht:
Die Fahrt gefährdet euch, wenn mich Furcht nicht trügt.

Lichte Lohe sah ich Dein Laken verzehren:
Hoch hob sich die Flamme meine Halle durchglühend."

Högni:
" Hier liegt Leinwand, die ihr längst nicht mehr achtet:
Wie bald verbrennt sie! Bettzeug schien Dir das."

Kostbera:
" Ein Bär brach hier ein, der uns die Bänke verschob
Mit kratzenden Krammen: wir kreischten laut auf.
In den Rachen riß er uns; wir rührten uns nicht mehr.
Traun, das Getöse tobte nicht schlecht."

Högni:
" Ein Ungewitter kommt über uns:
Ein Weißbär schien Dir der Wintersturm."

Kostbera:
" Einen Adler sah ich schweben all den Saal uns entlang.
Das büßen wir bald: mit Blut beträuft er uns;
Sein ängstigendes Antlitz schien mir Atlis Hülle."

Högni:
„Wir schlachten bald: da muß Blut wohl fließen;
Ochsen bedeutet's oft, wenn man von Adlern träumt.
Treue trägt uns Atli, was Dir auch träumen mag."
Sie ließen es beruhn; alle Rede hat ein Ende.

Das Königspaar erwachte: da kam es auch so.
Glaumwör gedachte bedeutender Träume,
Die Gunnarn hin und her hinderten zu fahren.

Glaumwör:
„Einen Galgen glaubt ich Dir, Gunnar, gebaut.
Nattern nagten Dich und noch lebtest Du.
Die Welt ward mir wüst: Was bedeutet das?

Aus der Brünne blinkte ein blutig Eisen;
Hart ist, solch Gesicht dem Geliebten sagen.
Der Ger ging Dir ganz durch den Leib
Und Wölfe heulen hört ich zu beiden Seiten."

Gunnar:
„Lose Hunde laufen mit lautem Gebell:
Kötergekläff verkündet der Lanzentraum."

Glaumwör:
„Einen Strom sah ich schäumen den Saal hier entlang:
Er stieg und schwoll und überschwemmte die Bänke.
Euch Brüdern beiden zerbrach er die Füße;
Nichts dämmte die Flut: Das bedeutet was.

Weiber sah ich, verstorbne, im Saal hier nachten,
Kampflich gekleidet, Dich zu kiesen bedacht.
Alsbald auf ihre Bänke entboten sie Dich:
Von Dir schieden, besorg ich, die Schutzgöttinnen."

Gunnar:
„Das sagst Du zu spät, da es beschlossen ist:
Wir entfliehn der Fahrt nicht, die wir zu fahren gelobten.
Vieles läßt glauben, daß unser Leben kurz ist."

Bär, Adler, Nattern, Wölfe, ein Fluß in der Halle, Galgen und tote Frauen in der Halle bedeuten alle den Tod.

Das Durchstochenwerden mit einem Speer kündigt ganz naturalistisch den Tod an.

I 3. b) Völsungen-Saga

Als die Männer genug getrunken hatten, gingen sie schlafen. Da betrachtete Kostbera die Runen und während sie die einzelnen Runen las, sah sie, daß unter ihnen noch andere Dinge geritzt waren und daß die Runen betrügerisch waren. Doch durch ihre Weisheit hatte sie das Geschick, sie auf die richtige Weise zu lesen. Da ging sie zu ihrem Mann zu Bett. Als sie jedoch erwachten, sprach sie zu Hogni:

„Du bist gewillt, von Deinem Heim fortzugehen – das ist schlecht beraten. Bleib hier bis zu einer anderen Zeit! Du bist wirklich kein guter Runen-Leser, wenn Du glaubst, daß Du in ihnen die Einladung Deiner Schwester zu dieser Reise gelesen hast. Siehe, ich habe die Runen gelesen und habe mich gewundert, daß eine solch weise Frau wie es Gudrun ist, sie falsch geschrieben haben sollte. Das jedoch, was unter ihnen verborgen war, enthält Dein Verderben in sich: Ja, entweder hat sie eine Rune vergessen oder andere haben in listiger Weise die Runen verändert.

Und nun höre meinen Traum, denn in ihm schien mir, daß über uns hier ein über die Maßen großer Fluß hereinbrach und die Hölzer der Halle zerbarst."

Er antwortete: „Oft seid ihr von üblem Gemüt, ihr Frauen, aber ich, ich bin nicht in solcher Weise gemacht worden, daß ich Männern in übler Weise begegne, die kein Übel verdienen. Es scheint so, als ob er uns ein herzliches Willkommen bieten würde."

Sie antwortete: „Nun, Du mußt diese Sache für Dich selber erproben, aber dieser Einladung folgt keine Freundschaft. Ich jedoch habe noch einmal geträumt, daß ein anderer Fluß hier hereinbrach mit einer großen und heftigen Strömung und das Podest in der Halle mit sich fortriß und die Beine von euch beiden Brüdern brach. Sicherlich hat dies eine Bedeutung."

Das Podest ist vermutlich die Empore, auf der der Hochsitz des Fürsten stand.

Er antwortete: „Es sind die Auen auf unserem Weg, wegen denen Du von Flüssen träumtest, denn wenn wir durch die Auen ziehen, hängen Mengen der Samen von dem Ried an unseren Beinen."

„Und wieder träumte ich," sprach sie, „daß Dein Umhang in Flammen stand und daß das Feuer über die Halle hinauf loderte."

Da sprach er: „Nun, ich weiß, was das bedeutet – hier liegt mein schön-gefärbtes Gewand und es wird flammen und strahlen; deshalb hast Du von meinem Umhang geträumt. "

„Mir schien, daß ein Bär hereinkam, " sprach sie, „und den hohen Sitz des Königs zerbrach und seine Tatzen in einer Weise schüttelte, daß wir uns alle davor fürchteten und er packte uns alle in seinem Maul, sodaß wir wehrlos waren und daher kam ein großer Schrecken über uns alle. "

Er antwortete: „Es wird ein großer Sturm kommen – darum hattest Du einen weißen Bären in Deinem Sinn. "

„Mir deuchte, ein Adler käme herein, " sprach sie, „und stürzte in die Halle herab und tränkte mich und uns alle in Blut – und das bedeutet Übles, denn mir schien, daß es die Seele von König Atli war. "

Er antwortete: „Wir töten sehr oft wilde Tiere aus Freude daran und werfen große Bestien zu unserem Vergnügen nieder und der Traum über den Adler hat nur mit Stieren zu tun. Wahrlich, Atli ist uns von ganzem Herzen zugeneigt. "

Und damit beendeten sie diese Reden.

Der Adler als Seelenvogel des Göttervater Tyr bzw. Odin wurde zunächst zu dem Göttervater in Adler-Gestalt als Beschützer des Königs, dann auch zu dem Königs-Seelenvogel und zu dem Wappen der Könige. Schließlich wurde daraus in Kostberas Traum der Adler als Symbol für den feindlich gesonnenen König Atli.

Schon damals hat man offenbar ausgiebig darüber diskutiert, ob Träume eine Bedeutung haben oder nicht, d.h. darüber, ob die Träume die Zukunft zeigen oder nicht.

Ein Fluß, der die Halle zerstört; ein Fluß, der den Männern die Beine bricht; ein Feuer am Umhang und in der Halle; ein Bär, der den Thron zerbricht und die Menschen beißt; ein Adler, der die Menschen verletzt – bedeuten alle drohende Gefahr.

I 3. c)   Bruchstück eines Brünhild-Liedes

Brünhild erwachte, Budlis Erzeugte,
Der Skiöldungen Tochter, eh der Tag erschien:
„Nun mögt ihr mich mahnen, der Mord ist vollbracht!
Mein Leid zu sagen, oder abzulassen.

Grimmes sah ich, Gunnar, im Schlaf:
Im Saal alles tot, ich schlief im kalten Bett,
Dieweil Du, König, kummervoll rittest
Die Fessel am Fuß in der Feinde Heer:
So soll, Niflungen, nun euer Geschlecht
Die Macht missen, denn meineidig seid ihr.

So gänzlich, Gunnar, vergaßest Du's,
Wie das Blut in die Fußspur euch beiden rann!
Nun hast Du das alles ihm übel gelohnt,
Daß der Fürst der vorderste stets gefunden ward.

Klar ward es erkannt, da geritten kam
Zu mir der Mutige, mich Dir zu werben,
Wie der Wehrscharweiser wandellos
Die Eide hielt dem jungen Helden.

Das Schwert legte, das goldgeschmückte,
Der mächtige König mitten zwischen uns,
Mit Feuer außen die Ecken belegt,
Mit Eitertropfen innen bestrichen. "

Sie schwiegen alle still bei dem Wort.
Keinem gefiel solcher Frauenbrauch,
Wie sie mit Weinen von dem Werk nun sprach,
Zu dem sie lachend die Helden lud.

Das „Blut in der Fußspur" ist hier das Blut des Gunnar und des Sigurd Drachentöter während des Rituals, durch das sie einander Blutsbrüderschaft geschworen hatten.

Manche Morde werden im Traum ganz naturalistisch vorhergesehen.

I 3. d) Faröische Heldenlieder – Brünhild-Lied

Brinhild sitzt in der Waberlohe, mitten in ihres Vaters Land.

Sie setzt sich zurück in dem Goldstuhl und lächelt unterm Linnen:
„Wer reitet in die Waberloh, der soll sein der Meine!"
Brinhild sitzt im goldenen Stuhl, dieses schöne Weib:
Sie zieht Sjurd aus andern Landen sich zur Sorgenzeit.

Sjurdur wacht auf früh morgens, erzählt von seinem Traum:
So stark war er im Kampfe, wie das Wasser rinnt im Strom.
„Es träumte mir, dass Grani in roter Lohe stund:
Vor ihm auf grünem Felde, da rann so großes Blut.

Mir träumte, ich saß auf Granis Rücken, nicht spart' ich ihn zu spornen:
Vor ihm auf grünem Felde rann so großes Männerblut,
Mir träumte, es barst mein Schild, das Gold sammt geschmücktem Gürtel:
Mir träumte mein gutes Schwert erklang am goldenen Helme."

Ein Mann träumt von einem Kampf, in den er verwickelt werden wird.

I 3. e) Nials-Saga

Gunnar wollte nicht zulassen, daß die Nialsöhne seinetwegen in Mißhelligkeiten geraten sollten und ritt daher, nur von seinen Brüdern Kulskjäg und Hjort gefolgt, westwärts nach Tunge. Als er zurückkehren wollte, erbot sich Asgrim, mit ihm zu reiten, aber auch dies schlug Gunnar aus und zog wieder ab mit seinen Brüdern. Er kam über die Hvidau und Thjorsau; als er aber danach eine Strecke zurückgelegt hatte, wurde er schläfrig.

Sie lagerten sich und Gunnar legte sich schlafen. Er gebärdete sich sonderbar im Schlafe, und Hjort wollte ihn wecken. „Nein," sagte Kulskjäg, „laß ihn seinen Traum genießen."

Er schlief nun lange, wurde sehr heiß und warf seinen Mantel von sich.

Als er erwachte, fragte ihn Kulskjäg, was er geträumt habe.

„Ich träumte so," sprach Gunnar, „daß ich ein größeres Gefolge mit mir genommen hätte, wenn dieser Traum vor meinem Abschied von Tunge gekommen wäre."

48

Er hatte geträumt, es käme ihnen ein Rudel Wölfe bei Knafahole, so hießen einige Höhen, an denen ihr Weg vorüber führte, entgegen; er selbst und Kulskjäg erlegten viele der Wölfe, Hjort aber wurde zerrissen und einer der Wölfe hatte Hjort's Herz im Rachen gehabt.

Ein Mann träumt von einem bevorstehenden Überfall.
Wölfe sind Feinde.

I 3. f) Grettir-Saga

„Ihr werdet von Waffen getötet werden, denn ich habe seltsame Träume gehabt."

Ein Mann träumt von Tod anderer Männer.

I 3. g) Heimskringla

In dieser Saga werden drei zusammengehörende Träume von drei verschiedenen Männern berichtet, bei denen man kaum unterscheiden kann, ob sie das Vorhersehen der Zukunft sind oder das Miterleben des Fluches einer „Zauber-Frau" in einem Traum ist. Diese Frau ist anhand ihres Wolfs-Reittieres als Hel erkennbar. Sie bezeichnet sich selber auch als die Göttin Skadi, d.h. sie ist die Erd- und Jenseitsgöttin als die Wiederzeugungs-Geliebte und die Wiedergeburts-Mutter im Jenseits.

Möglicherweise bestand für die damaligen Menschen zwischen dem Vorhersehen in einem Traum und dem Fluch der Hel auch kein großer Unterschied – man sah im Traum den Fluch der Hel und wußte daher, was in der nahen Zukunft geschehen würde.

So wie ein Fluch meistens durch die Einbeziehung einer Gottheit wirksam wurde, so ist auch das selbständige Handeln der Götter wirksam – und beides konnte den Menschen Schaden bringen.

Während sie in Solund vor Anker lagen, hatte Gyrd, ein Mann an Bord des Königs-Schiffes, einen Traum.

Er träumte, daß er auf dem Königs-Schiff stand und eine große Zauber-Frau mit einer Mistgabel in der einen Hand und einem Kübel in der anderen auf der Insel stehen sah.

Er träumte auch, daß er über die ganze Flotte hinweg blickte und daß ein Vogel am Heck eines jeden Schiffes saß und daß all diese Vögel Raben oder Adler waren.

Und die Zauber-Frau sang dieses Lied:

„Vom Osten hole ich den König,
nach Westen bringe ich den König,
Viele edle Knochen
werden dort liegen ...
Raben über Giukis Schiff –
Die Beute zu beäugen, paßt ihnen gut!
Auf dem Bugbalken reise ich mit ihnen!
Auf dem Bugbalken reise ich mit ihnen!"

Mit ihnen war auch ein Mann mit Namen Thord in einem Schiff, das nicht fern von dem des Königs lag. Er träumte eines Nachts, daß König Haralds Flotte Land erreichte und er wußte, daß dies England war. Er sah ein großes Heer-Aufgebot an Land und er träumte, daß beide Seiten miteinander zu kämpfen begannen und daß er viele Banner im Wind flattern sah.

Und vor dem Heer der Leute dieses Landes ritt eine große Zauber-Frau auf einem Wolf; und der Wolf hatte die Leiche eines Mannes in seinem Maul und Blut tropfte von seinen Lefzen herab. Und als er den einen Leib in seinem Maul aufgefressen hatte, warf sie einen weiteren in sein Maul und immer wieder einen neuen und er verschlang sie alle.

Und sie sang dies:

„Skadis Adler-Augen
erblicken des Königs Unglück:
Obwohl glänzende Schilde das grüne Feld bedecken,
erblickt sie des Königs Unglück.
Um das Schicksal dieses großen Königs zu verkünden,
werfe ich das Fleisch blutender Männer
in das haarige Maul und in den hungrigen Schlund!
In das haarige Maul und in den hungrigen Schlund!"

Auch König Harald träumte in einer Nacht, daß er in Nidaros wäre und dort seinen Bruder König Olaf traf, der ihm diese Verse sang:

„In vielen Kämpfen
erstrahlte mein Name;
Männer weinten und berichteten,
wie Olaf fiel.
Dein Tod ist nah;
Deine Leiche wird, fürchte ich,
die Krähen füttern
und der Trollfrau Pferd."

Viele andere Träume und Vorherahnungen wurden erzählt und die meisten von ihnen waren düster.

Die „Trollfrau" ist Hel. Ihr Pferd, d.h. ihr Reittier ist ein Wolf – ihr Bruder Fenrir.

Drei Männer träumen von Hel/Skadi, die wie eine Walküre eine Schlacht und den Tod des Königs und vieler seiner Männer ankündigt.
Die Aas-fressenden Raben und Adler kündigen den Tod in der Schlacht an.

I 3. h)   Die jüngere Version der Huldar-Saga

Nachdem Holgi im Herbste heimgekommen war, träumte Hundingr im folgenden Winter einmal, daß er mit seinen Brüdern fremden Heerleuten erliegen werde, falls sie deren Angriff nicht zuvorkommen würden.
Er bezog den Traum auf Holgi und Heimgest und trotz der Bedenken Hemings wurde ein Angriff auf diese beschlossen und ein Heeresaufgebot erlassen, unter dem Vorwand, daß der Zug den Orkneys gelte.

Ein Mann träumt von der tödlichen Bedrohung durch fremde Männer.

I 3. i)   Saga über Hovard von den Eisfjord-Leuten

Ein Traum, in dem ein böse blickender Fuchs erscheint, kündet einen Angriff an.

Nun ist zu erzählen, was sich unterdessen daheim auf Otrardal begab.

Sie schliefen wie gewöhnlich die Nacht hindurch im Vorratshaus; gegen Morgen jedoch erwachten sie darüber, daß Atli in so schweren Träumen lag und dabei so schrecklich stöhnte, daß keiner mehr schlafen konnte; er wälzte sich nämlich voll Angst und Unruhe auf dem Lager hin und her, ächzte und schlug mit Armen und Beinen aus, bis Thorfi Valbrandsson endlich aufsprang, ihn weckte und ihm sagte, daß keiner von ihnen mehr schlafen könne wegen dem Lärm, den er da mache. Atli setzte sich im Bett auf und fuhr mit der Hand über seine Glatze hin.

Hovard frug ihn, ob er denn einen so schweren Traum gehabt habe?

Das habe er freilich, sagte Atli, „es kam mir vor," hub er an zu erzählen, „als ginge ich hinaus aus dem Vorratshaus und sähe da achtzehn Wölfe vom Süden her über das Feld laufen, und diesen voran lief ein Fuchs, der war so falsch und bösartig anzuschauen, wie ich noch nie ein anderes Tier gesehen habe; ein Gesicht machte er, so heimtückisch und scheußlich, daß einem dabei angst und bange ward. Das Untier sah sich ringsum mit scharfen und stechenden Augen um, und auch die andern Tiere sahen sämtlich entsetzlich aus. Doch gerade im nämlichen Augenblick, wo sie zum Hofe herkamen, weckte mich Thorfi auf, und das ist einmal gewiß, daß die Tiere Menschengedanken bedeuten, und drum wollen wir jetzt gleich aufstehen."

Atli tat, wie er es zu tun pflegte, sprang auf, zog schnell sein Wamms an und schoß dann davon wie ein Pfeil; die andern griffen zu Schwert und Streitaxt und rüsteten sich auf das mordlichste; und als sie fertig waren, kam auch Atli wieder zurück, und nun hatte er einen starken Panzer an und ein blankes Schwert in der Hand.

„Wahrscheinlich ist es," sagte er, „daß es nun gehen wird, wie es sich ohnehin schon mancher gedacht hat; daß es nämlich meinem Schwager Steinthor nicht viel helfen wird, euch hierher gebracht zu haben; doch bitt' ich euch nun, meinem Rat und Befehl zu folgen, wie wir es jetzt anfangen und wie wir uns in Kampfordnung stellen. Erstlich rate ich dazu, dass wir hinausgehen, und sie mit dem Rücken gegen die Hauswand gekehrt erwarten, und uns nicht da herinnen niedermetzeln lassen; ich glaube auch, daß ihr nicht etwa im Sinn habt zu fliehen, was da auch kommen möge."

Und Mann für Mann sagten sie, daß es so wäre, wie er sagte.

Ein Fuchs ist ein listiger Feind.
Wölfe sind Feinde.

I 3. j)   Saga über Thorstein Wiking-Sohn

Auch in dem Traum, der in dieser Saga berichtet wird, sind Füchse die Anführer von Feinden.

An demselben Morgen erwachte Thorstein in seiner Hütte und sprach: „Bist Du wach, Thorer?"

Er antwortete: „Ich bin wach, aber ich habe bis gerade eben geschlafen."

Thorstein sprach: „Ich will, daß wir uns bereit machen, um die Hütte zu verlassen, denn ich bin mir sicher, daß Jokul heute mit vielen Männern hierher kommen wird."

Thorer antwortete: „Das glaube ich nicht und ich werde nicht gehen – oder hast Du irgendwelche Hinweise darauf?"

„Ich habe geträumt," sagte Thorstein, „daß zweiundzwanzig Wölfe hierhergerannt kamen und mit ihnen sieben Bären und noch ein achter, ein Rotwangen-Bär, der groß und grimmig war. Und außerdem waren da noch zwei Füchsinnen, die diese Gruppe anführten – sie sahen sehr häßlich aus und waren die abscheulichsten von allen. All die Wölfe griffen uns an und sie schienen all meine Brüder zu zerreißen außer Dir, doch auch Du fielst. Viele von den Bären haben wir getötet und ich habe die Wölfe umgebracht und die kleinere der Füchsinnen, aber dann fiel ich."

Thorer frug: „Was glaubst Du, was dieser Traum bedeutet?"

Thorstein gab die Antwort: „Ich glaube, daß der Rotwangen-Bär die Fylgja des Jokul sein muß und die anderen Bären die Fylgjas seiner Brüder. Die Wölfe waren jedoch meiner Meinung nach ohne Zweifel soviele Männer, wie mit ihnen kommen – denn sie sind uns gewiß wölfisch gesonnen. Doch bei ihnen waren zwei Füchsinnen und ich kenne keine Männer, zu denen solche Fylgjas gehören. Nun habe ich Dir erzählt, was ich über diese Sache denke und wir sollten in dieser Sache so handeln, wie es mir im Schlaf geraten worden ist. Dann werden wir jeden Ärger vermeiden."

Thorer sagte: „Ich glaube, daß Dein Traum nichts weiteres als ein Schreckgespenst und eine schlimme Vorahnung ist – und ich fände es auch interessant, unsere Kräfte mit ihnen zu messen."

Da sprach Thorstein: „Das finde ich nicht – es scheint mir, daß sie ein ungleiches Treffen beabsichtigen und es wäre mir lieb, wenn wir uns fertig machen würden, um von hier fortzugehen."

Thorer sagte, daß er nicht fortgehen wolle und daß es so gemacht werden solle, wie er es wolle.

Thorstein stand auf und nahm seine Waffen und alle seine Brüder taten dasselbe, nur Thorer ließ sich damit viel Zeit.

Kurz darauf kamen Jokul und seine Männer und der Kampf verlief so, wie es Thorstein geträumt hatte. Leider wird nicht gesagt, wessen Fylgjas (Schutzgeister) die beiden Füchsinnen gewesen sind, aber da das einzige Männerpaar in der Gruppe des Jokul die beiden Zauberer Gautan und Ogautan waren, werden vermutlich sie diejenigen mit dem Fuchs-Krafttier gewesen sein.

Wölfe sind Krieger, Bären sind (starke) Krieger und Füchse sind listige Krieger oder Zauberer.
Ein Kampf wird naturalistisch gesehen.

I 3. k) Saga über Halfdan Brana-Ziehsohn

Das Motiv der beiden Füchse, die Wölfe anführen, findet sich auch in diesem Traum.

Da geschah es eines Nachts, als Ingibjorg schlafend in ihrem Bett lag, daß sie unruhig war und nach einer langen Zeit erwachte. Ihre Dienerinnen frugen sie, was sie geträumt habe, aber sie wollte es ihnen nicht erzählen.

Am nächsten Tag kam Jarl Thorfid zu ihrem Frauenhaus hinüber und setzte sich neben die Königstochter. Sie begannen zu erzählen.

Ingibjorg sagte: „Ich will Dir meinen Traum erzählen, Ziehvater."

„Was hast Du geträumt?" sagte der Jarl.

Sie antwortete: „Mein Traum begann damit, daß mir schien, daß ich draußen stand und ein wenig in die Richtung des Meeres blickte. Dann sah ich etwas Dunkles, daß zuerst fern war, das aber näher und näher kam. Nach einer Weile sah ich, daß es viele Schiffe waren, die dort an das Land anlegten und eine zahllose Meute von Wölfen kam von dort auf die Stadt zugerannt. Zwei Schneefüchse rannten vor den Wölfen und sie waren ganz abscheulich. Sie waren alle schreckliche Bestien. Sie machten vor nichts halt und zerrissen Menschen und Pferde und alles, was sie fangen konnten. Schließlich schien mir, daß sie Dich, meinen Ziehvater, angriffen und meinen Vater – und dann erwachte ich. Sage mir, was dieser Traum bedeutet," sprach Ingibjorg.

Der Jarl sprach: „Dieser Traum ist leicht erklärt," sagte er, „bald wird Krieg zu uns kommen und deshalb werde ich den Traum nicht weiter deuten."

Wölfe sind Krieger und Füchse sind die Anführer der Krieger.
Ein Kampf wird im Traum weitgehend naturalistisch gesehen.

I 3. l) Gisli-Saga

„Ich träumte," sagte Gisli, *„daß Männer zu uns kamen und daß Eyolf bei ihnen war und viele andere mit ihm und daß wir uns trafen und ich wußte, daß es fröhliche Arbeit zwischen uns geben würde. Einer von ihrer Schar griff zuerst an, grinsend und mit weit aufgerissenem Maul, und ich schlug ihn in der Mitte durch – und mit schien, daß er auch einen Wolfskopf hatte."*

Das „fröhliche Spiel" ist ein Kampf.
Falls der Mann mit dem Wolfskopf nicht selber ein Ulfhedinn („Wolfsfell-Ekstase-krieger") ist, wird sein Aussehen zumindestens durch das Wolfsfell der Ulfhedinn inspiriert worden sein.

Wölfe sind Feinde.
Ein Kampf wird naturalistisch gesehen.

I 3. m) Saga über Thordr den Schrecklichen

Thord sagte: „Es wird unserer Reise zustatten kommen, mein Junge, wenn Du mitreitest. Mir ahnt es so, als wenn ich Dich auf dieser Reise besonders nötig haben werde, wenn meine Träume etwas bedeuten."
Eid sagte: „Was hast Du geträumt, Vater?"
Thord antwortete: „Ich träumte, ich sei nach Hvita im Borgarfjord gekommen und unterhielte mich mit ausländischen Männern, hauptsächlich über einige Geschäfte. Da kamen in unsere Hütte viele Wölfe herein, vor denen ich Abscheu empfand. Sie griffen mich an und wollten mich zerreißen und zerrten mir die Kleider herunter. Ich zog mein Schwert und zerhieb einen Wolf mitten durch, und einem anderen schlug ich den Kopf ab. Da stürzten die Wölfe von allen Seiten auf mich ein. Mir war es, als ob ich mich verteidigte, und ich wurde sehr müde und glaubte nicht zu wissen, wie es ablaufen würde. Da sprang ein junger Bär vor mich und wollte mir helfen, und in dem Augenblick erwachte ich. Nun scheint mir, der Traum zeige Dinge an, die kommen werden."

Wölfe sind Feinde und ein Bär ist ein starker Krieger.
Ein Kampf wird naturalistisch gesehen.

I 3. n)   Geschichte über Thordr den Schrecklichen

Früh am Morgen nach Jul gebot Thordr seinen Männern, sich für die Heimreise vorzubereiten und sagte, daß er während der Nacht viele Dinge vor sich gesehen habe.

Der Bauer Kalfr frug, was er geträumt habe.

„Mir träumte,“ sagte er, „daß wir Gefährten das Hjalta-Tal hinaufritten und daß wir, als wir in die Nähe von Vidvik kamen, von achtzehn Wölfen angesprungen wurden. Einer von ihnen, der der Größte war, rann mit offenem Maul auf mich und meine Männer zu. Mir schien, daß sie mich und meine Männer zu Tode bissen, aber mir schien, daß ich viele von den Wölfen getötet habe, und mir schien, daß ich den Größten von ihnen verwundet habe. Dann erwachte ich.“

Bauer Kalfr fand, daß dies Feindseligkeiten bedeuten würde und sagte: „Das bedeutet übel-gesonnene Männer,“ und er bat ihn, noch den Tag über zu bleiben und Späher nach Vidvik zu senden.

Doch das wollte Thordr nicht.

„Dann werde ich,“ sagte Kalfr, „Dir einige Männer mehr mitgeben, um Deine Gruppe zu vergrößern.“

Thordr sagte: „Es soll niemals erzählt werden, daß Thordr der Kämpfer von bloßen Träumen geängstigt worden ist und daß er sein Gefolge nur aus diesem Grund vergrößert hat und sich sonst nicht durch das Land zu reiten getraut hat.“

Wölfe sind Feinde.
Ein Kampf wird naturalistisch gesehen.

I 3. o)   Saga über Hromund Greipsson

Im folgenden Winter sah Blind viele Dinge in einem Traum und eines Tages erzählte er seinen Traum dem König (Hadding) und sprach: „Ich habe geträumt, daß ein Wolf aus dem Osten gelaufen kam und Dich gebissen und verwundet hat, o König!“

Der König sagte, daß er den Traum wie folgt deuten würde: „Ein König wird aus dem Osten aus einem anderen Land kommen und seine Ankunft wird zunächst schrecklich sein, aber danach wird es wieder Frieden geben.“

Blind sagte weiterhin, daß er geträumt habe, daß viele Falken auf einem Haus saßen, „und ich habe Euren Falken gesehen, Herr – er war ganz kahl und alle seine Federn waren ihm ausgerupft worden.“

Dieses Motiv ist ein sehr bekanntes Todes-Omen.

Der König sagte: „Ein Sturm wird aus den Wolken kommen und unsere Halle schütteln."

Blind erzählte ihm einen dritten Traum mit den folgenden Worten: „Ich sah eine Schweineherde von Süden her auf die Halle des Königs zulaufen und die Erde mit ihren Schnauzen aufwühlen."

Schweine, d.h. Eber oder Keiler sind ein häufiges Bild für Krieger.

Der König sagte: „Das wird die Flut sein, feuchtes Wetter und das Gras, das aus der Feuchtigkeit emporsprießt, wenn die Sonne auf die Heide scheint."

Blind erzählte einen vierten Traum: „Ich dachte, ich würde einen schrecklichen Riesen von Osten aus hierher kommen sehen; er biß Dir mit seinen Zähnen eine große Wunde."

Der König sagte: „Boten werden von irgendeinem König aus dem Osten in meine Halle kommen. Sie werden Feindschaft verursachen wollen und ich werde mich darüber ärgern."

„Dies ist ein fünfter Traum," sagte Blind, „Ich träumte, daß eine schreckliche Schlange sich rings um Schweden legte."

„Ein prächtiges Drachenschiff wird hier ankommen, das mit Edelsteinen gefüllt ist," sagte der König.

Drachen sind im wesentlichen große Schlangen.

„Ich hatte einen sechsten Traum," sagte Blind, „mir träumte, daß dunkle Wolken über das Land kamen, die Klauen und Flügel hatten und mit Dir, o König fortflogen.

Und ich habe weiterhin geträumt, daß eine Schlange in dem Haus des Bauern Hagal war. Sie griff die Leute auf eine schreckliche Weise an. Sie verschlang sowohl Dich wie mich und alle Männer, die zu diesem Hof gehören. Was kann das bedeuten?"

Der König sagte: „Ich habe gehört, daß sich nicht weit von Hagals Haus ein Bär herumtreibt. Ich werde dorthin gehen und den Bären mit großer Kampfeswut angreifen."

„Danach habe ich geträumt, daß ein Drache rings um die Königs-Halle lag und daß er den Gürtel des Hromund trug."

Der König sagte: „Du weißt doch, daß Hromund sein Schwert und seinen Gürtel in dem See verloren hat – und trotzdem fürchtest Du Hromund noch immer?"

Blind träumte noch mehr Träume, die er dem König erzählte, aber der König deutete sie, wie es ihm gefiel und nie so, wie es ihrer wahren Bedeutung entsprach.

Aber dann erzählte Blind einen Traum, der ihn diesmal selber betraf: „Ich habe geträumt, daß ein eiserner Ring um meinen Hals gelegt worden ist."

Der König sagte: „Die Bedeutung dieses Traumes ist, daß Du gehängt werden wirst – und daß das das Ende von uns beiden sein wird."

Danach rief König Olaf ein großes Heer zusammen und zog nach Schweden. Hromund begleitete ihn und sie nahmen die Halle des Königs Hadding in einem Überraschungsangriff ein. Er lag in seinem Bett in einer der äußeren Kammern und bemerkte sie erst, als sie die Tür seines Raumes einschlugen. Hadding rief zu seinen Männern und frug, wer den Frieden der Nacht stören würde. Hromund sagte ihm, wer sie waren.

Der König sagte: „Du willst Deine Brüder rächen."

Hromund sagte, daß er nicht gekommen sei, um Worte über den Tod seiner Brüder zu verlieren und fügte hinzu: „Du wirst nun dafür zahlen müssen und zwar auf der Stelle!"

Da sprang einer der Berserker des Königs Hadding herbei, der so groß wie ein Riese war, aber Hromund tötete ihn. König Hadding verbarg sich in seinem Bett und erhielt keine Wunde, denn jedesmal, wenn Hromund auf ihn niederschlug, drehte sich das Schwert und kam mit der flachen Seite auf ihn nieder. Da nahm Hromund eine Keule und schlug König Hadding zu Tode.

Das Keulen-Motiv stammt aus den Mythen des ehemaligen Göttervaters Tyr, der als Göttervater und Kriegsgott natürlich fast unbesiegbar war und nur durch eine List und auf eine ganz besondere Weise getötet werden konnte (siehe „Unverwundbarkeit" in Band 64).

Da sagte Hromund: „Hier habe ich König Hadding niedergeworfen, den berühmtesten Mann, den ich jemals gesehen habe."

Der Mann Blind, der auch Bavis genannt wurde, wurde gebunden und erhängt, sodaß sich sein Traum erfüllt hatte.

Die Bedeutung des Namens „Bavis" ist unbekannt. Möglicherweise ist dies eine Ableitung von dem lateinischen Genitiv des Substantivs Rind, das „bovis" lautet – aber das ist sehr unsicher.

Ein beißender Wolf, ein gerupfter Falke, ein die Halle schüttelnder Sturm, eine die Felder verwüstende Schweineherde, ein den König beißender Riese, eine das Land umringende Schlange, den König raubende Wolken mit Krallen und Flügeln, eine das Volk angreifende Schlange und ein die Königshalle umringender Drache bedeuten alle Gefahr von Feinden.

Ein eiserner Ring um den Hals bedeutet, daß man gehängt wird.

I 3. p) Saga über Kampf-Glum

Glum: „Nun will ich Dir meinen Traum erzählen. Mir schien, daß ich alleine und ohne Waffen mein Haus verließ und daß Thorarin mit einem großen Wetzstein in seiner Hand auf mich zukäme und daß ich mich für dieses Zusammentreffen übel vorbereitet fühlte. Aber während ich darüber nachdachte, sah ich einen anderen Wetzstein in der Nähe liegen und ergriff ihn und griff Thorarin an und als wir zusammentrafen, versuchte jeder von uns beiden den anderen zu schlagen, aber die Steine schlugen aufeinander und es gab ein großes Getöse."

„Könnte man das," frug Marr, „als den Streit zwischen den beiden Häusern ansehen?"

„Mehr als das," antwortete Glum.

„Schien es ein Streit zwischen den beiden Grafschaften sein?"

„Ja," sagte Glum, „das Omen kann man wohl so deuten, denn der Lärm konnte in beiden Grafschaften gehört werden – und als ich erwachte, habe ich das Folgende gesungen:

„Ich meinte diese Nacht im Schlaf zu sehen,
wie jener Anführer, der den Raben der Tiefe
über das Meer lenkt,
einen Stein nach mir warf.

Der Herr des breiten Strandes des Lima-Fjordes
kam voller Stolz;
ich begegnete im furchtlos, Hand gegen Hand,
und schlug seinen Schlag zur Seite."

Die „Tiefe" ist das Meer. Ein „Rabe der Tiefe" ist ein Drachenschiff. Dessen „Herr" ist Thorarin, der Feind des Glum.

Wetzsteine sind im Traum das Symbol für Waffen oder für größere Gruppen von Kriegern.

I 3. q) Saga über Hervor und König Heidrek den Weisen

Da erzählte Angantyr dem Jarl seinen Traum: „Mir schien,“ erzählte er, „daß wir Brüder auf Samsey standen und dort viele Vögel fanden und sie alle töteten. Dann träumte mir, daß wir auf der Insel einen anderen Weg einschlugen, auf dem uns zwei Adler entgegenflogen und mir schien, daß ich gegen den einen von ihnen kämpfte und daß wir hart miteinander kämpften und daß wir einander zu Boden warfen bevor wir aufhörten. Der andere Adler kämpfte mit meinen elf Brüdern und mir schien, daß der Adler die Oberhand gewann.“

Der Jarl sagte, daß es nicht nötig sei, den Traum zu deuten, denn er zeige deutlich den Fall von mächtigen Männern.

Vögel sind Menschen; Adler sind mächtige Männer.

I 3. r) Saga über Kampf-Glum

„Es gibt noch einen Traum, den ich euch erzählen will. Mir schien, daß ich vor der Türe stand und zwei Frauen sah, die einen Trog zwischen sich stehen hatten und sich in Hrisateig hinstellten und den ganzen Bezirk mit Blut besprenkelten.

Ich wachte auf und dachte, daß dies bedeutet, daß etwas geschehen wird.

Da sang ich diese Verse:

Mir schien, daß die Götter
die Pfade der Menschen kreuzten.
Wir werden schon bald den Lärm der Schwerter
und das Lied der Speere hören.
Ich sah die Frauen der Leichen
in grimmiger und rachevoller Stimmung dastehen.
Als die Schlacht tobte, tränkten sie das Land
mit dem Blut der erschlagenen Krieger.“

Die „Frauen der Leichen“ sind die Walküren.

Traum-Frauen, die einen Bezirk mit Blut besprenkeln, kündigen einen großen Kampf an.

I 3. s)   Saga über den Kampf auf der Heide

Da ergriff Thorbjörn das Wort: „Ich habe in der Nacht geträumt, " sagte er.
Der Hausherr frug: „Was hast Du geträumt? "
 Er sagte: „Mir schien, daß ich an einem Ort gestanden habe, an dem die Männer
nicht einer Meinung waren. Und mir schien, daß ich das Schwert hatte, daß ich
gewöhnlich in meiner Hand halte, aber das nun nicht hier im Haus ist. Und es brach
sofort entzwei, als ich mit ihm zuschlug. Mir schien auch, daß ich in meinem Schlaf
zwei Strophen sang. Und ich kann mich an beide erinnern:

Ort, an dem die Männer nicht einer Meinung sind =Schlachtfeld

O Hain des Treffens der Mädchen der Schlacht,
ich habe einen Traum geträumt und nun will ich in rechter Weise
meine edle Lied-Geschichte hart und hart-gewoben werden lassen:
Es war der weiße Schild-Stab der Insel des Helm-Wolfes,
der Schild, der dort, so schien mir, zerbrach,
an dem Ort, an dem die Blut-Schilfstengel streitend zusammenschlagen,
auf einem Treffen von offensichtlich dem, der gerne
die Lager der Gehängten für einen Plausch aufsucht.

  Mädchen der Schlacht = Walküren; deren Treffen = Kampf; dessen Hain (Mann) =
Krieger
   hart-gewoben = die Verse („Fäden") sind in der rechten Weise zusammengefügt
worden
   Wolf = Zerstörer; Helm-Wolf = Schwert; dessen Insel = Schild; dessen Stab =
Schwert; Schild-Stab = Schwert; weiß = metallisch glänzend
   Blut-Schilfstengel = Schwerter
   Lager der Gehängten = Hügelgrab; der dort gerne mit den Toten redet = Odin;
dessen Treffen = Kampf

   Kenning-freie Übersetzung: „O Krieger, ich habe einen Traum geträumt und will
nun mein Lied in rechter Weise vortragen. Das Schwert zerbrach im Kampf auf dem
Schlachtfeld."

O Baldur, der nach dem wertvollen Lager des Tal-Fisches sucht,
o wie gut wäre es gewesen, wenn ich einen Wunden-Stab getragen hätte,
der makellos in dem Unwetter gewesen wäre,
dort, wo Licht auf den Kiel
des Randes des Kriegs-Brettes springt;
und wo ich mit meinem Kopf-Knochen unverletzt in der Schlacht stehe.
Wenn ich doch nur die Flamme tragen könnte, die den Tod
den Kriegern unter den Männern rings um mich bringt.

Tal-Fisch = Schlange = Totengeist; dessen Lager = Grabschatz im Hügelgrab = Gold; Baldur = Mann; Mann des Goldes = Krieger
Wunden-Stab = Schwert
Unwetter = Kampf
Kriegs-Brett = Schild; dessen Rand = Schildrand; dessen Kiel (Mitte) = Schild, Schildmitte
Licht = Flamme = Klinge = Schwert
Kopf-Knochen = Schädel, Kopf
Tod-bringende Flamme = Schwert

Kenning freie Übersetzung der Strophe: „O Krieger, hätt ich doch nur mein Schwert gehabt, daß ich in dem Kampf gebraucht hätte, in dem ich mit unverletztem Schädel stehe. Wenn ich doch nur mein Schwert gehabt hätte!"

Ja," sprach er, „das Werk der Schmiede liegt nun daheim oder es ist unterwegs heruntergefallen. Gehe nun zurück und suche nach ihm und wenn Du es findest, dann reite zum Amboß. Aber ich werde meinen Weg weiter reiten. Doch wenn Du es nicht auf dem Weg findest, dann gehe an Deine Arbeit."

Werk der Schmiede = hier: Schwert
Amboß = Schmiede

Ein Kampf wird vorhergesehen.

I 3. t)   Saga über Hrolf Kraki und seine Berserker

Da erwachte König Frodi in der Halle und rang um Atem:

„Ich habe einen Traum gehabt, Jungs, und das war kein schöner! Ich erzähle ihn euch. Ich habe geträumt, daß jemand zu uns gerufen hat und die Stimme sprach: 'Du bist nun zuhause, König, und Deine Männer ebenso.'

Ich schien eher scharf zu antworten: 'Wo zuhause?'

Da kam die Stimme so nah zurück, daß ich den Wind des Atems von dem, der gerufen hatte, spüren konnte. 'Heim in Hel! Heim in Hel!' sprach die Stimme und damit erwachte ich."

Dieser Wahrtraum hat sich erfüllt.

Im Traum hört ein König von Hel selber, daß er sterben wird.

I 3. u)   Die Saga über Half und seine Recken

Innstein sprach:

„Half, ich hatte einen Traum

– höre mir zu –

heftige Flammen spielten dort

auf unserem Heer.

Aus dieser üblen Klemme

schien es schwer zu entkommen zu sein.

Wie deutest Du, König,

diesen Traum?"

Flammen = Schwerter

63

Der König sprach:
„Ich werde jedem der kühnen Helden,
diesen kühnen Gefährten,
die mir folgen,
einen vergoldeten Helm geben.
Die werden wie Feuer
über des Herrn Kriegsschar
flammen
und ihre Häupter erleuchten."

Innstein sprach:
„Ich träumte noch einmal
ein schreckliches Bild:
Ich sah, daß Schultern
in Flammen glühten.
Ich habe das Gefühl, König,
daß dies kein gutes Zeichen ist!
Hast Du irgendeine Ahnung,
was dieser Traum bedeuten könnte?"

Der König sprach:
„Ketten-Glieder werden erklingen
auf dem Gefolge des Fürsten,
auf den Männern des Königs
werden Kettenhemden
wie Wasserfälle ertönen.
Diese werden auf den Schultern hell erglänzen,
auf den königlichen Gefährten
werden sie ganz wie Feuer sein."

Innstein sprach:
„Ich träumte wiederum,
noch einen dritten Traum,
daß wir hinab
in tiefes Wasser tauchten.
Das muß ein Hinweis
auf einen großen Verrat sein!
Welche Bedeutung siehst Du, König,
in diesem Traum?"

Der König sprach:
„Was schert mich das?
Ich habe nun alles gehört, was ich wollte;
schließe jetzt Deinen Mund!
Es bedeutet mir nicht das geringste!
Genug von diesem Unsinn!
Kein Wort mehr
über Deine Träume; kein Gefasel mehr
von diesem Tag an!"

Innstein hat mit seinen Warnungen natürlich recht behalten …

Flammen über dem Heer bedeuten einen Angriff auf das Heer.
In tiefes Wasser tauchen bedeutet Verrat.

I 3. v) Landnahme-Buch

Snäbjörn nahm auch seinen Ziehvater Thorodd von Thingness zusammen mit dessen Frau an Bord, doch Hrolf nahm Styrbjörn mit an Bord, der, nachdem er einen Traum gehabt hatte, folgendes sang:

„Ich sehe den Tod
von uns beiden,
frostig und kalt,
schreckliche Dinge,
laute Geschehnisse.
Solche Dinge künden,
daß Snäbjörn im Nordosten
auf See getötet werden wird."

Ein Mann sieht den Tod von sich und einem Gefährten voraus.

I 4.   Träume über die Zukunft eines Menschen

Die allgemeinen Träume über die Zukunft eines Menschen (8) sind deutlich seltener als die Träume über den Tod eines Menschen (22) oder über den Tod einer Gruppe von Menschen (22).

I 4. a)   Die Geschichte über Gunnlaug Schlangenzunge

Die Sonne brannte heiß und verursachte Thorstein und dem Normann Beschwerde; und als sie die Wand aufgerichtet hatten, da setzten sich beide auf dem Zeltplatz nieder und Thorstein schlief ein und warf sich im Schlafe unruhig hin und her. Der Normann saß bei ihm und ließ ihn ungestört seinen Traum genießen; als jener aber schließlich aufwachte, fühlte er sich unbehaglich.

Da frug ihn der Normann, was ihm geträumt hätte, da er so unruhig geschlafen habe.

Thorstein versetzte: „Träume haben nichts zu bedeuten!"

Als sie aber gegen Abend heim ritten, frug der Normann noch einmal, was Thorstein geträumt habe. Thorstein sprach: „Wenn ich Dir den Traum sage, dann sollst Du ihn auslegen, wie er ist!"

Der Normann entgegnete, er wolle es versuchen.

Da sprach Thorstein: „Mir träumte, ich wäre zu Hause in Borg und stünde außen vor der Haupttür; da sah ich an dem Hause hinauf und sah oben an der Dachkante einen schönen Schwan sitzen, der mir gehörte und mir außerordentlich wohlgefiel.

Da sah ich oben von den Bergen her einen großen Adler fliegen; er flog hinzu und setzte sich neben den Schwan und zwitscherte zärtlich mit ihm, und jener schien das ganz gut aufzunehmen. Der Adler war schwarzäugig und hatte eiserne Klauen an sich und schien mir ein tüchtiges Tier zu sein.

Dann sah ich einen anderen Vogel von Süden her fliegen; auch dieser kam nach Borg, setzte sich auf das Haus zu dem Schwan und wollte ihn für sich gewinnen. Auch das war ein großer Adler.

Aber bald schien mir der Adler, der zuerst dagewesen war, gar zornig über den neuen Ankömmling zu werden, und sie stritten heftig und lang, und ich sah, daß beide bluteten.

Damit schloß ihr Kampfspiel damit, daß beide, jeder nach einer anderen Seite hin, von der Dachkante fielen und tot waren. Aber der Schwan blieb sitzen, sehr traurig und betrübt.

Da sah ich einen Vogel von Westen her fliegen, das war ein Habicht; er setzte sich zum Schwan und tat schön mit ihm, und dann flogen beide fort nach derselben

Himmelsrichtung zu; und da erwachte ich.

Und," fügte er hinzu, „dieser Traum hat nichts zu bedeuten; das wird Stürme anzeigen, daß sie sich in der Luft treffen, und zwar von den Himmelsrichtungen her, aus denen die Vögel kamen."

Der Normann sprach: „Es ist nicht meine Ansicht, daß es sich so verhält."

Thorstein versetzte: „Nimm Dir aus dem Traume das, was Dir am wahrscheinlichsten scheint und laß es mich hören!"

Der Normann, sprach: „Die zwei Vögel mögen Folgegeister von Männern sein; Deine Gattin aber ist unpäßlich und wird ein hübsches Mädchen zur Welt bringen, das Du sehr lieben wirst; dann werden zwei stattliche Männer um Deine Tochter anhalten, aus den Gegenden des Landes, aus der Dir die Adler zu kommen schienen; beide werden die heftigste Liebe zu ihr fassen, werden um sie kämpfen und beide dabei ihr Leben lassen. Dann wird ein Dritter um sie freien aus der Richtung, wo der Habicht herkam, und mit ihm wird man sie verheiraten.

Nun habe ich Deinen Traum gedeutet, und ich glaube, es wird so kommen!"

Thorstein versetzte: „Übel ist der Traum ausgelegt und nicht gerade wohlwollend, und Du scheinst Dich nicht gut auf das Traumdeuten zu verstehen!"

„Du wirst ja die Probe machen können," entgegnete jener, „wie die Sache gehen wird!"

Thorstein zeigte sich von da an kalt gegen den Normann; dieser segelte dann im Sommer wieder fort und kommt nun in der Geschichte nicht mehr vor.

Ein Schwan ist eine Frau, Adler und Falken sind Männer. Die Kämpfe zwischen den Raubvögeln sind Kämpfe zwischen den Männern.

I 4. b) Lachstal-Saga

Gudrun sprach: „Ich habe diesen Winter viele Träume geträumt, doch vier von diesen Träumen beunruhigen meinen Geist sehr und niemand hat sie bisher so deuten können, wie es mir gefallen würde und dennoch bitte ich nicht um eine günstige Auslegung dieser Träume."

Gest sagte: „Erzähle mir Deine Träume – vielleicht kann ich etwas von ihnen verstehen."

Gudrun sprach: „Mir schien, daß ich draußen an einem bestimmten Bach gestanden hätte und daß ich eine krumme Haube auf meinem Kopf getragen hätte, von der ich fand, daß sie mir nicht passen würde, und ich wollte diese Haube ändern, doch viele Leute rieten mir, dies nicht zu tun, aber ich hörte nicht auf sie und riß mir die Haube von meinem Kopf und warf sie in den Bach – und das war das Ende des Traumes."

Dann sprach Gudrun weiter: „Dies ist der nächste Traum: Mir schien, daß ich in der Nähe eines Wassers stehen würde und einen silbernen Ring an meinem Arm tragen würde. Ich dachte, daß es mein eigener sei, und er paßte mir außerordentlich gut. Er schien mir ein sehr wertvolles Ding zu sein und ich wünschte mir, daß ich ihn lange behalten würde. Doch als ich am wenigsten damit gerechnet hatte, rutschte der Ring von meinem Arm und fiel ins Wasser und ich habe danach nie mehr etwas von ihm gesehen. Ich spürte den Verlust heftiger als mir schien, daß ich jemals den Verlust von einem bloßen Teil meines Besitzes spüren könnte. Dann erwachte ich."

Gest sagte dazu nur: „Dieser Traum ist nicht unbedeutender als der erste."

Gudrun sprach weiter: „Dies ist der dritte Traum: Mit schien, daß ich einen Goldring an meiner Hand trug, von dem ich dachte, daß er mir gehören würde und daß nun mein Verlust wieder ausgeglichen worden sei. Und in meinem Geist entstand das Bild, daß ich diesen Ring länger als den ersten behalten würde. Doch mir schien nicht, daß dieser Ring mir im selben Maße besser passen würde, wie Gold wertvoller als Silber ist. Dann sah ich, wie ich fiel und mich mit meiner Hand abfangen wollte, doch dabei schlug der Goldring gegen einen Stein und brach entzwei und die beiden Teile bluteten. Das, was ich danach fühle, fühlte sich mehr nach Trauer an als nach dem Bedauern eines Verlustes. Und mir schien nun, daß der Ring einen Makel gehabt haben müsse, und als ich die Teile betrachtete, sah ich noch mehr Fehler an ihnen. Doch ich hatte das Gefühl, daß er, wenn ich besser auf ihn geachtet hätte, noch hätte heil sein können. Weiter ging dieser Traum nicht."

Gest sagte: „Deine Träume werden nicht bedeutungsloser."

Dann sprach Gudrun: Dies ist mein vierter Traum: Mir schien, daß ich einen Gold-Helm auf meinem Kopf tragen würde, der mit vielen Edelsteinen besetzt war. Und mir deuchte, daß dieses wertvolle Ding mir gehören würde, doch was mich am meisten störte, war, daß er zu schwer war und ich ihn kaum tragen konnte, sodaß mein Kopf sich zur Seite neigte. Doch ich tadelte nicht den Helm dafür und ich hatte auch nicht vor, mich von ihm zu trennen. Doch der Helm fiel von meinem Kopf und stürzte in den Hvamm-Fjord – und danach erwachte ich. Nun habe ich Dir meine ganzen Träume erzählt."

Gest antwortete: „Ich sehe deutlich, was sie bedeuten, doch Du wirst finden, daß meine Deutungen alle sehr ähnlich schmecken, denn ich muß sie alle in fast derselben Weise deuten. Du wirst vier Ehemänner haben und ich zweifle daran, daß es beim ersten mal, wenn Du heiratest, eine Liebes-Beziehung sein wird. Daß Dir scheint, daß Du eine große Haube auf Deinem Kopf tragen würdest und daß sie Dir nicht zu passen schien, zeigt, daß Du ihn nur wenig liebst. Und daß Du sie von Deinem Kopf nimmst und in den Bach wirfst, zeigt, daß Du ihn verlassen wirst. Denn die Leute sagen, daß 'etwas ins Meer geworfen wird', wenn man etwas verliert und nichts dafür als Entschädigung erhält."

Und Gest sprach weiter: „Dein zweiter Traum war, daß Dir schien, daß Du einen Silberring an Deinem Arm getragen hast. Das zeigt, daß Du einen Edelmann geheiratet hast, den Du sehr lieben wirst, aber den Du nur für eine kurze Zeit genießen können wirst – und ich würde mich nicht wundern, wenn Du ihn durch Ertrinken verlieren würdest. Das ist alles, was ich zu diesem Traum zu sagen habe."

Und in dem dritten Traum schien Dir, daß Du einen Goldring an Deiner Hand getragen hast. Das zeigt, daß Du einen dritten Ehemann haben wirst und er wird den zweiten nicht in dem Maße übertreffen wie Dir Gold wertvoller als Silber zu sein scheint. Und mein Geist sagt mir vorher, daß zu der Zeit eine Änderung des Glaubens kommen wird (Christentum) und daß Dein Ehemann den Glauben, von dem wir denken, daß es der höhere sei, annehmen wird. Und Deine Vorstellung, daß der Ring durch eine Unachtsamkeit von Dir entzweibricht und daß Blut aus den beiden Teilen kommt, zeigt, daß dieser Deiner Ehemänner getötet werden wird und daß Du dann denken wirst, daß Du erst dann das erste Mal alle seine Fehler siehst."

Und Gest sprach noch weiter: „Dein vierter Traum war, daß Dir schien, daß Du einen Helm auf Deinem Kopf getragen hast und daß er aus Gold und mit Edelsteinen besetzt war und daß er Dir zu schwer zu tragen war. Dies zeigt, daß Du einen vierten Ehemann haben wirst und daß dieser der größte Edelmann der vier sein wird und daß er gewissermaßen einen Schreckenshelm über Dich stülpen wird. Und daß Dir schien, daß er in den Hvamm-Fjord gefallen ist, zeigt, daß dieser an seinem letzten Tag auf seinem Weg sein wird. Mehr sage ich nicht zu diesem Traum."

Gudrun saß mit blutroten Wangen da, während die Träume gedeutet wurden, aber sie sagte nichts bis Gest zu dem Ende seiner Rede gekommen war.

Dann sprach Gudrun: „Du hast mir genauere Vorhersagen gegeben, als ich es gewollt habe, als ich sie in Deine Hände gelegt habe, doch nimm dennoch meinen Dank für das Deuten der Träume entgegen. Aber es ist eine schreckliche Sache, daran zu denken, daß alle diese Dinge geschehen könnten."

Eine Frau reißt eine unpassende Haube von ihrem Kopf und wirft sie in einen Bach – Trennung von einem unpassenden Mann.

Einer Frau fällt ihr Silberring, der ihr sehr gut gefällt, in tiefes Wasser – der geliebte Ehemann ertrinkt.

Einer Frau fällt ihr Goldring, der ihr sehr gut gefällt, herunter und zerbricht – der geliebte Ehemann wird getötet.

Einer Frau fällt ein Goldhelm, der ihr zu schwer ist, in tiefes Wasser – der anstrengende Ehemann ertrinkt.

I 4. c)   Die Saga über Hallfredr Ärger-Skalde

Hallfred träumte, daß König Olaf ihm erschienen wäre und fühlte sich überglück-lich und zugleich ängstlich.

Der König sprach: „Du liegst im Schlaf, auch wenn es sich anfühlt, als ob Du wachen würdest.

...

Nimm meinen Rat an – freue Dich, daß es nicht zu einem Zweikampf kommt und zahle die Summe.

...

Du wirst einige Männer reiten sehen. Beginne ein Gespräch mit ihnen und Du wirst sehen, daß es Wichtigeres gibt als einen Zweikampf mit Gris."

Ein König rät einen Mann in einem Traum, lieber Geld zu zahlen als sich auf einen bestimmten Zweikampf einzulassen.

I 4. d)   Vatnsdäla-Saga

In der Vatnsdäla-Saga wird berichtet, dass die Zauberin Groa Thorstein zu einem Gastmahl einlud, um ihn durch Zauber für sich zu gewinnen.

Dort hat Thorstein dreimal denselben Traum, in dem ihm die Jenseitsgöttin er-scheint.

Drei Nächte, bevor er von Hause fortreiten sollte, träumte Thorstein, daß die Frau, die seine Ahnen begleitet hatte, zu ihm komme und ihn bitte, ja nicht zu reiten.

Sie sprach: „Das scheint mir unklug, und es wird Dir auch Unglück bringen."

Und so ging es drei Nächte, daß sie kam und ihm Vorhaltungen machte, es werde ihm nicht taugen, und sie berührte seine Augen.

Im Traum warnt die Jenseitsgöttin einen Mann vor einer Reise.

I 4. e) Isländer-Buch

Damals lebte ein Mann, der Thorstein der Schwarze genannt wurde. Er stammte aus Breitfjord, ein Sohn des Hallstein Thorolf-Sohn Großbart und der Osk, der Tochter Thorsteins des Roten.

Er träumte, daß er bei dem Gesetzesfelsen war, während dort eine große Zahl Leute waren, doch während er wach war, schliefen alle anderen. Danach träumte er, daß er schlief und alle anderen wach waren.

Osvif Helgason, der Großvater des Gellir Thorkel-Sohn, deutete den Traum so, daß jeder schweigen würde, wenn er an dem Gesetzesfelsen sprechen wird, aber das danach, wenn er schwieg, jedermann seine Zustimmung zu dem, was er gesagt hatte, rufen werde.

Und sie waren beide weise Männer.

Und danach, als die Leute zum Thing kamen, schlug er für das Verfahren am Gesetzesfelsen vor, daß in jedem siebten Sommer eine zusätzliche Woche eingefügt werden sollte, und er schaute, wie das aufgenommen wurde.

Ganz so wie Osvifr den Traum gedeutet hatte, nahmen alle diesen Vorschlag gut auf.

> Der Schlaf einer Schar von Männern bedeutet schweigendes Zuhören, ihr Sprechen beim Erwachen bedeutet Zustimmung.

I 4. f) Die Lachstal-Saga

In der nächsten Nacht war An sehr unruhig in seinem Schlaf, sodaß er von den anderen geweckt wurde. Sie frugen ihn, was er geträumt habe.

Er antwortete: „Eine sehr übel aussehende Frau ist zu mir gekommen und hat mich auf die Bettkante vorgezerrt. Sie hielt in der einen Hand ein kurzes Schwert und in der anderen einen Trog. Sie stieß das Schwert in meine Brust und schnitt mir den ganzen Bauch auf und nahm alle meine Innereien heraus und steckte stattdessen Gestrüpp hinein. Dann ging sie wieder hinaus."

Kjartan und die anderen lachten sehr über diesen Traum und sagten, daß An nun 'Gestrüpp-Bauch' genannt werden sollte, und sie griffen nach ihm und sagten, daß sie tasten wollten, ob er Gestrüpp in seinem Bauch habe.

Da sagte Aud: „Es gibt keinen Grund, darüber so sehr zu spotten. Und es ist mein Rat, daß Kjartan eines von diesen beiden Dingen tun sollte: entweder länger hier bleiben oder, wenn er fortreiten will, mit mehr Gefährten fortreiten als er hergekommen ist."

Kjartan sagte: „Du kannst ja An Gestrüpp-Bauch für einen richtigen Weisen halten, wenn er hier sitzt und den ganzen Tag zu Dir redet, wenn Du glaubst, daß alles, was er träumt, eine echte Vision ist, aber ich werde gehen und ich habe mich trotz dieses Traumes schon dazu entschlossen."

... ...

Kjartan wurde anschließend in einem Hinterhalt ermordet. Auch An schien bei diesem Angriff getötet worden zu sein.

... ...

In Reichmannstal-Landzunge ereignete es sich in der Nacht nach dem Tag, an dem der Kampf stattgefunden hatte, daß An sich aufsetzte – er, den sie alle für tot gehalten hatten.

Diejenigen, die über die Leichen wachten, fürchteten sich sehr und hielten dies für ein erstaunliches Wunder.

An sprach zu ihnen: „Ich bitte euch in Gottes Namen, fürchtet euch nicht vor mir, denn ich habe sowohl mein Leben als auch mein Bewußtsein bis zu der Stunde gehabt, in der mich die Schwere einer Ohnmacht überkommen hat. Dann träumte ich von derselben Frau wie zuvor und mir schien, daß sie das Gestrüpp aus meinem Bauch genommen hat und stattdessen wieder meine eigenen Innereien hineingelegt hat. Und dieser Wandel schien mir gut zu sein."

Die Wunden, die An hatte, wurden verbunden und er wurde wieder ein heiler Mann und wurde seitdem 'An Gestrüpp-Bauch' genannt.

Eine Frau ersetzt einem Mann im Traum die Eingeweide durch Gestrüpp. Nachdem dieser Mann nach einem Kampf für tot gehalten wurde, tauscht die Traumfrau in einem zweiten Traum dieses Mannes das Gestrüpp wieder gegen die Eingeweide aus, worauf hin der Mann wieder zu sich kommt.

I 4. g)   Gesta danorum

Nach diesen Taten erschien Haddings tote Frau vor Toste in seinem Schlaf und sang folgendermaßen:

„Dir wird ein Ungeheuer geboren werden,
daß die Wut der wilden Tiere zähmen wird
und mit starkem Maul
die dahineilenden Wölfe vernichten wird."

   Dann fügte sie noch etwas hinzu:

„Nimm Dich in acht,
denn aus Dir ist ein Vogel des Unheils entsprungen;
er ist in seinem Zorn eine wilde Kreisch-Eule,
von seiner Zunge her ein singender Schwan."

   Am Morgen erzählte der König, nachdem er den Schlaf abgeschüttelt hatte, seine Vision einem Mann, der in der Traumdeutung geübt war, der ihm sagte, daß der Wolf ein Sohn sei, der grausam sein würde, und daß das Wort Schwan eine Tochter bezeichne. Und er sagte voraus, daß der Sohn für seine Feinde tödlich sein werde und daß die Tochter gegenüber ihrem Vater verräterisch sein werde.
   Die Ereignisse bestätigten die Prophezeiung.

Einem Mann wird im Traum von einer Frau die Geburt eines Sohnes vorausgesagt.
Ein Ungeheuer ist ein starker Mann.
Wölfe sind Männer.
Eine Kreisch-Eule ist eine Frau, die Unheil bringt.
Ein Schwan ist eine Tochter oder allgemein eine Frau.

I 4. h)   Die Lachstal-Saga

   Es wird gesagt, daß Thorkell einst Gudrun einen Traum erzählte, den er gehabt hatte.
   „Ich habe geträumt," sprach er, „daß ich einen so großen Bart hatte, daß er sich über den gesamten Breitfjord erstreckte."
   Thorkell bat sie, seinen Traum zu deuten.
   Gudrun sprach: „Was glaubst Du, was dieser Traum bedeutet?"
   Er sagte: „Es scheint mir klar zu sein, daß es ein Hinweis darauf ist, daß sich meine Macht weithin über den gesamten Breitfjord erstrecken wird."
   Gudrun sprach: „Vielleicht ist das seine Bedeutung, doch ich glaube eher, daß er

bedeutet, daß Du Deinen Bart in den Breitfjord tauchen wirst."

Bisweilen hatten die Germanen auch einmal einen freundlichen Humor – möglicherweise eher die Frauen als die Männer …

> Ein großer Bart zeigt große Macht.

I 5.   Träume über sonstige bevorstehende Ereignisse

Es sind noch 5 Träume über verschiedene zukünftige Ereignisse bekannt.

I 5. a)   Die Saga über Hrafnkell Freysgodi

Es war in den Tagen des Königs Harald Haarschön, dem Sohn des Halfdann des Schwarzen, dem Sohn des Gudrödr des Jagdkönigs, dem Sohn des Halfdann des Freigebigen und Kostkargen, dem Sohn des Eysteinn Frets, dem Sohn des Olafr Zimmermann des Schwedenkönigs, daß ein Mann namens Hallfredr auf seinem Schiff nach Island und zwar nach dem Breit-Tal kam; dieses liegt südlich von Flußtal-Statt.

Auf seinem Schiff war auch seine Frau und sein Sohn, welcher Hrafnkell hieß; dieser war damals fünfzehn Jahre alt, vielversprechend und tüchtig. Hallfredr siedelte sich an.

Im Winter darauf starb ihm eine ausländische Magd, welche Arnthruthur hieß; und deshalb heißt diese Stelle seither Arnthruth-Tal.

Aber im folgenden Frühjahr verlegte Hallfredr seinen Wohnsitz nordwärts über die Heide und ließ sich dort nieder, wo es Geißental heißt.

Und in einer Nacht träumte ihm, daß ein Mann zu ihm kam und sagte: „Da liegst Du, Hallfredr, und bist sehr unbesonnen; begib Dich weg von hier und gehe westwärts über den Gesetzes-Fjord; denn dort wird Dein Glück vollkommen sein."

Danach erwachte er und schlug seine Wohnstätte jenseits der Ranga auf der Landzunge an der Stelle auf, welche seither Hallfred-Statt heißt, und wohnte dort bis zu seinem Alter.

Es blieben ihm aber in seiner vorigen Behausung eine Ziege und ein Bock zurück; und an denselben Tag, an welchem Hallfredr weggezogen war, stürzte ein Bergrutsch auf seine vorige Wohnung und beide Tiere gingen dabei zugrunde. Deshalb heißt diese Stelle seither Geißental.

Ein Traum-Mann rät einem Mann dringend, an einen anderen Ort zu ziehen. Wenn der Träumer dem Rat des Traummannes nicht gefolgt wäre, wäre er an seinem alten Wohnort durch einen Erdrutsch getötet worden.

I 5. b)   Gesta danorum

Als Friedleif zu einem eigenen Land heimsegelte, hatte er eine schlechte Fahrt und wurde an den Strand einer unbekannten Insel getrieben.

Da erschien ihm ein Mann in einer Vision und riet ihm, den Schatz, der in der Erde vergraben lag, auszugraben und den Drachen, der ihn bewachte, zu töten und sich dafür in eine Stierfell zu hüllen, um dem Drachen-Gift zu entgehen und er riet ihm zudem, sich gegen die giftigen Zähne zu schützen, indem er auch seinen Schild mit einem Fell bezog.

> Ein Traum-Mann sagt einem Mann, wo er einen Schatz finden kann und wie er den Drachen töten kann, der ihn bewacht – dies ist ursprünglich die Plünderung eines Hügelgrabes gewesen.
>
> Das Stierfell stammt aus den Bestattungsbräuchen, bei denen der Tote für seine Wiederzeugung zusammen mit der Jenseitsgöttin in der Unterwelt in ein Stierfell gehüllt wurde.

I 5. c)   Die Saga über Hallfred Ärger-Skalde

Thorleif sprach: „Dieser Mann erscheint mit immer wieder in meinen Träumen, doch das ist nichts Besonderes. Doch es werden bald Männer vom König kommen und dieser Hallfred ist eine Art Mann, den ich anhand der Gerüchte überhaupt nicht einschätzen kann.“

> Ein Mann träumt von einem anderen Mann, den er treffen wird.

I 5. d)   Saga über Asmund Recken-Töter

Da sprach die Schwester des Jarls: „Unsere Träume über die Ankunft dieses Mannes haben sich nicht geirrt.“

> Ein Mann uns seine Schwester träumen die Ankunft eines Mannes voraus.

I 5. e) Geschichte über Thordr den Schrecklichen

Nun muß über Thordr den Schrecklichen erzählt werden, daß er eines Morgens erwachte und zu seinen Brüdern sprach: „Meine Träume haben mir gesagt, daß Mittelfjord-Skeggi und Asbjörn mir nach meinem Leben trachten. Deshalb werde ich heute von zuhause aufbrechen."

Ein Mann sieht im Traum, daß bestimmte Männer ihm nach dem Leben trachten.

I 5. f) Saga über Sturlaug den Mühen-Beladenen

„Es ist so," sagte Sturlaug, „daß ich einen feierlichen Eid erfüllen muß. Und um ihn zu erfüllen, muß ich wissen, woher das Horn des Auerochsen kommt."
„Das kann ich Dir sagen," sagte sie, „es begann damit, daß König Harald in vielen Ländern auf Raubzug ging und, wohin er auch zog, siegreich war. Zu der Zeit gab es in vielen Ländern große Hungersnöte und am schlimmsten war es in Bjarmaland und es gab große Verluste an Mensch und Vieh.

Bjarmaland ist das Gebiet südlich des Weißen Meeres („Gandvik") im Nordosten von Skandinavien.

Da nahmen sie ein Tier und brachten ihm Opfergaben dar und nannten es 'Auerochse'. Es riß sein Maul auf und sie legten Gold und Silber in sein Maul und sprachen solche Zaubersprüche über das Tier, daß es an Stärke wuchs und schrecklicher als jedes andere Tier wurde.
Es begann sowohl Menschen als Vieh zu fressen und zerstörte sie alle unter sich und verwüstete das ganze Land westlich des Flusses Dvina und kein einziges Lebewesen konnte entkommen.

Die Dvina ist ein nordwestrussischer Fluß, der durch Bjarmaland fließt und ins Weiße Meer mündet.

Es gab keinen Krieger, der es gewagt hätte, dem Tier entgegenzutreten bis König Harald von ihm und von den großen Schätzen dort hörte und er Segel setzte und nach Bjarmaland fuhr und mit dreihundert Schiffen dorthinkam.
Da geschah es, daß König Harald einschlief. Da kam (in seinem Traum) eine Frau

zu ihm, die sehr vornehm aussah.

Sie sprach zu dem König: 'Hier liegst Du nun und hast vor, unser Tier, daß 'Auerochse' genannt wird, zu töten.'

Der König frug: 'Was ist Dein Name?'

'Godrid,' sagte sie, 'und ich lebe nur ein kleines Stück weiter landeinwärts. Und wenn Du meinen Rat willst, dann solltest Du morgen mit der Hälfte Deiner Männer landeinwärts ziehen – dann wirst Du das Tier sehen. Die Männer werden bei seinem Anblick Angst bekommen und fort zum Meer rennen. Dann mußt Du es mit dem Rest Deines Heeres angreifen, einen großen Stock nehmen und es damit prügeln. Das Tier wird fort und ins Meer hinein rennen. Dann wird sich Godrid selber vor das Tier werfen und es wird mich untertauchen und mich festhalten. Danach wird es tot wieder heraufkommen. Dann kannst Du es nehmen, aber mir steht dann die Wahl unter seinen Schätzen zu – und das ist das Horn, daß aus der Stirn seines Schädels herausragt.'

'Es soll sein, wie Du es sagst,' sprach der König.

Die Nacht verging und alles geschah, wie sie es gesagt hatte und es gelang ihnen, das Tier zu besiegen. Dann kam die Frau und nahm das Horn. Es ist dasselbe, daß Du in dem Tempel in Bjarmaland gesucht hast, lieber Sturlaug.

Nun habe ich Dir erzählt, woher das Auerochsen-Horn kommt.“

Eine Frau erklärt einem König im Traum, wie er einen bestimmten riesigen Stier töten kann.

I 6.   Träume über das Schicksal eines Landes

Diese Art von Traum ist selten und kommt nur zweimal vor. Normalerweise handeln derartige Träume von den Königen und nicht von ihrem Land – was allerdings damals kein großer Unterschied gewesen ist, da der König in rechtlicher Hinsicht der Eigentümer seines Landes und in mythologischer Hinsicht der Gatte der Landesgöttin gewesen ist.

I 6. a)   Jomsvikinger-Saga

Ein Jarl, der über Holstein herrschte, hieß Harald. Er wurde Harald der Dicke genannt und er war ein kluger Mann. Der Jarl hatte eine Tochter, die Thyri hieß und hellseherisch war. Sie war eine sehr schöne Frau und deutete Träume besser als andere Menschen. Der Jarl liebte sie sehr und da, wo sie war, schien ihm die Landesherrschaft gesichert zu sein.

Als Gormr erwachsen wurde und das Königreich übernommen hatte, begab er sich mit einem großen Heer außer Landes und hatte vor, um die Tochter des Jarl Harald zu werben. Falls dieser ihm nicht die Frau geben wollte, hatte er vor, ihn anzugreifen.

Als Jarl Harald und seine Tochter von König Gorms Fahrt und seinem Vorhaben erfuhren, schickten sie ihm Leute entgegen und luden ihn zu einem prächtigen Gelage ein. Das nahm der König an.

Als er sein Anliegen vor den Jarl gebracht hatte, gab ihm dieser als Antwort, daß sie selbst darüber entscheiden sollte. „Denn sie ist viel klüger als ich. "

Da drängte der König bei ihr selbst auf die Heirat.

Sie antwortete so: „Das wird nicht sogleich entschieden werden und Du sollst Dich mit guten und ehrenvollen Geschenken versehen nach Hause begeben. Aber wenn Dir an der Heirat mit mir gelegen ist, dann sollst Du, wenn Du heim kommst, ein Haus an einer Stelle errichten lassen, wo zuvor keines gestanden hat und das Dir genehm ist, um darin zu schlafen. Dort sollst Du in der ersten Nacht des Winters schlafen und drei Nächte hintereinander. Erinnere Dich genau, ob Du etwas träumst, und laß es mir berichten. Dann werde ich den Gesandten sagen, ob Du mich zur Hochzeit holen sollst oder nicht. Du brauchst nicht zu kommen, wenn Du nichts träumst. "

Auch hier findet sich wieder die noch heute bestehende Ansicht, daß der erste Traum in einem neuen Bett in Erfüllung geht. Zudem soll der König in der Julnacht und den beiden folgenden Nächten dort schlafen, weil in der Julnacht sozusagen das Tor zwischen den Welten offen steht – in dieser längsten Nacht des Jahres wird die Sonne wiedergeboren und kehrt aus der Unterwelt zurück in das Diesseits.

Dann begab sich König Gormr mit ehrenvollen Geschenken nach Hause und wollte gewiß ihre Klugheit erproben. Als er nach Hause kam, verhielt er sich so, wie sie ihn angewiesen hatte. Der König schlief nun drei Nächte in dem Haus, aber er ließ es von dreien seiner Männer bewachen, damit kein Anschlag verübt werden konnte.

Dann schickte der König seine Männer zu dem Jarl und dessen Tochter, um von seinen Träumen zu berichten. Als sie seine Träume gehört hatte, sprach sie, sie sollten dem König sagen, daß sie mit ihm kommen würde.

Die Gesandten übermittelten nun dem König ihre Entscheidung und dieser wurde darüber sehr froh.

Er brach bald mit einem großen Gefolge von zu Hause auf, um seine Braut zu holen. König Gormr kam nun nach Holstein. Als Jarl Harald von der Fahrt des Königs erfuhr, richtete er zu seiner Ankunft ein großes Fest aus und dort fand die Hochzeit statt.

Während des Festes erzählte König Gormr zur Unterhaltung seine Träume und Königin Thyri deutete sie.

Der König sagte, daß er in der ersten Nacht geträumt hatte, daß er meinte, draußen zu stehen und über sein gesamtes Reich zu blicken. Ihm schien sich das Meer so weit vom Land zurückzuziehen, daß er es nicht mehr sehen konnte. Alle Sunde und Fjorde waren trocken. Dann sah er drei weiße Ochsen aus dem Meer steigen. Sie fraßen alles Gras von der Erde und gingen dann wieder ins Meer.

Im zweiten Traum schien es ihm, als ob wiederum drei Ochsen aus dem Meer stiegen. Sie waren rot und hatten große Hörner. Sie fraßen ebenfalls das Gras von der Erde und gingen dann wieder ins Meer.

Im dritten Traum sah der König wiederum drei Ochsen aus dem Meer steigen. Sie waren vollkommen schwarz, sehr groß und hatten gewaltige Hörner. Sie fraßen wiederum das Gras vom Land und gingen dann wieder ins Meer.

Danach hörte er ein so lautes Donnern, daß er meinte, man müßte es in ganz Dänemark hören. Er sah, daß das vom Meer kam, das wieder zum Land zurückfloß.

„Und jetzt, Königin, will ich, daß Du zur Unterhaltung der Leute die Träume deutest."

Sie sagte, so solle es geschehen. „Daß drei weiße Ochsen aus dem Meer ans Land stiegen, bedeutet, daß drei so schneereiche Jahre kommen werden, daß die Ernte in Dänemark vernichtet werden wird.

Daß außerdem drei rote Ochsen heraussiegen, bedeutet, daß drei wenig schneereiche, aber dennoch nicht gute Jahre kommen werden.

Daß die drei schwarzen Ochsen heraussiegen, bedeutet, daß drei weitere Jahre kommen, die so schlimm werden, daß sich keiner an solche erinnern können wird. Es wird eine so große Hungersnot auftreten, daß es kaum Beispiele dafür geben wird, daß so etwas zuvor geschehen ist.

Daß die Ochsen große Hörner hatten, bedeutet, daß viele ihr gesamtes Eigentum verlieren werden.

Dann hörtest Du ein großes Donnern von der Flut. Das deutet auf Streit zwischen mächtigen Männern, die nahe mit Dir verwandt sind, hin. Wenn Du das in der ersten Nacht geträumt hättest, was nun in der letzten war, würde der Unfriede zu Deinen Lebtagen aufkommen und dann wäre ich nicht mit Dir gekommen.

Aber mit der Hungersnot werde ich zurecht kommen."

Nach diesem Fest fuhren König Gormr und Königin Thyri nach Hause nach Dänemark und ließen viele Schiffe mit Getreide und anderem Wertvollen beladen und alles nach Dänemark schaffen. So hielten sie es in jedem darauf folgenden Jahr, bis die Hungersnot kam. Da schadete sie ihnen und denen, die ihnen nahe standen, überhaupt nicht, weil sie viel von ihren Vorräten an die Landsleute abgaben.

Thyri war die klügste Frau, die je nach Dänemark kam, und sie wurde 'Dänemarks Rettung' genannt.

Träume in der ersten Nacht in einem neuerbauten Haus gehen in Erfüllung.
 Stiere sind Jahre. Schneeweiße Stiere bedeuten viel Schnee und fast keine Ernte. Rote Stiere bedeuten schlechte Ernten. Schwarze Stiere bedeuten den Ausfall der Ernte. Große Stierhörner bedeuten viel Besitz.
 Eine donnernd zurückkehrende Flut bedeutet nahende Feinde.

I 6. b) Die ältere Version der Huldar-Saga

In dieser Zeit hatte Flegda einen Traum, durch den sie das Bevorstehende (nahende Feinde) *erfuhr und darüber dem Hrungnir berichtete. Alle Unholde rüsteten sich zum Kampf und 100 Riesen zogen mit Hrungnir aus.*

Eine Zauberin träumt von dem Nahen von Feinden.

I 7. Schutzgeist-Träume

In einigen der bisher berichteten Träumen erscheint der Schutzgeist eines Mannes oder einer Frau.

Hier folgt noch ein weiterer solcher Traum:

I 7. a) Die Nials-Saga

In derselben Nacht erwachte Höskuld auf Höskuldstad, weckte alle seine Hausgenossen und sagte: „Ich will Euch einen Traum erzählen, den ich gehabt habe. Mir schien, ich sah einen großen Bären aus meinem Hofe hinausgehen; zwei Junge folgten ihm, sie wandten sich nach Rutstad und gingen dort hinein. Nun frage ich Euch, ob Ihr an jenem großen Mann, der gestern Abend unser Gast war, etwas Besonderes gesehen habt."

Ein Mann antwortete, er habe einen Goldschmuck und ein Stückchen rotes Tuch unter dem Ärmel des Mannes hervorlugen sehen; außerdem habe derselbe einen goldenen Ring am Finger getragen.

„Dann war der Bär der Schutzgeist von Gunnar von Hlidarende!" rief Höskuld; denn die heidnischen Nordländer glaubten, jeder Mann habe seinen Schutzgeist, der in Gestalt eines Tieres vor ihm hergehe oder ihm nachfolge.

> Ein Bär ist ein mächtiger Mann oder sein Schutzgeist.

I 7. b) Zusammenfassung

In den bisherigen Kapiteln sind die folgenden Schutzgeist-Träume aufgeführt worden. Zum leichteren Auffinden des betreffenden Traumes in diesem Buch sind die Kapitel-Bezeichnungen wie z.B. „I 2. f)" beigefügt worden.

I 2. f) Saga über Kampf-Glum
Eine Frau erscheint im Traum eines Mannes und wird als Schutzgeist eines nahen Verwandten erkannt.

I 2. q) Völsungen-Saga

Glaumvor träumt von der Schicksalsfrau (Walküre) ihres Mannes, die dessen Tod ankündigt.

I 2. i) Gisli-Saga

Gisli träumt immer wieder von zwei Frauen (Walküren) – die eine verkündet ihm Gutes, die andere verkündet ihm Unheil.

I 4. d) Vatnsdäla-Saga

Eine Traum-Frau, die auch die Ahnen eines Mannes begleitet hat (Walküre oder Jenseitsgöttin), erschien ihm im Traum und warnt ihn vor einer Reise.

I 2. j) Lachstal-Saga

Eine furchterregend aussehende Frau (Hel) erscheint einem Mann im Traum und verkündet ihm eine Strafe für seine Taten.

I 3. g) Heimskringla

Drei Männer träumen von der auf dem Fenris-Wolf reitenden Hel, die den Tod des Königs ankündigt.

I 4. f) Lachstal-Saga

Eine sehr übel aussehende Frau (Hel) erscheint einem Mann in dessen Traum und tauscht seine Eingeweide gegen Gestrüpp aus. Nach dem scheinbaren Tod dieses Mannes nach einem Kampf träumt er wieder von ihr, erhält seine Eingeweide zurück und kommt wieder zu Bewußtsein.

I 5. f) Saga über Sturlaug den Mühen-Beladenen

König Harald träumt von einer Frau (die Meeres- und Jenseitsgöttin Ran?), die ihm sagt, wie sie einen wilden, gefürchteten Stier mit ihrer Hilfe im Meer töten kann.

I 4. g) Gesta danorum

König Hadding sieht in seinem Traum seine verstorbene Frau, die ihm den Charakter seiner Kinder verkündet und ihn dadurch warnt.

I 2. s) Saga über Olaf Tryggvason

Ein finster und bedrohlich aussehender Mann (Schutzgeist?) erscheint einem Mann im Traum und verkündet ihm den Tod eines anderen Mannes.

I 3. t) Hrolf Kraki und seine Berserker

Eine Stimme (Schutzgeist?) verkündet einem König im Traum, daß er und seine Männer zur Hel gehen müssen, d.h. daß sie demnächst sterben werden.

I 5. a) Saga über Hrafnkell Freysgodi

Hallfred träumt von einem Mann (Schutzgeist?), der ihn durch seine Warnung vor dem Tod durch einen Erdrutsch bewahrt.

I 5. b) Gesta danorum

Friedleif träumt von einem Mann (Schutzgeist?), der ihm die Lage eines Schatzes verrät und ihm sagt, wie er ihn erlangen kann.

I 7. a) Nials-Saga

Ein Bär, der der Schutzgeist eines Mannes ist, erscheint einem anderen Mann im Traum.

Wolfs, Fuchs- und Bär-Träume

Es ist oft kaum zu unterscheiden, ob ein Wolf, Bär oder Fuchs der Schutzgeist (Krafttier) eines Mannes ist oder ob diese Tiere nur Bilder für einen Krieger sind.

I 4. c) Saga über Hallfredr Ärger-Skalde

König Olaf rät einem Mann, einen Zweikampf abzulehnen und stattdessen Wergeld zu zahlen.

In den Träumen mit christlich-germanischem Inhalt, die in einem der noch folgenden Kapitel aufgeführt werden, erscheinen ebenfalls einige Wesen, die den Träumer warnen oder ihm helfen:

I 10. b) Saga über König Sverri

Ein Mann erscheint König Sverri im Traum und gibt ihm einen Segen.

I 10. c) Saga über König Sverri

Ein Mann erscheint König Sverri im Traum und gibt ihm einen Segen.

I 10. d) Saga über König Sverri

Der Prophet Samuel weiht König Sverri im Traum.

I 10. f) Heimskringla

Zwei Männer sehen im Traum einen Engel, der den Tod verkündet.

I 10. g) Heimskringla

König Olaf erscheint seinem Sohn König Magnus im Traum und rät ihm zu Tugendhaftigkeit.

I 10. i) Geisli

Ein Sohn sieht seinen toten Vater im Traum, der ihm Hilfe verspricht.

I 10. j) Saga über König Olaf

König Olaf befiehlt einem Mann im Traum, wieder zum christlichen Glauben zurückzukehren.

Diese Träume lassen sich nun nach dem Wesen, das in dem Traum erscheint, ordnen:

Die Wesen, die dem Träumer erscheinen		
Wesen		*Textquelle*
Frau	Schutzgeist	I 2. f) Saga über Kampf-Glum
	Walküre	I 2. q) Völsungen-Saga I 2. i) Gisli-Saga I 4. d) Vatnsdäla-Saga
	Hel	I 2. j) Lachstal-Saga I 3. g) Heimskringla I 4. f) Lachstal-Saga
	Hel oder Ran	I 5. f) Saga über Sturlaug den Mühen-Beladenen
	verstorbene Ehefrau	I 4. g) Gesta danorum
Mann	Schutzgeist (?)	I 2. s) Saga über Olaf Tryggvason I 3. t) Hrolf Kraki und seine Berserker I 5. a) Saga über Hrafnkell Freysgodi I 5. b) Gesta danorum
	verstorbener Vater	I 10. i) Geisli

Die Wesen, die dem Träumer erscheinen		
Wesen		*Textquelle*
Mann	König Olaf der Heilige	I 4. c) Saga über Hallfredr Ärger-Skalde I 10. g) Heimskringla I 10. j) Saga über König Olaf
	Prophet Samuel	I 10. d) Saga über König Sverri
	Mann	I 10. b) Saga über König Sverri I 10. c) Saga über König Sverri
Engel	Engel	I 10. f) Heimskringla
Tier	Bär	I 7. a) Die Nials-Saga unsichere Beispiele
	Wolf	unsichere Beispiele
	Fuchs	unsichere Beispiele

Bei den neun Frauen, die im Traum erschienen sind, finden sich viele Motive der Jenseitsgöttin Hel/Ran, die auch als Walküre und als der eigene Schutzgeist erscheinen kann. Sie kann außerdem auch die eigene, bereits verstorbene Frau sein, da die Jenseitsgöttin als die Wiederzeugungs-Geliebte und die Wiedergeburts-Mutter auch als die eigene Frau angesehen worden ist (siehe den Band 51 über „Wiederzeugung und Wiedergeburt").

Der Ursprung der elf Männer ist nicht so eindeutig. Der Prophet Samuel und König Olaf der Heilige sowie der Engel werden recht sicher christliche Varianten der sieben anderen Männer sein. Die beiden Männer aus der Sverri-Saga könnten sowohl Heilige als auch Ahnen sein. Der eigene Vater im Geisli-Lied ist sicherlich ein altes Motiv, da der eigene Vater auch beim Utiseta („Totenbeschwörung") um Rat und Hilfe angerufen wurde. Die vier Männer, die in der Liste als „Schutzgeist (?)" angeführt worden sind, sind hingegen ziemlich unklar – sind es tatsächlich Schutzgeister, d.h. die Seele des Träumenden oder sind es eher Ahnen?

Die drei Raubtiere Wolf, Fuchs und Bär können die Krafttiere des Träumenden oder sein Schutzgeist, aber auch einfach Symbole für einen Krieger sein.

Es finden sich somit als deutliches Bild die Jenseitsgöttin und als vermutetes Bild die männlichen Ahnen als Traum-Gestalten, die dem Träumenden eine Botschaft über seine Zukunft aus dem Jenseits überbringen.

I 8.   Baldurs Träume

Auch der Tod des Baldur kündet sich in zwei Quellen in einem Traum an.

I 8. a)   Das Wegtam-Lied

Die Asen eilten all zur Versammlung
Und die Asinnen all zum Gespräch:
Darüber berieten die himmlischen Richter,
Warum den Baldur böse Träume schreckten?

Ihm schien der schwere Schlaf ein Kerker,
Verschwunden des süßen Schlummers Labe.
Da frugen die Fürsten vorausschaunde Wesen,
Ob ihnen das wohl Unheil bedeute?

Die Gefragten sprachen: „Dem Tode verfallen ist
Ullers Freund, so einzig lieblich."
Darob erschraken Swafnir und Frigg,
Und alle die Fürsten sie faßten den Entschluß:

... ...

Swafnir ist Baldurs Vater Odin.

Baldur ahnt in seinen Träumen seinen bevorstehenden Tod.

I 8. b)   Odins Rabenzauber

Auf hob sich Hugin den Himmel zu suchen;
Unheil fürchteten die Asen, wenn er verweilte.
Thrains Ausspruch ist schwerer Traum,
Dunkler Traum ist Dains Ausspruch.

„*Hugin*" ist einer von Odins beiden Raben. Der andere heißt „Munin". Ihre Namen bedeuten „Gedanke" und „Erinnerung". Hugins Verweilen ist wohl als Tatenlosigkeit aufzufassen, d.h. als das Versäumen, die Zukunft zu erforschen.

„*Thrain*" ist ein Zwerg. Sein Name bedeutet „der Bedrohliche". Die Zwerge waren ursprünglich die Ahnen in der Unterwelt. Seine Aussage zu Baldurs Träumen kommt folglich wie die Worte der Urd aus der Unterwelt.

„*Dain*" („Gestorbener") ist ein Erdzwerg. Er hat zusammen mit dem Zwerg „Nabbi" („Pickel, Beule, Makel") Freyas Reittier, das Wildschwein Hildiswini („Kampfschwein") hergestellt. Dain wird manchmal auch als ein Zwerg angesehen, der Runen ritzen kann, d.h. der Magie beherrscht.

Eine Zweiheit von magiekundigen Zwergen geht mit einiger Wahrscheinlichkeit auf die beiden Pferde-Jünglinge vor dem Streitwagen des ehemaligen Sonnengott-Göttervaters Tyr zurück. Sie passen hier als Orakel-Verkünder besonders gut, da die Pferde-Zwillinge am Abend bzw. im Herbst zusammen mit dem Sonnengott-Göttervater starben (und dabei zu Zwergen wurden) und mit ihm am Morgen bzw. im Frühling dann wiedergeboren werden und daher Jenseitsboten sein konnten.

Die Zwerge (Totengeister) träumen den Tod des Baldur voraus.

I 9.   religiöse Traum-Visionen

Es ist nur diese eine religiöse Traum-Vision bekannt – falls man den Ausspruch der Seherin nicht dazuzählen will, obwohl dieses Lied eher ein Vortragen des roten Fadens der germanischen Mythologie ist.

I 9. a)   Sonnenlied

Dieses Lied,
das ich Dich lehrte,
Sollst Du vor dem Volke singen:
Das Sonnenlied
wird selten wohl
Den Leuten zu lügen scheinen.

Hier laß uns scheiden;
am schönen Tag
Finden wir uns wieder.
Gebe Gott
den Begrabnen Ruhe
Und verleihe den Lebenden Frieden.

Tröstliche Lehre
ward Dir im Traum gesungen
Und Wahrheit ward Dir enthüllt.
Von allen Lebenden
war niemand so gelehrt,
Daß er das Sonnenlied singen hörte.

Ein Mann träumt eine Jenseits-Reise, bei der er das ganze Jenseits sieht.

I 10.   germanisch-christliche Träume

Zehn Träumen stehen schon vor einem germanisch-christlichen Hintergrund, aber in ihnen ist trotzdem dieselbe Symbolik wie in den anderen Träumen zu finden – sie wird lediglich durch einige christliche Motive ergänzt.

I 10. a)   Saga über König Sverri von Norwegen

In dieser Saga träumt eine Mutter vor der Geburt ihres Sohnes, der später ein König wird, daß dieser ein leuchtender, weißer Stein wäre. Hier ist das Gleichnis „Stein – Mensch" offensichtlich.

Es dauerte nicht lang und Gunnhild gebar einen Sohn, der Sverri genannt wurde, und der sollte ein Sohn des Unas sein.

Seine Ankunft wurde durch bemerkenswerten Träumen angekündigt – so wie sie stets wichtigen Ereignissen vorausgehen. Seine Mutter erzählte über einen Traum, den sie vor seiner Geburt gehabt hatte.

Sie träumte, daß sie in einem schönen, oberen Raum war und kurz davor stand, ihr Kind zu gebären, und daß ihre Maid zu ihren Knien saß und bereit war, daß Kind, das geboren werden sollte, zu empfangen.

Nach der Geburt packte die Maid ein großer Schrecken und sie schrie laut und sprach: „Gunnhild, meine Gunnhild! Du hast etwas Wundervolles und Schreckliches geboren!" Dreimal rief sie dies und benutzte jedesmal dieselben Worte.

Und als Gunnhild die Maid denselben Ruf mit zitternder Stimme so oft rufen hörte, frug sie, was sie geboren hatte.

In ihrem Traum schien es ihr, als ob es ein Stein zu sein schiene, sehr groß und schneeweiß anzusehen und er glühte so heftig, daß er wie weißglühendes Eisen im Wind des Blasebalges in der Esse in alle Richtungen Funken versprühte.

Und sie sagte zu ihrer Maid: „Wir müssen sorgfältig auf diese Geburt achten und dürfen niemanden etwas davon wissen lassen, denn alle, die dies sehen, würden finden, daß es ein seltsamer Anblick ist."

Da nahm sie in ihrem Traum den Stein und setzte ihn in einen Stuhl und verbarg ihn unter einem schönen Stoff.

Doch so sehr sie ihn auch verbergen mochte, flogen die Funken dennoch durch die Bedeckung in alle Richtungen in den Raum und sie waren sehr besorgt, was aus diesem Stein werden würde.

Dann erwachte Gunnhild.

> Einen weißglühenden Stein zu gebären bedeutet einen König zu gebären.

I 10. b)   Saga über König Sverri von Norwegen

Vor dem Fall des Jarl Erling hatte König Sverri einen Traum, durch den er, wie er glaubte, das Ergebnis der Kämpfe zwischen sich und dem Jarl erfuhr.

Er träumte, daß er in einer hellen Nacht in einem hochgelegenen Raum in der Stadt schlief, als ein Mann eintrat und zu dem Bett kam, in dem er lag.

„Erhebe Dich, Sverri," sagte die Erscheinung, „und komme mit mir."

Der Mann löste in ihm soviel Ehrfurcht aus, daß er es nicht wagte, etwas anderes zu tun als das, was ihm befohlen worden war. Der Mann ging zur Stadt hinaus und er folgte ihm, bis sie zu einem Feuer kamen, auf dem ein Mann geröstet wurde.

Da gebot die Erscheinung Sverri, sich niederzusetzen und zu essen und legte den Mann vor ihn.

Aber Sverri dachte in seinem Traum und sprach es dann aus, daß er noch nie eine unreine Sache gegessen habe und deshalb nicht essen werde.

Das sprach die Erscheinung: „Du sollst und Du wirst essen, denn das will Der, Der alle Dinge beherrscht!"

Sverri träumte, daß er nun das Fleisch von den Knochen zu essen begann, und jeder Mundvoll schien ihm schwierig zu schlucken. Aber je länger er aß, desto weniger Abscheu empfand er vor dem Rest.

Als er zu dem Kopf kam, wollte er auch den essen, aber der Mann, der ihn dorthin geleitet hatte, befahl ihm, mit dem Essen aufzuhören und nahm selber den Kopf.

Sverris Unwillen, nun aufzuhören, schien ihm nur wenig kleiner als sein vorheriger Unwille, zu beginnen, aber der stärkere Mann setzte sich durch.

Sie gingen in die Stadt zurück und zu demselben Haus und als Sverri in seinem Traum in sein Bett zurückgekehrt war, sah er, wie sein Führer den Raum verließ. Da erwachte er.

Es war dieser Traum, der den König veranlaßte, seine Männer aufs Höchste auf ihrem Marsch zu der Stadt anzutreiben.

Er deutete den Traum so, daß der Mann auf dem Feuer Jarl Erling war, der allmählich alt wurde, und daß König Magnus und seine Männer zaghaft in ihren Beschlüssen und schwach in ihren Kräften waren. Sein Essen des Mannes sagte voraus, daß er und sein Heer den größten Teil der Jarls und der Wächter vernichten würden; und der ungegessene Kopf sagte ihm, daß König Magnus entkommen würde.

Die „helle Nacht" bedeutet vermutlich, daß es Vollmond gewesen ist. Dazu würde auch der heftige Traum passen und der Kampf passen – die Zeit um Vollmond enthält in der Regel eine große Spannung.

> Ein Mann befiehlt einem König im Traum, einen gerösteten Mann zu essen. Der geröstete Mann ist der Feind, der später von dem König besiegt wird.

I 10. c) Saga über König Sverri von Norwegen

Sverri hatte geträumt, daß er von Westen her über das Meer nach Norwegen gekommen war und dort eine einflußreiche Position erlangt hatte – vermutlich war er zum Bischof gewählt worden.

Im Land war wegen dem Streit zwischen den Königen eine große Unruhe.

Er träumte, daß König Olaf der Heilige gegen König Magnus und Jarl Erling stritt und wog in seinem Geist ab, welcher Seite er sich anschließen wollte. Er entschloß sich, zu König Olaf zu gehen und bei seiner Ankunft hieß der König ihn mit großer Freude willkommen. Er war noch nicht lange bei ihm gewesen, als dies geschah.

Es schien ihm in seinem Traum, daß eines Morgens nur wenige Männer bei dem König waren, nicht mehr als fünfzehn oder sechzehn, und daß der König sich an einem Tisch in einem der oberen Räume wusch. Als er geendet hatte, kam ein anderer Mann und wollte sich in demselben Wasser waschen, doch der König schob ihn mit der Hand zur Seite und gebot ihm, das sein zu lassen.

Dann rief er mit seinem Namen nach Sverri Magnus und befahl ihm, sich in demselben Wasser zu waschen, und Sverri tat, wie ihm geheißen wurde. Als er sich gewaschen hatte, stürzte ein Mann in den Raum mit der plötzlichen Nachricht, daß des Königs Feinde am Tor waren und rief, daß sie so schnell wie möglich ihre Waffen ergreifen sollten.

Doch der König sagte, daß keine Gefahr bestand und gebot den Männern, ihre Äxte und Schwerter zu ergreifen, während er selber seinen Schild nehmen und sie alle beschützen würde. Sie taten, wie es der König befohlen hatte.

Dann nahm er sein Schwert und bot es dem jungen Mann Sverri an und gab seine Standarte in Sverris Hand und sprach: „Nehmt es, Herr, und wisset gewiß, daß ihr fürderhin stets sein Träger sein werdet."

Und Sverri empfing in seinem Traum die Standarte mit einem Gefühl der Furcht. Danach ergriff der König seinen Schild und sie alle gingen ein wenig hastig hinaus.

Die Vorhalle schien lang zu sein, als sie durch sie hindurch gingen, nicht weniger als sechs Ellen in der Länge, und während Sverri in dem Gebäude war, konnte er die Standarte nicht aufrecht tragen.

Wenn „Elle" hier die zutreffende Übersetzung ist, wäre die Vorhalle ca. 3m lang gewesen wäre.

Doch als die die Tür erreichten, durch die sie gehen mußten, traten ihnen sieben bewaffnete Männer mit der Absicht, den Standartenträger niederzustechen, entgegen. Doch der König trat vor ihn und schützte ihn und alle anderen mit seinem Schild, so daß sie unverletzt blieben.

Danach kamen sie in seinem Traum in offenes Land und auf ein schönes Feld, wo er die Standarte aufrecht tragen konnte und wo er sie gegen die Heerscharen des Königs Magnus und des Jarls Erling trug. Sobald sie angriffen, floh das Heer.

Da erwachte Sverri und bedachte seinen Traum und fand, daß es besser war, ihn geträumt zu haben als nichts geträumt zu haben, auch wenn er seltsam schien.

Später erzählte er ihn seinen Freunden, das heißt einigen wenigen, und die noch folgenden Ereignisse stimmten gut mit ihren Traumdeutungen überein.

Als er diese Dinge betrachtete, fühlte er sich sich sehr gestärkt.

Ein Mann träumt, daß er in Norwegen eine hohe Position erlangt.

Ein Mann träumt, daß er sich in dem Wasser waschen darf. in dem sich zuvor der König gewaschen hatte. Das bedeutet einen Segen durch den König.

Ein Mann träumt, daß ein König ihm helfen und ihn beschützen und ihn zum Standartenträger machen wird.

I 10. d)   Saga über König Sverri von Norwegen

Die folgende Weihung stammt zwar aus einer altnordischen Saga, aber es ist bereits eine Weihung im christlichen Stil.

In der nächsten Nacht hatte Sverri einen Traum. Er träumte, daß er in Borg sei, dort, wo der Raum-Elf in das Meer fließt, und König Magnus und Jarl Erling und ihre Heere waren in der Stadt. Es gab dort eine gewisse Unruhe, da des Königs Sohn in der Stadt sein sollte und alle Leute suchten eifrig, wo er sein mochte. Und es schien Sverri, daß die Unruhe ihm selber galt.

Er träumte, daß er sich heimlich seinen Weg aus der Stadt hinaus suchte und hinauf zur Marienkirche kam, in die er zur Messe eintrat. Als er in der Kirche beim Gebet war, erschien ihm ein Mann, der zu ihm kam und ihn bei der Hand nahm und ihn in eine Kapelle führte, die nördlich der Chor-Tür lag, und zu ihm sprach: „Komm mit mir, Bruder, ich habe Dir etwas im Geheimen zu sagen."

Sverri ging in seinem Traum mit dem Mann und betrachtete sorgfältig seine Erscheinung. Der Mann schien ihm alt zu sein, sein Haar war schneeweiß, sein Bart war lang, und seine Gewänder schleiften auf dem Boden, sein Gesicht war rötlich und ringsum von kurzem Haar umgeben, und er erweckte große Ehrfurcht. Sverris Geist war voller Sorge darüber, was dieser Mann wollen könnte.

Der alte Mann bemerkte seine Anspannung und sagte zu ihm: „Fürchte Dich nicht, Bruder, denn Gott hat mich gesandt."

Da sank Sverri in seinem Traum vor ihm nieder auf die Erde und frug: „Wer seid ihr, Herr? Wie kann ich sicher sein, daß Gott euch gesandt hat?"

Der alte Mann antwortete ein zweitesmal und bat Sverri, sich nicht zu fürchten, und sagte, daß Gott ihn gesandt hatte.

Doch Sverris Furcht wurde eher größer als kleiner.

Da nahm ihn der alte Mann bei der Hand und erhob ihn und sprach ein drittes mal: „Fürchte Dich nicht, Bruder! Friede sei mit Dir! Ich bin Samuel, Gottes Prophet, und ich habe Dir eine Nachricht von Gott zu überbringen."

Danach nahm der alte Mann ein Horn aus einer Tasche, die er um seinen Hals trug, und das Horn schien Sverri geweihtes Öl zu enthalten.

Und der alte Mann sprach: „Laß mich Deine Hände sehen."

Und Sverri streckte ihm seine beiden Hände entgegen.

Und der alte Mann ölte sie und sprach: „Mögen diese Hände geweiht sein und stark sein, um Feinde und Gegner zu hassen und viele Menschen zu beherrschen!"

Dann küßte er Sverri und nahm seine rechte Hand in seine eigene und sprach: „Sei stark und mutig, denn Gott wird Dir helfen!"

Sverri erwachte und erzählte seinen Traum den zwölf Männern, zwei Priestern und zehn anderen, die in demselben Raum mit ihm schliefen. Sie alle fanden den Traum bemerkenswert und von großer Bedeutung und sie alle fühlten sich durch ihn irgendwie gestärkt.

Doch als er sie bat, den Traum zu deuten, hatte niemand das Vertrauen, ihn auszulegen, auch wenn alle fanden, daß es besser war, diesen Traum geträumt zu haben als ihn nicht geträumt zu haben.

Als Sverri erkannte, daß niemand eine Deutung des Traumes vorbringen würde, gebot er den Männern, nicht über diese Vision zu sprechen, auch wenn sie ihm erschienen war.

Ein Mann träumt, der Sohn des Königs zu sein. Das kündigt an, daß er selber ein König werden wird.

Ein Mann wird im Traum von dem Propheten Samuel mit Öl geweiht und es wird ihm von Samuel vorausgesagt, daß er ein mächtiger König werden wird.

I 10. e)   Saga über König Sverri von Norwegen

Sverri hatte bemerkenswerte Träume, die von einigen Männern als Unsinn betrachtet wurden und über die sie sich lustig machten.

Er erzählte über einen, in dem er träumte, daß er in Norwegen sei und zu einem Vogel geworden war, der so groß war, daß sein Schnabel die Grenzen des Landes im Osten erreichte und daß die Federn seines Schwanzes so weit in den Norden reichten, daß sie die Wohnorte der Finnen berührten, während seine Flügelfedern das gesamte Land bedeckten.

Er erzählte diesen Traum einem weisen Mann namens Einar und frug ihn, was er glaube, was er bedeute.

Einar antwortete, daß ihm der Traum unklar sei, aber daß er wahrscheinlich auf irgendeine Art der Macht hinweise, „möglicherweise,“ sagte er, „wirst Du ein Erzbischof werden.“

„Es scheint mir sehr unwahrscheinlich, daß ich ein Erzbischof werden werde,“ entgegnete Sverri, „wenn ich doch schon zum Priester ungeeignet bin.“

Sverri wurde später König von Norwegen – der Vogel wird daher wohl der riesige Adler-Seelenvogel des Göttervaters gewesen sein.

Ein riesiger Vogel zu sein bedeutet, daß man zum König wird.

I 10. f)   Heimskringla

Der folgende Traum wurde während König Olafs Missionierung der Norweger aufgezeichnet:

Doch in der folgenden Nacht träumte Gudbrand, daß ein von Licht umgebener Mann zu ihm kam, der ihn mit großem Schrecken erfüllte und der zu ihm sprach:

95

„Dein Sohn hat keine ruhmreiche Fahrt gegen König Olaf geführt, doch Du wirst noch weniger Ruhm erlangen, wenn Du Dich ihm in der Schlacht stellst. Dann wirst Du mit allen Deinen Männern fallen; Wölfe werden Dich fortschleppen; Raben werden Dich in Streifen reißen!"

Er fürchtete sich sehr wegen dieser Vision und erzählte sie Thord Istermage, dem Anführer des Tales.

Dieser antwortete ihm: „Zu mir ist genau dieselbe Vision gekommen."

Am Morgen ließ er das Signal zum Thing erklingen und sagte, daß es ihm ratsam schien, mit dem Mann, der mit dieser neuen Lehre aus dem Norden gekommen ist, ein Thing abzuhalten, um herauszufinden, ob in dieser neuen Lehre irgendeine Wahrheit liege.

von Licht umgebener Mann = Engel o.ä.
neue Lehre = Christentum

Zwei Männer träumen gleichzeitig, daß ihnen von einem Mann gesagt wird, daß sie die geplante Schlacht verlieren werden.

I 10. g)   Heimskringla

Eines Nachts, als König Magnus in seinem Bett lag, sah er in einem Traum, daß er an demselben Ort war wie sein Vater Sankt Olaf, und daß dieser zu ihm sprach: „Willst Du, mein Sohn, mir folgen oder willst Du ein mächtiger König werden und ein langes Leben haben, aber ein Verbrechen begehen, daß Du niemals wirst sühnen können?"

Er glaubte, daß er geantwortet hätte: „Wähle Du für mich, Vater."

Der König meinte sich zu entsinnen, daß die Antwort dies war: „Du solltest mir folgen."

König Magnus erzählte diesen Traum seinen Männern. Kurze Zeit später wurde er krank und lag an einem Ort, der Sudathorp genannt wurde, darnieder.

Als er seinem Tod nahe war, sandte er seinen Bruder Thorer mit Zeichen und mit der Bitte zu Svein Ulfson, Thorer die Hilfe zu geben, die er wünschte.

In dieser Botschaft gab König Magnus seine dänischen Besitzungen nach seinem Tod an Svein und sagte, daß es gerecht sei, wenn Harald über Norwegen und Svein über Dänemark herrschen würde.

Dann starb König Magnus der Gute (1047 n.Chr.) und die Trauer der Menschen über seinen Tod war groß.

Einem Mann erscheint der eigene Vater im Traum, der ihm die Wahl zwischen einem guten und einem schlechten Weg stellt.

I 10. h)   Geisli

Dieses Lied wurde um 1153 n.Chr. von dem Skalden Einarr Skulason verfaßt. Die beiden folgenden Strophen sind nur ein kleiner Auszug aus diesem Lied.

Wahrlich, ich habe gehört,
daß der König der Raumar
seiner klugen Schar seinen Traum erzählte
bevor sie kämpften.
Der Hof erfreut sich des Königs Macht.
Der König der Hordar, der geschickt im Führen ist,
sah eine schöne Leiter von der Erde zum Himmel aufsteigen.
Es ist angemessen, seine Größe zu preisen!

Raumar = Stamm in Norwegen, dessen König = Olaf
Hordar = Stamm in Norwegen, dessen König = Olaf

Der Feind des Lagers
des dunklen, sich ringelnden Heide-Fisches
erlebte, daß er mühelos in die Lüfte hinaufstieg.
Der überragende Gnädige,
der die gesamte Welt in seiner Hand hält,
der über die Leute des Landes wacht,
befahl dem Königreich des Himmels,
sich für den den klugen König zu öffnen.

Heide-Fisch = Schlange = Totengeist; dessen Lager = Grabschatz = Gold; dessen Feind = freigiebiger Herrscher = Olaf
überragender Gnädiger = Gott

Eine zum Himmel aufsteigende Leiter ist eine Verbindung zu Gott.

I 10. i)   Geisli

Der Feind der Sonne des Flusses
erschien seinem Sohn in einem Traum –
die Stärke des Landes sprach,
daß er dem vorwärts-strebenden Fürsten
helfen werde,
bevor der hart-gesinnte König
in Lyrskovshede gegen das heidnische Heer kämpfte.
Der Wolf erfreute sich der Fülle der Nahrung.

Sonne des Flusses = Gold; dessen Feind = großzügiger Herrscher = Olaf
Stärke des Landes = König = Olaf
Fürst = Olafs Sohn
Wolfs-Nahrung = Leichen

Im Traum erscheint einem Mann sein Vater, der ihm Hilfe im Kampf verspricht.

I 10. j)   Die Saga über Hallfredr Ärger-Skalde

Hallfred träumte, daß König Olaf zu ihm gekommen sei und ihn wütend anblickte
und sagte, daß er seinen christlichen Glauben fortgeworfen habe, „und komme jetzt
sofort mit Deiner ganzen Familie zu mir!"

Im Traum erscheint einem Mann der König, der ihn wegen seines Abfalls vom christlichen Glauben streng tadelt.

I 11. allgemeine Aussagen über Träume

Schließlich gibt es noch eine Textstelle, in der davor gewarnt wird, Träume ernst zu nehmen – dieses Streitthema wurde schon in einigen der zitierten Texte angesprochen. Im Gegensatz zu den folgenden Versen aus dem Hugvinsmal hat sich in allen den bereits angeführten Texten die Annahme, daß Träume die Zukunft zeigen, bewahrheitet.

I 11. a) Hugvinnsmal

Die Männer sollten nicht an ihre Träume glauben –
sie betrügen oft die Leute.
Was man sich wünscht
oder was man fürchtet, wenn man wach ist,
erscheint oft, wenn man schläft.

Träume sollten rein psychologisch gedeutet werden.

I 11. b) Jakob Grimm: Deutsche Mythologie

Statt des sprichworts ›träume sind schäume‹ finde ich das reiner gereimte ›träume sind gäume‹ d.h. wahrnehmungen (mittelhochdeutsch goume: troume: schûme).

Schon das alterthum glaubte nicht an alle träume, sondern nur an schwere zu bestimmter zeit, an bestimmtem ort geträumte. träume auslegen hieß althochdeutsch antfristôn, einfacher sceidan, mittelhochdeutsch scheiden, bescheiden, traumscheider war gleichviel mit wahrsager. angelsächsisch sagte man svefen reccan, altnordisch draum rada.

Die träume sind vorzeichen des künftigen, aus bildern und eindrücken des vergangnen aufsteigend; man könnte sie und ihre figuren schrift oder rune des schicksals nennen, schön sagt Wolfram von Parzival: ›sus wart gesteppet (acu pictus) im sin troum mit swertslegen umbe den soum‹.

Träume sind, gleich den vögeln, boten der götter, und verkündigen deren befehle; aber auch andere dämonische wesen entsenden sie: ›ir boten künftigiu leit sanden im slafe dar‹, Parzifal.

Wie in schlaf und traum begeisternde gabe der dichtkunst mitgetheilt wurde, ist schon angeführt.

Da beim angang (Omendeutung) vögel die hauptrolle spielen und die träume selbst als vögel zufliegen, versteht es sich, warum auch den inhalt der träume gewöhnlich gesichte von vögeln bilden, man könnte in einzelnen solcher träume den nachhall alter mythen finden.

Kriemhild träumte, daß ihr zwei adler vor ihren augen den wilden falken raubten (erkrummen), den sie aufgezogen hatte; so wurde Idunn von dem adler Thiassi ergriffen, Odinn, der göttliche reiher vom adler Suttungr verfolgt. solche bilder erfüllten die phantasie des alterthums; als im Rudlieb zwei tanzende geschildert werden, heißt es schön: ›ille velut falco se girat et haec ut hirundo‹. ›mir troumite nâhte von dir, wie ein valke quame gevlogin u. vuorte dich widir over mere‹. ›jag drömte att min herres falkar, de spände mig med sina klor, de togo mitt hjerta utur mitt bröst och gjorde sig deraf ett bo‹. auch von bären, wölfen, ebern gehn schwere träume.

Es kommt darauf an, an welchem ort, zu welcher zeit die träume geträumt werden. nach mitternacht gegen morgen sind sie am wahrhaftesten: ›post noctem mediam quando sunt somnia vera‹ ecbas.; geister erscheinen wann der tag eben anbrechen will. Herzeloide träumt aber ›umb einen mitten tac‹.

Wie für brautleute bedeutsam ist, wessen licht beim hochzeitsmal zuerst erlischt, wer in der hochzeitsnacht zuerst einschläft, oder aus dem brautbett steigt; sind auch die träume und gesichte der hochzeitsnacht weissagend. eines solchen traums der Hvîtastierna in Gothland, der ihre nachkommenschaft anzeigt, gedenkt Gutalag.

Der erste traum in dem neuen haus ist nicht minder wichtig (deutscher aberglaube), doch vor dem einschlafen müssen alle balken gezählt worden sein. könig Gorm wird aufgefordert, ein haus an einer stelle wo noch keins stand aufzubauen, darin zu schlafen und zu träumen. Halfdan der schwarze empfängt aber den rath in einem schweinstall zu träumen, der traum werde eintreffen. vom traum im neuen bett wird fornaldur sögur erzählt.

Auch traum in einer neujahrsnacht trift ein. Im Reinhard nachdem Chantekler seinen vortreflich ersonnenen traum erzählt hat, wird hinzugefügt: ›manec troum erscheinet sich (trift ein) über siben jar‹. Eine menge traumdeutungen, die noch das heutige volk festhält, sind schon in frühster zeit nachzuweisen.

Einzelne träume wurzeln in der deutschen volkssage so tief, daß man ihren ursprung weit zurück setzen muß, z.b. der von dem schatz, welcher einem auf der brücke angezeigt werden soll.

Wie traum und angang so beruhen auch andere der angeführten bräuche deutlich auf der macht des ersten frischen eindrucks.

Wir sind froh des vielen aberglaubens ledig zu gehn; doch erfüllte er das leben unsrer voreltern nicht allein mit furcht, sondern auch mit trost.

Träume sind Vorhersehen der Zukunft.

Vögel sind Menschen (Seelenvögel).

Träume in einem neuen Haus sind wichtig.

Träume in der Neujahrsnacht (ursprünglich wohl in der Julnacht) sind wichtig.

I 12. Zusammenfassung

Fast alle überlieferten Träume der Germanen beziehen sich auf das Vorhersehen der Zukunft. Genau genommen ist nur die Jenseits-Vision aus dem Sonnenlied kein Wahrtraum, sondern eine literarische Form, und ebenso das Hugvinnsmal, in dem abgestritten wird, daß es Wahrträume gibt.

Somit sind sämtliche überlieferten Träume das Vorhersehen der Zukunft, was zeigt, daß dies ein wesentlicher Aspekt der germanischen Kultur gewesen sein muß. Die Traumdeutung ist daher mit dem „utiseta", also der Befragung der Ahnen (siehe „Utiseta" in Band 50) sowie den Omen, Orakeln und Prophezeiungen (in diesem Band) eng verwandt.

Es gibt etliche Streitgespräche darüber, ob Träume die Zukunft zeigen oder nicht. Sie werden jedoch stets dahin entschieden, daß die Träume tatsächlich die Zukunft zeigen. Die einzige Ausnahme ist das Hugvinnsmal, nach dem man Träume rein psychologisch deuten sollte.

75 Träume	69 Zukunft	44 Todes-Ankündigungen	22 einzelner Mensch
			22 Gruppe
		15 sonstige Ereignisse	8 einzelner Mensch
			5 sonstige Ereignisse
			2 Land
		10 germanisch-christliche Traum-Visionen	
	4 Religion	1 Schutzgeist	
		2 Baldur	
		1 Visionen	
	2 sonstiges		

Die Handlung der Träume ist fast immer naturalistisch, während die Akteure in den Träumen oft symbolisch sind. Ein Kampf zwischen zwei Männern kann also z.B. als Kampf zwischen zwei Adlern erscheinen, aber so gut wie nie z.B. als Tauziehen zwischen zwei Männern. Die germanische Traumdeutung besteht also vor allem darin, die symbolischen Akteure im Traum richtig zu erkennen.

In den Träumen gibt es etliche Standard-Symbole, unter denen die Repräsentanten der Krieger, die oft Feinde sind, die größte Gruppe bilden. Da fast nur Wahrträume über einen bevorstehenden gewaltsamen Tod überliefert worden sind, ist dies auch nicht verwunderlich.

Vögel symbolisieren Menschen. (generell)
Ein Adler ist ein starker Krieger oder Feind. (5)
Ein Rabe oder ein Adler kann eine Schlacht ankündigen. (1)
Ein riesiger Vogel zu sein bedeutet, daß man zum König wird. (1)
Ein Falke ist ein starker Krieger oder Feind. (4)
Habichte verkörpern die eigenen Kinder. (2)
Eine Kreisch-Eule ist eine Frau, die Unheil bringt. (1)
Wölfe sind Feinde. (11)
Bären sind starke Feinde. (7)
Füchse sind listige Feinde und daher meistens Anführer oder Zauberer. (3)
Hirsche sind Könige. (2)
Drachen können Könige sein. (2)
Ein Ungeheuer ist ein starker Mann. (1)
Leoparden sind Könige. (1)
Ein großer Bart zeigt große Macht. (1)

Die Vögel sind die Seelenvögel. Der Adler ist ursprünglich der Seelenvogel des Tyr und der Falke der Seelenvogel des Loki gewesen.

Die Wölfe und Berserker sind mit den Ulfhedinn- und Berserker-Ekstasekriegern assoziiert worden. Die Listigkeit des Fuchses ist allgemein bekannt.

Der Hirsch ist neben dem Stier bei den Krönungs-Jenseitsreisen der Könige zu dem ehemaligen Göttervater Tyr das wichtigste Opfertier gewesen.

Die nächste große Symbol-Gruppe steht für den Tod:

Blut bedeutet Tod. (3)
Ein Totenkopf bedeutet Tod. (1)
Dunkelheit bedeutet Tod. (1)
Ein gerupfter Falke bedeutet Tod. (3)
Ein Fluß in der Halle bedeutet Tod. (3)
In tiefes Wasser tauchen bedeutet Verrat. (1)
Das Verschließen aller Meerengen bedeutet Tod. (1)
Eine donnernd nahende Flut bedeutet nahende Feinde. (1)
Schlangen bedeuten Tod. (3)

Drachen bedeuten Tod. (2)
Feuer in der Halle bedeutet Tod. (1)
Feuer am Gewand bedeutet Tod. (1)
Tote Frauen in der Halle bedeuten Tod. (1)
Ein beißender Riese bedeutet Tod. (1)
Baldur ahnt in seinen Träumen seinen bevorstehenden Tod. (1)
Eine die Felder verwüstende Schweineherde bedeutet Tod. (1)
Ein die Halle schüttelnder Sturm bedeutet Tod. (1)
Sturm bedeutet Gefahr. (1)
Ein Galgen bedeutet Tod. (1)
Ein Eisenring um den Hals bedeutet Tod. (1.

Diese Symbole stammen fast alle aus den Jenseits-Vorstellungen: Der Tote (Totenkopf, Blut) reist nach seiner Brandbestattung (Feuer) über den Jenseitsfluß (Fluß, Wasser, Flut) in das dunkle Jenseits (Dunkelheit), wo er zu einem Schlangen- oder Drachen-Totengeist oder zu einem Riesen wird (Schlange, Drache, Riese). Dort vereint er sich bei seiner Wiederzeugung zusammen mit der Jenseitsgöttin („tote Frau"), um dann von ihr als Seelenvogel wiedergeboren zu werden (Vogel). Das Opfertier für den Toten ist oft ein Eber (Schweineherde). Das Urbild für den Sterbenden ist Baldur. Der gerupfte Falke ist der Wintergott Loki, der im Frühjahr den Kampf gegen den Sommergott Tyr verliert.

Die Träumer wurden oft von Hel, einer Norne oder einer Walküre gewarnt – diese drei sind ursprünglich alle die Jenseitsgöttin gewesen. Mit der christlichen Missionierung verschob sich diese Symbolik hin zu Heiligen und Propheten, also zu Männern.

Eine Traum-Frau warnt den Träumer. (11)
Ein Traum-Mann warnt den Träumer (11) – davon sind 5 Träume germanisch-christlich.
Eine Person warnt den Träumer. (4)

Neben diesen eher standardisierten und aus der Mythologie stammenden Symbolen gibt es in den überlieferten Träumen auch noch eine Reihe von individuelleren Symbolen:

Eine Frau reißt eine unpassende Haube von ihrem Kopf und wirft sie in einen Bach – Trennung von einem unpassenden Mann. (1)

Einer Frau fällt ihr Silberring, der ihr sehr gut gefällt, in tiefes Wasser – der Ehemann ertrinkt. (1)

Einer Frau fällt ihr Silberring, der ihr sehr gut gefällt, herunter und zerbricht – der Ehemann wird getötet. (1)

Einer Frau fällt ein Goldhelm, der ihr zu schwer ist, in tiefes Wasser – der Ehemann ertrinkt. (1)

Eine Frau ersetzt im Traum die Eingeweide eines Mannes durch Gestrüpp. Nachdem dieser Mann nach einem Kampf für tot gehalten wurde, tauscht die Traumfrau das Gestrüpp wieder gegen die Eingeweide aus, worauf hin der Mann wieder zu sich kommt. (1)

Einen weißglühenden Stein zu gebären bedeutet einen König zu gebären. (1)

Herdfeuer verkörpern die Anzahl der Jahre, die noch zu leben bleiben. (1)

Wetzsteine sind im Traum das Symbol für größere Gruppen von Kriegern. (1)

Der Schlaf einer Schar von Männern bedeutet zuhören, ihr Wachen bedeutet Zustimmung. (1)

Bei einigen der nur einmal auftretenden Symbole könnte ein mythologisches Motiv zugrundeliegen. So könnte z.B. der Stier als Symbol für die Ernte auf den Opferstier des Tyr zurückgehen.

Stiere sind Jahre. (1)
Schneeweiße Stiere bedeuten viel Schnee und fast keine Ernte. (1)
Rote Stiere bedeuten schlechte Ernten. (1)
Schwarze Stiere bedeuten den Ausfall der Ernte. (1)
Große Stierhörner bedeuten viel Besitz. (1)
Junge Bäume im eigenen Garten verkörpern die eigenen Kinder. (2)
Flammen über dem Heer bedeuten einen Angriff auf das Heer. (1)
Ein Schwan ist eine Frau, meistens eine Tochter. (2)

Schließlich gibt es noch einige allgemeine Vorstellungen über die Umstände, unter denen man recht sicher Wahrträume erhalten kann:

Träume in der ersten Nacht in einem neuen Bett werden wahr. (1)
Träume in der ersten Nacht in einem neuerbauten Haus gehen in Erfüllung. (1)
Träume in der Neujahrsnacht (ursprünglich wohl in der Julnacht) sind wichtig. (1)

Träume müssen fast immer von einem Traumkundigen gedeutet werden.

II Träume bei den Indogermanen

Traumdeutungen sind von so gut wie allen Völkern bekannt. Wenn man alle bekannten Beispiele aufführen würde, könnte man ohne große Mühe mehrere Bände füllen.

Die Träume werden so gut wie immer anhand der Mythologie des betreffenden Volkes, also anhand der bei ihnen allgemein üblichen Bilderwelt gedeutet.

Zu dieser Regel gibt es nur wenige Ergänzungen. So waren z.B. die Ägypter der Ansicht, daß man einen Traum für einen anderen Menschen erst dann deuten sollte, wenn man weiß, wer die Schutzgottheit (Krafttier) des betreffenden Menschen ist, da z.B. ein Kampf für die löwenköpfige Kriegsgöttin Sachmet etwas völlig anderes bedeutet als für die nilpferdköpfige Geburtsgöttin Thoeris.

Die Vorstellung, daß Träume von den Göttern gesandt werden, ist zwar bei keinem Volk die allgemeine Ansicht über jeden Traum, aber einzelne Träume konnten überall als Götter-Botschaften gedeutet werden.

Die beiden folgenden Traum-Beispiele stammen von den Griechen und wurden in etwa um 800 v.Chr. von Homer niedergeschrieben.

Illias 1, 58-77

Trat hervor und begann der mutige Renner Achilleus:
„Atreus Sohn, nun denk' ich, wir ziehn den vorigen Irrweg
Wieder nach Hause zurück, wofern wir entrinnen dem Tode;
Weil ja zugleich der Krieg und die Pest hinrafft die Achaier.
Aber wohlan, fragt einen der Opferer oder der Seher
Oder auch Traumausleger; auch Träume ja kommen von Zeus her:
Der uns sage, warum so ereiferte Phöbos Apollon:
Ob versäumte Gelübd' ihn erzürnten, ob Hekatomben:
Wenn vielleicht der Lämmer Gedüft und erlesener Ziegen
Er zum Opfer begehrt, von uns die Plage zu wenden."
Also redete jener, und setzte sich. Wieder erhob sich
Kalchas der Thestoride, der weiseste Vogelschauer,
Der erkannte, was ist, was sein wird, oder zuvor war,
Der auch her vor Troja der Danaer Schiffe geleitet
Durch wahrsagenden Geist, des ihn würdigte Phöbos Apollon;
Dieser begann wohlmeinend, und redete vor der Versammlung:
„Peleus Sohn, Du gebeutst mir, o Göttlicher, auszudeuten

Diesen Zorn des Apollon, des fernhintreffenden Herrschers.
Gerne will ich's ansagen."

Zorn des Apollo = Seuche (Pest u.ä.)
Plage = Seuche
Hekatombe = Opfer

Odyssee 6, 20-49
Aber sie schwebte, wie wehende Luft, zum Lager der Jungfrau,
Neigte sich über ihr Haupt, und sprach mit freundlicher Stimme,
Gleich an Gestalt der Tochter des segelkundigen Dymas,
Ihrer liebsten Gespielin, mit ihr von einerlei Alter;
Dieser gleich an Gestalt erschien die Göttin, und sagte:
„Liebes Kind, was bist Du mir doch ein lässiges Mädchen!
Deine kostbaren Kleider, wie alles im Wuste herumliegt!
Und die Hochzeit steht Dir bevor! Da muß doch was Schönes
Sein für Dich selber, und die, so Dich zum Bräutigam führen!
Denn durch schöne Kleider erlangt man ein gutes Gerüchte
Bei den Leuten; auch freun sich dessen Vater und Mutter.
Laß uns denn eilen und waschen, sobald der Morgen sich rötet!
Ich will Deine Gehilfin sein, damit Du geschwinder
Fertig werdest; denn Mädchen, Du bleibst nicht lange mehr Jungfrau.
Siehe, es werben ja schon die edelsten Jüngling' im Volke
Aller Phäaken um Dich; denn Du stammst selber von Edlen.
Auf! erinnere noch vor der Morgenröte den Vater,
Daß er mit Mäulern Dir den Wagen bespanne, worauf man
Lade die schönen Gewande, die Gürtel und prächtigen Decken.
Auch für Dich ist es so bequemer, als wenn Du zu Fuße
Gehen wolltest; denn weit von der Stadt sind die Spülen entlegen."
Also redete Zeus' blauäugichte Tochter, und kehrte
Wieder zum hohen Olympos, der Götter ewigem Wohnsitz,
Nie von Orkanen erschüttert, vom Regen immer beflutet,
Nimmer bestöbert vom Schnee; die wolkenloseste Heitre
Wallet ruhig umher, und deckt ihn mit schimmerndem Glanze:
Dort erfreut sich ewig die Schar der seligen Götter.
Dorthin kehrte die Göttin, nachdem sie das Mädchen ermahnet.
Und der goldene Morgen erschien, und weckte die Jungfrau
Mit den schönen Gewanden. Sie wunderte sich des Traumes.

Göttin = Athene
Gerüchte = Ruf, Ansehen
Mäuler = Pferde
Zeus' Tochter = Athene

B   Omen

III   Omen in der germanischen Überlieferung

Ein Omen ist ein auffälliges Ereignis, aus dem auf den weiteren Verlauf der Ereignisse geschlossen werden kann. In der Regel ist das folgende Ereignis die große Version des kleinen Ereignisses, das als Omen gedeutet worden ist.

Aus astrologischer Sicht könnte man sagen, daß zu einer bestimmten Zeit eine bestimmte „astrologische Qualität" (Planetenstand) herrscht, die sowohl die kleinen als auch die großen Ereignisse prägt – daher kann man aus der Qualität der kleinen Ereignisse auf die Qualität der in naher Zukunft eintretenden großen Ereignisse schließen.

Dieser Zusammenhang hat u.a. die beiden folgenden Sprichwörter entstehen lassen: „Ein Unglück kommt selten allein." und „It never rains but pours." („Wenn schon Regen kommt, dann schüttet es auch so richtig.").

III 1.   Wortschatz

Das wichtigste aller Omen war die Ankündigung des Todes (siehe dazu auch den Band 30 über die „Nornen" und den Band 31 über die „Walküren").

allgemein

heill	- Heil, Glück, Omen
takn	- Zeichen, Wunder

Tod

feigd	- Todesomen
feigr	- todgeweiht
feig-ligr	- Tod-verkündend, todgeweiht

109

hrad-feigr	- sofort todgeweiht
dauda-fylgja	- Vision/Erscheinung, die den nahen Tod ankündigt
helvitis-madr	- ein zur Hel, d.h. zum Tod verdammter Mann
heljar-madr	- ein zur Hel, d.h. zum Tod verdammter Mann
heljar-karl	- ein zur Hel, d.h. zum Tod verdammter Mann

glückverheißend

heilla-drjukr	- glücklich (in Bezug auf das Schicksal)
heilla-madr	- glücklicher Mann (dem fast alles gelingt)
heilla-rad	- glücklicher/guter Rat
heilla-vänligr	- hoffnungsvoll, vielversprechend, mit Glück gesegnet
heilla-vänn	- glückverheißend
sigr-byrr	- Wind, der den Sieg ankündigt

Veränderungen

heilla-brigd	- Wendung des Glücks, Schicksalswende

glücklos

heilla-leysi	- glücklos (in Bezug auf das Schicksal)

III 2. Vogel-Omen

Da man damals vor allem von den Ahnen Rat und Hilfe erwartete und die Ahnen als Seelenvögel aufgefaßt wurden, lag es nahe, generell das Verhalten der Vögel als Botschaft der Ahnen aufzufassen.

III 2. a) Hamburgische Kirchengeschichte

Und wirklich ist auch hier jener Brauch bekannt, der Vögel Stimmen und Flug zu befragen.

III 2. b) Hamburgische Kirchengeschichte

Manche erzählen, König Olaf sei Christ gewesen, manche, er habe das Christentum wieder verlassen; alle aber versichern, er habe sich auf Zeichendeutung verstanden, sich auf das Los verlassen und seine ganze Hoffnung auf Vogelzeichen gesetzt. Daher erhielt er auch den Beinamen, daß man ihn nämlich Olaf Cracabben (kraka-bein = Krähen-Knochen) nannte. Denn er war, wie man sagt, auch dem Betriebe der Zauberkunst ergeben und nahm alle Zauberer, woran jenes Land Überfluß hat, bei sich auf, und ging darum, durch deren Irrlehren hintergangen, zugrunde.

III 2. c) Hamburgische Kirchengeschichte

König Olaf der Heilige soll außer durch andere Tugendwerke seinen großen Eifer für die Sache Gottes auch darin bewiesen haben, daß er die Zauberer im Lande vertilgte. An diesen aber hat zwar das ganze Heidenland Überfluß, Norwegen ist jedoch zumal von solchen Ungeheuern voll. Denn dort wohnen sowohl Wahrsager als auch Vogeldeuter, Magier und Beschwörer und die übrigen Trabanten des Antichrists, durch deren Gaukeleien und Blendwerke die unglücklichen Seelen den bösen Geistern zum Spielwerk werden.

III 2. d)   Hamburgische Kirchengeschichte

Von diesen Inseln ist die größte die, welche Churland (Rügen) heißt. Sie hat eine Länge von acht Tagesreisen. Das Volk, welches sehr blutdürstig ist, wird wegen ihrer leidenschaftlichen Götzendiener von allen gemieden. Es gibt dort sehr viel Gold und sehr gute Pferde.

Von Wahrsagern, Vogelschauern und Schwarzkünstlern sind dort alle Häuser voll. (Diese tragen selbst Mönchskleidung.) Von dort werden aus der ganzen Welt Orakelsprüche geholt, insbesondere von den Hispaniern und Griechen.

Dies ist, glaube ich, die Insel, die im Leben des heiligen Ansgar Chori genannt wird, und welche damals die Schweden sich zinspflichtig machten.

Das Orakel des Gottes Svantevit von Rügen (Chori, Churland) ist fast so berühmt wie das griechische Orakel von Delphi gewesen.

Rügen ist heute 52x41km groß. Die „acht Tagesreisen" scheinen darauf hinzuweisen, daß Adam von Bremen, der die „Hamburgische Kirchengeschichte" um 1075 n.Chr. verfaßt hat, über ihre Größe nicht gut informiert gewesen ist.

III 2. e)   Saga über Olaf Tryggvason

Jarl Hakon ging an Land und führte ein großes Opfer durch und während dies geschah, kamen zwei Raben herbeigeflogen und krächzten laut. Aus diesem Grund glaubte der Jarl, daß Odin sein Opfer angenommen hatten daß er Glück in den Kämpfen haben werde.

III 2. f)   Das andere Lied über Sigurd Fafnir-Töter

Sigurd:
„Künde mir, Hnikar, Du kennst die Zeichen
Des Glücks bei Göttern und Menschen:
Vor dem Gefecht: Was ist der erfreulichste
Angang beim Schwerterschwingen?"

Angang = Omen

Hnikar (Odin):
„Manche sind gut, wenn Menschen sie wüßten,
Angänge beim Schwerterschwingen.
Gut dünkt mich zunächst des nachtschwarzen Raben
Geleit dem Lenker der Schlachten."

III 2. h) Saga über Ketil Forelle

Da trug Framar die Zweikampf-Regeln vor.
Bodmod hielt einen Schild vor Ketil, aber nicht vor seinen Kopf.
Framar sagte: „Du bist nun mein Feind und nicht mehr länger mein Sohn!"
Bodmod sagte, daß er ihre Verwandtschaft durch diese Hexerei gebrochen habe.
Bevor sie begannen, kam ein Adler aus dem Wald auf Framar zugeflogen und zerrte an seinen Kleidern.

Obwohl Framar den Adlern (Tyr) opfert und unter dem Schutz des Odin steht, wendet sich ein Adler gegen ihn. Das bedeutet, daß ihn sein Schutzgott verlassen hat.

Da sprach Framar diese Verse:

„Dieser Adler ist von übel,
ich fürchte Die Wunde, die ich erhalten habe,
er stürzte sich wild auf mich
und sein Gift ist in meinem Blut.
Wie eine Sturmböe schrie er,
daß er gierig sei.
Oft habe ich Adler erfreut,
ich will nun töten!"

Da stürzte der Adler so schnell auf ihn zu als ob er eine Waffe wäre.
Da sprach Framar diese Verse:

„Schlage nur mit den Flügeln!
Ich gebe Dir den Namen 'Waffe'!
Du kreist über mir, Weit-Flieger,
als ob Du wüßtest, daß ich todgeweiht bin!
Du irrst Dich, Kampf-Antreiber,
ich werde den Sieg erringen.
Du mußt festlegen,
daß Forelle nun sterben wird!"

Adler erfreuen = Männer töten (Leichen für die Adler)
Weit-Flieger = Bezeichnung für einen Adler
Kampf-Antreiber = Name für Odin, hier für den Adler (Odins Seelenvogel)
Forelle = Ketils Beiname („Ketil Forelle")

III 2. h)   Tacitus: Germania

Der Adler wurde eng mit dem Sieg assoziiert, da dieser von dem Göttervater Jupiter (= Tyr) verliehen wurde. Dies wird durch eine Stelle in der um ungefähr 100 n.Chr. verfaßten „Germania" des Tacitus deutlich:

Sie waren bereit loszuziehen und sie waren Taten-begierig – daher verlangten sie laut nach dem Signal zum Aufbruch.
Dem Vitellius wurde sofort der Titel des Germanicus verliehen, doch er weigerte sich selbst nach seinem Sieg noch, den Titel 'Cäsar' anzunehmen.
Sie sahen als ein glückbringendes Omen für Fabius Valens und das Heer, das er in diesem Feldzug anführte, an, daß an genau dem Tag, an dem sie aufbrachen, ein Adler in sanftem Flug über das Heer dahinstrich, als dieses vorrückte – so als ob er es auf seinem Weg führen würde.
Und obwohl die Krieger auch in ihrer Freude auf einem langen Teil ihres Weges laut schrien, blieb der Vogel ruhig und gelassen – das sahen alle als ein untrügliches Omen für große und erfolgreiche Taten an.

Dieses Textstelle ist in erster Linie römisch und nicht germanisch.

III 3.   Pferde-Omen

Aufgrund der Wiederzeugungssymbolik, bei der die männlichen Toten mit Hengsten, Stieren und anderen männlichen Herdentieren identifiziert wurden, konnte auch das Verhalten der Pferde als Omen, also als „Botschaft der Ahnen aus dem Jenseits" aufgefaßt werden.

III 3. a)   Hamburgische Kirchengeschichte

Dem Volke eigentümlich ist, auch der Rosse ahnendes Wittern und Mahnen zu versuchen. Für die Gemeinde werden diese Rosse in den heiligen Wäldern und Hainen genährt, ganz weiß und von keinem irdischen Dienste unrein berührt; sie, mit dem heiligen Wagen beschwert, begleitet der Priester und König oder Häuptling des Staates und beobachtet ihr Wiehern und schnaubendes Knirren. Und keine andere Weissagung hat größeren Glauben nicht bloß bei dem Gemeinvolk, sondern bei den Vornehmen, bei den Priestern, denn diese halten sich für Diener der Götter, jene für deren Wissende.

III 4. Seehund-Omen

Der Seehund ist eher seltenes Ahnen-Symbol, da es sich auf die Wasserunterwelt bezieht, in die nur die Ertrunkenen gelangten.

Tyr-Heimdall und Loki haben bei ihrem Kampf auf der Jenseitsinsel die Gestalt von zwei Seehunden angenommen.

III 4. a) Die Saga über die Siedler von Eyre

Eines Abends, als die Männer beim Mahlzeit-Feuer saßen, hörten sie, wie der Stockfisch aus dem Fellbeutel gerissen wurde, doch als sie nachsahen, konnten sie dort nichts finden.

Doch im Winter kurz vor Jul fuhr der Bauer Thorod wegen der Stockfische hinaus nach Ness. Sie waren zu sechst in einem Zehn-Ruderer und blieben die Nacht über draußen.

In derselben Nacht, in der Thorod von daheim fortgegangen war, geschah es in Frodis-Wasser, als die Mahlzeit-Feuer entzündet worden waren und sich die Männer in der Halle versammelten, daß sie den Kopf eines Seehundes durch den Fußboden der Feuer-Halle emporkommen sahen.

Ein der Frauen aus dem Haus kam als erste dort vorbei und sah, was dort geschah. Sie nahm eine Keule, die in der Eingangskammer lag, und schlug sie auf den Kopf des Seehundes, doch der Seehund erhob sich wieder nach diesem Schlag und blickte auf die Lagerstätte der Thorgunna (eine Frau von diesem Hof).

Dann trat ein Hausknecht hinzu und schlug auf den Seehund, aber bei jedem Schlag reckte er sich noch weiter empor, bis er schließlich bis zu den Schwanzflossen aus dem Boden emporgekommen war. Da wurde der Hausknecht ohnmächtig und alle, die in der Nähe standen, wurden von einer gewaltigen Furcht gepackt.

Da kam der Bauernjunge Kiartan herbei und nahm einen großen Schmiedehammer und schlug ihn auf den Kopf des Seehundes und obwohl dies ein heftiger Schlag war, schüttelte der Seehund bloß seinen Kopf und blickte um sich. Aber Kiartan schlug eins um andere Mal zu, bis der Seehund wieder versank – gerade so, als wenn man einen Pflock in den Boden hämmern würde. Doch er schlug weiter auf den Seehund ein, sodaß dieser so tief versank, daß Kiartan schließlich den Boden über dem Kopf des Seehundes niederhämmerte.

Und wegen all diesen vielen Vorzeichen fürchtete Kiartan am meisten, was wohl noch geschehen möge.

III 5.   Erdbeben-Omen

Störungen der normalen Ordnung wie Erdbeben waren Omen, die weitere Störungen der Ordnung ankündigten.

III 5. a)   Odins Rabenzauber

Nirgends haben Sonne und Erde Halt,
Widrige Winde wollen nicht enden.
In Mimirs klarer Quelle liegt verborgen
Die Weisheit der Männer. Wißt ihr was das bedeutet?

Das Wanken der Sonne, das Schwanken der Erde und das Aufkommen des Sturmes sind Naturkatastrophen, die mit dem Ragnarök, also mit dem Zusammenbruch der gesamten Ordnung verbunden waren.

Das Schwanken der Erde ist wohl als Erdbeben aufzufassen – das der Edda zufolge durch den gefangenen Loki entsteht, der seinerseits den Tod des Baldur durch seine List herbeiführt. Der Tod des Baldur ist wiederum der Beginn des Ragnarök.

„Mimir" („Erinnerung") ist ein Tyr-Riese, der an der Quelle Hvergelmir („Brodelnder Kessel") unter dem Weltenbaum Yggdrasil am Nordpol wohnt. Odin unterhält sich an dieser Quelle des öfteren mit dem Schädel des toten Tyr-Mimir. Mit diesen Gesprächen versucht Odin u.a. aus der Unterwelt eine zuverlässige Deutung von Baldurs schweren Träumen zu erlangen.

III 6.   Vulkanausbruch-Omen

Auch Vulkanausbrüche sind Störungen der normalen Ordnung und daher wichtige Omen.

III 6. a)   Saga über Ketil Forelle

Da ging Ketil, um den Troll zu treffen und sprach folgende Verse zu ihm:

„Was kündigt es an,
wenn der aufragende Berg
oben Feuer speit?
Das Verhältnis zwischen Nachbarn,
glaube ich, wird sich auf diese Weise
nur wenig verbessern."

III 7. Omen durch Gestirne und Kometen

Kometen am Himmel sind ein bei sehr vielen Völkern bekanntes Omen, da auch sie eine Störung an dem sonst so beständigen Nachthimmel sind. Auch sie kündigen daher größere Veränderungen an.

III 7. a) Wandteppich von Bayeux

Der Text unter dem Bild ist die Übersetzung des lateinischen Textes auf dem Wandteppich. Der „Stern", der links oben über dem Dach des Gebäudes auf der rechten Seite zu sehen ist, ist vermutlich der Komet Halley.

Und hier starb er. Hier gaben sie Harold die Königskrone, Hier thront Harold, König der Angeln. (Erzbischof Stigand) Diese Männer bewundern den Stern.

Detail: Komet (links oben)

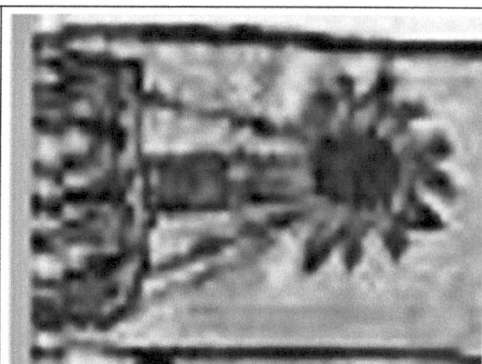

Detail: Komet mit Schweif

III 7. b)   Gylfis Vision

Sternschnuppen („vom Himmel fallende Sterne") wurden als übles Omen angesehen, was man auch an ihrem germanischen Namen, der „die Schneidenden" lautet, sehen kann.

Da geschieht es, was am schrecklichsten dünken wird: daß der Wolf die Sonne verschlingt – den Menschen zu großem Unheil. Der andere Wolf wird den Mond packen und so auch großen Schaden tun und die Sterne werden vom Himmel fallen.

III 8.   Wetter-Omen

Schließlich gehören auch noch sonderbare Wetterphänomene in die Kategorie der „gestörten Ordnung".

III 8. a)   Gisli-Saga

Da geschah etwas, was seltsam und unbekannt war. Auf dem Hügelgrab des Thorgrim blieb kein Schnee liegen und es fror dort auch nicht. Die Männer glaubten, daß dies daran lag, daß Thorgrimm dem Freyr wegen der Verehrung durch Thorgrim so lieb gewesen war, daß der Gott es nicht zuließ, daß Frost zwischen sie kam.

III 8. b)   Odins Rabenzauber

Die Asen ahnten übles Verhängnis:
Geister verwirrten mit Runen das Wetter.

Ungewöhnliche Vorgänge im Wetter und allgemein in der Natur wurden früher bei fast allen Völkern als böses Omen angesehen, die meistens durch böse Geister verursacht wurden. Der „böse Geist" schlechthin ist in der germanischen Mythologie Loki, der auch den Tod des Baldur herbeiführte, der zu dem Ragnarök führte.

Siehe auch das Blutregen-Omen im folgende Kapitel.

III 9.   Blut-Omen

Wenn in irgendeinem ungewöhnlichen Zusammenhang Blut erschien, war das natürlich ein sehr unheilvolles Omen.

III 9. a)   Die Saga über die Siedler von Eyre

Die Arbeit ging den ganzen Tag über gut voran, aber als er gut drei Stunden nach Mittag war, kam eine einzelne schwarze Wolke am Himmel von Norden her bis über Skor. Sie trieb schnell über den Himmel dahin – genau auf den Hof zu.

Die Leute glaubten, daß sie Regen in der Wolke sehen konnten, und Thorod befahl den Männern, das Heu zusammenzurechen. Doch Thorgunna häufte ihr Heu zu Garben zusammen und rechte es nicht zusammen, obwohl ihr dies befohlen worden war.

Die einzelne Wolke kam schnell näher und als sie über dem Hof am Frodis-Wasser stand, wurde es so dunkel, daß die Leute nicht mehr den Feldrand und kaum noch ihre Hände vor ihren Augen sehen konnten.

Da fiel ein so heftiger Regen aus der Wolke, daß das ganze Heu, das ausgebreitet dalag, naß wurde; doch die Wolke zog schnell weiter und das Wetter klarte wieder auf.

Die Leute sagten, daß es in diesem Schauer Blut geregnet hatte.

Doch am Abend gab es wieder gutes Wetter zum Trocknen und das Blut auf dem Heu trocknete – außer auf dem Heu, das Thorgunna ausgebreitet hatte; dies trocknete nicht und auch nicht der Rechen, den sie benutzt hatte.

Thurid frug Thorgunna, was sie glaubte, was dieses Wunder zu bedeuten habe.

Sie sagte, daß sie es nicht wüßte, „aber es scheint mir am wahrscheinlichsten," *sagte sie, „daß es das Schicksal von einem von denen, die hier sind, sein wird."*

Das hier mit „Schicksal" übersetzte Wort lautet im Original „wyrd", was dem Nornen-Namen „Urd" entspricht.

Blutregen ist Regen, der den rötlichen Staub aus der marokkanischen Wüste enthält, der manchmal bei starkem Südwind bis nach Europa getragen wird.

Die Wolke in dieser Saga kam jedoch von Norden und nicht von Süden. Möglicherweise liegt hier jedoch ein Übersetzungsfehler vor: In manchen Sprachen wie dem Deutschen ist der „Nordwind" der Wind, der von Norden her weht – in anderen Sprachen wie z.B. dem Englischen ist der „Nordwind" jedoch der Wind, der nach Norden hin weht.

III 9. b)   Jomsvikinger-Saga

Nun verging der Winter. Im dritten Winter schickte der König erneut Gesandte, um den Jarl zum Julgelage einzuladen. Er versprach, zu reisen. Nun fuhr der Jarl bis zum Limfjord.

Da sahen sie im inneren Teil des Fjords sich eine große Woge erheben und eine zweite im äußeren Teil und beide bewegten sich aufeinander zu. Das Meer wurde sehr unruhig. Als die Wellen aufeinander trafen, stürzte jede in das Wogental der anderen und das Meer wurde ganz blutig.

Da sprach der Jarl: „Das sind große, üble Vorzeichen und wir werden umkehren." Der Jarl blieb über Jul zu Hause.

III 10.   sehr ungewöhnliche Ereignisse als Omen

Neben den bisher beschriebenen ungewöhnlichen Ereignisse, die sich alle auf die übliche Ordnung der Welt als Ganzes beziehen, gibt es auch Ereignisse, die nicht im Großen, sondern im Kleinen von der üblichen Ordnung abweichen und daher als Omen gewertet werden können.

III 10. a)   Jomsvikinger-Saga

König Gormr schickte nun Gesandte zu Jarl Haraldr, um ihn zum Julfest einzuladen. Der Jarl nahm dies gerne an und die Gesandten des Königs fuhren zurück. Nun rüstete sich der Jarl zu dieser Fahrt.

Als er und seine Leute zum Limfjord kamen, sahen sie dort einen seltsamen, großen Baum stehen. An ihm waren kleine, grüne Äpfel gewachsen und er blühte. Sie wunderten sich sehr. Der Jarl sagte, er halte es für ein schlimmes Vorzeichen, daß so etwa zu dieser Jahreszeit geschah, denn sie sahen dort die Äpfel liegen, die im Sommer gewachsen waren und sie waren groß und alt. „Wir werden umkehren."

Das taten sie.

Der Jarl blieb dieses Jahr zu Hause. Dem König erschien es seltsam, daß der Jarl nicht kam.

Im zweiten Winter schickte der König Gesandte mit dem selben Auftrag und der Jarl versprach, zu reisen. Der Jarl begab sich mit seinem Gefolge zum Limfjord.

Auf den Schiffen des Jarls waren viele Hunde. Da hörten sie, daß die Welpen in den Hündinnen bellten. Der Jarl sagte, daß dies ein äußerst schlimmes Vorzeichen sei und daß sie umkehren sollten und so geschah es.

Nun verging der Winter. Im dritten Winter schickte der König erneut Gesandte, um den Jarl zum Julgelage einzuladen. Er versprach, zu reisen. Nun fuhr der Jarl bis zum Limfjord.

Da sahen sie im inneren Teil des Fjords sich eine große Woge erheben und eine zweite im äußeren Teil und beide bewegten sich aufeinander zu. Das Meer wurde sehr unruhig. Als die Wellen aufeinander trafen, stürzte jede in das Wogental der anderen und das Meer wurde ganz blutig.

Da sprach der Jarl: „Das sind große, üble Vorzeichen und wir werden umkehren." Der Jarl blieb über Jul zu Hause.

König Gormr wurde nun sehr wütend auf den Jarl, weil dieser seiner Einladung nicht gefolgt war. Er hatte nun vor, den Jarl anzugreifen und ihm so diese Schmach zu vergelten.

Als Königin Thyri dessen gewahr wurde, sagte sie, daß es nicht angemessen sei, dem Jarl Schaden zuzufügen, und sie würden einen besseren Entschluß fassen. Der König tat, wie es die Königin wollte und schickte Gesandte zum Jarl, um herauszufinden, wie es stand.

Der Jarl fuhr sofort. Der König empfing seinen Schwiegervater in angemessener Weise. Der König und der Jarl begaben sich bald zu einer Besprechung und der König frug, was es bedeute, daß er kein einziges Mal gekommen war, „Du beleidigst so mich und meine Einladung."

Der Jarl sagte, er habe nicht vorgehabt, ihn zu beleidigen und daß es andere Gründe dafür gebe. Er erzählte nun dem König von den seltsamen Dingen, die sie gesehen hatten. „Ich werde Euch nun erklären, was ich glaube, auf was diese ungewöhnlichen Begebenheiten vorausdeuten." Der König stimmte dem zu.

Der Jarl sprach: „Ich werde damit beginnen, daß wir mitten im Winter einen großen Baum mit grünen Äpfeln sahen. Die alten, großen Äpfel lagen darunter auf dem Boden. Ich meine, daß dies auf einen Glaubenswechsel hindeutet, der in diesen Landen stattfinden wird. Der neue Glaube wird in größerer Blüte stehen und die schönen Äpfel weisen auf ihn hin. Der alte Glaube aber wird niedergelegt werden, so wie die alten Äpfel, und zu nichts als Staub werden.

Das zweite Seltsame war, daß Welpen in den Hündinnen bellten. Es bedeutet, daß junge Menschen den älteren den Mund verbieten und unbesonnen sein werden. Es ist zu erwarten, daß sie mehr zu bestimmen haben werden, auch wenn die anderen erfahrener sind. Ich glaube aber, daß sie noch nicht auf der Welt sind, weil die Welpen noch ungeboren waren.

Dann sahen wir Wellen sich gegeneinander erheben mit großem Getöse und Blut. Das deutet auf die Uneinigkeit einiger mächtiger Männer hier im Land hin, und es wird zu großen Kämpfen und zu viel Unfriede kommen. Es ist sehr wahrscheinlich, daß dieser Fjord einige Folgen davon tragen wird."

Der König verstand die Worte des Jarls gut und hielt sie für weise. Der König gab seinen Zorn gegen den Jarl auf, aber er hatte Männern aufgetragen, mit Waffen gegen den Jarl vorzugehen, wenn es ihm so erschienen wäre, als sei er lediglich nachlässig gewesen. Sie beendeten nun die Beratung.

Der Jarl blieb so lange dort, wie der König es wollte, und fuhr dann nach Hause.

III 10. b)   Gesta danorum

Ich denke, daß der, der dieses Wunder verursachte (Gott), durch das sichtbare Merkmal in seinen Augen zu verkünden wünschte, daß der junge Mann in Zukunft grausam sein würde, um sicherzustellen, daß dem sichtbaren Teile seines Körpers *nicht eines Omens ermangele, das auf sein folgendes Leben hinwies.*

Als die alte Frau, die seine Amme war, in seinem Gesicht Anzeichen von kleinen Schlangen zu sehen begann, begann sie sich schrecklich vor dem Jungen zu fürchten, stürzte nieder und verlor ihr Bewußtsein. Daher kommt es, daß Siward den weit-bekannten Namen „Schlangenauge" erhielt.

Hier ist die ursprünglich Kundalini-Symbolik schon sehr stark umgedeutet worden: Aus der inneren Kraft, die in den Augen sichtbar wurde, ist ein Zeichen der Warnung durch den christlichen Gott Vater vor diesem Menschen geworden.

III 10. c)   Saga über Hromund Greipsson

Da sah Hromund einen Mann vor sich auf dem Eis stehen und er war sich sicher, daß dieses Eis auf dem See durch Zaubersprüche erschaffen worden war. Dann sah er, daß es Voli war. Hromund fand, daß es nicht unpassend wäre, ihm den Nachtisch (der Schlacht) zu geben und stürmte auf ihn zu, um ihn mit Mistelzweig zu erschla-gen. Doch (der Zauberer) Voli schlug ihm das Schwert aus der Hand und es fiel dort nieder, wo ein Loch im Eis war und es sank auf den Grund des Sees hinab.

Da lachte Voli und sprach: „Dein Schicksal ist besiegelt – nun, da Du Mistelzweig verloren hast!"

Hromund erwiderte: „Du wirst vor mir sterben!"

Dann sprang er zu Voli, ergriff ihn und schlug ihn so heftig gegen das Eis, daß sein Genick brach. Dort lag nun der große Zauberer – tot.

Voli hat das Schwert-Omen falsch gedeutet …

Hromund aber setzte sich auf das Eis nieder und sprach: „Ich habe nicht den Rat des Mädchens befolgt – daher habe ich nun vierzehn Wunden erhalten. Und dazu sind meine acht Brüder gefallen, und meine gute Klinge Mistelzweig ist in den See gefal-len und nichts kann mir den Verlust meines Schwertes ersetzen."

Dies war jedoch nicht das Ende des Schwertes Mistelzweig. Wie in anderen Sagas auch kehrte es schließlich aus den Wassern zurück.

Der Name des Schwertes erinnert daran, daß Baldur auf Anstiften des Loki durch Hödur mit einem Mistelzweig getötet worden ist. Die Mistel als immergrüne Pflanze ist aber auch ein Hinweis darauf, daß Baldur nicht endgültig gestorben ist, sondern daß es eine Wiedergeburt geben wird.

*Nun wurde nach den Schwestern des Königs gesandt. Svanhvit („Schwanenweiß")
untersuchte Hromunds Wunde und nähte seinen Magen und Bauch wieder zusammen
und bemühte sich, ihn am Leben zu erhalten. Sie brachte ihn zur Heilung zu einem
Mann mit Namen Hagal; die Frau dieses Mannes war sehr geschickt. Sie hießen ihn
willkommen und pflegten ihn wieder gesund. Hromund entdeckte, daß das Paar sehr
geschickt in der Magie war.*

*Der Mann war ein Fischer und eines Tages, als er fischte, fing er einen Hecht und
als er heimkam und den Hecht aufschnitt, fand er Hromunds Schwert Mistelzweig in
seinem Magen und gab es Hromund zurück. Hromund war glücklich es wiederzu-
haben und küßte den Schwertgriff und belohnte den Fischer gar reichlich.*

III 10. d)   Saga über König Sverri von Norwegen

*Einmal mußte König Sverri über einen großen See in einem Wald setzen und da es
dort nirgends Boote gab, bauten seine Männer Flöße aus Bäumen, immer drei oder
vier zusammen, so wie es gerade möglich war.*

*Das Floß, das den König trug, war nicht groß, und es waren vier Männer auf ihm.
Der See war eine halbe Meile breit.*

*Sobald sie ein kurzes Stück vom Ufer entfernt waren, sank das Floß, sodaß das
Wasser den Männern auf ihm bis halb das Bein hinauf reichte.*

*In diesem Augenblick kam ein Mann zum Rand des Sees gelaufen, der völlig
erschöpft von seinem Weg durch den Wald war, denn sie waren im dicksten Gestrüpp
des Waldes und der ganze Trupp war zwei Tage ohne Nahrung gewesen.*

*Er rief zu den Männern auf dem Floß und bat sie, ihn zu retten, da er fast tot vor
Erschöpfung sei.*

*Der Rest des Trupps war schon weit über den See vorangekommen. Der König
hörte das Rufen des Mannes und sah, daß dessen Leben davon abhing, daß sie ihn
mitnahmen, doch das Floß schien kaum in der Lage zu sein, die zu tragen, die schon
auf ihm waren.*

*Doch er ließ das Floß trotzdem wieder an Land stoßen und nahm den Mann auf,
auch wenn das keine einfache Angelegenheit war, und als er auf das Floß kam,
reichte ihnen das Wasser bis über die Knie.*

*Auf diese Weise überquerten sie den See und verließen dann das Floß. Der König
war der letzte, der an das Ufer stieg, und sobald er das Floß verlassen hatte, sank es
wie ein Stein hinunter.*

*Alle bemerkten dieses erstaunliche und wundersame Ereignis. Denn da sie gesehen
hatten, daß das Floß geschwommen war, als es seine menschliche Fracht getragen
hatte und dann in dem Augenblick versank, als sie es verlassen hatten, sagten sie alle,*

daß es deutlich sei, daß es jemanden getragen habe, der dazu bestimmt war, große Taten zu vollbringen, die noch nicht vollbracht worden waren, und daß diesem ein höherer Rang bestimmt war als der, den er jetzt innehatte.

III 10. e)   Saga über Half und seine Recken

König Hjorleif lag in einer Windstille im Skagerak fest. Als die Sonne aufging, sah er im Norden einen großen Berg aus dem Meer aufsteigen, der genau die Gestalt wie ein Mann hatte.

Er begann zu singen:

„Ich sehe, wie ein Hügelgrab
über Hringja errichtet wird;
wie Heri niedersinkt,
von einem Speer durchbohrt.
Ich sehe Fessel-Ketten
die für Hjorleif geschmiedet werden;
um Hreidars Hals
wird eine Schlinge geknotet.“

Die Schiffe bewegten sich nicht. Da befahl der König den Männern zu rudern. Da ergriffen sie die Ruder.

Da wurde Hringja krank. Sie starb einen Tag nachdem sie krank geworden war. Ihr Sarg wurde über Bord geworfen und er trieb so schnell nach Süden, daß es schien, als ob er mit sechs Rudern bewegt werden würde.

Heri fand die Kiste, die nicht weit von seines Vaters Bootsschuppen entfernt angeschwemmt worden war und berichtete ihm, daß König Hjorleif sie getötet haben mußte.

III 10. f)   Heimskringla

In der ersten Sonntagnacht nach der Osterwoche ereignete es sich in Konungahella, daß in den Straßen ein so großer Lärm zu hören war, als ob der König mit all seinem Hof-Gefolge durch die ganze Stadt ziehen würde.

Die Hunde wurden dadurch so wütend, daß sie niemand mehr halten konnte und sie sich losrissen. Und als sie auf die Straßen kamen, bissen sie alle, die in ihren Weg kamen – Leute und Vieh. Alle, die von ihnen gebissen wurden, bluteten wie verrückt. Und die schwangeren Frauen bekamen vorzeitig Wehen und gebärdeten sich wie wahnsinnig.

Von Ostern bis Christi Himmelfahrt ereigneten sich diese unheilvollen Dinge fast jede Nacht.

Die Leute waren durch diese Wunder schrecklich beunruhigt und viele machten sich bereit, die Stadt zu verlassen, verkauften ihre Häuser und zogen hinaus in die ländlichen Bereiche oder in andere Städte.

Die weisesten Männer sahen dies als etwas sehr Auffälliges an und fürchteten es und sagten, daß es ein Omen von wichtigen Ereignissen sei, die noch nicht geschehen waren.

... ...

Dann gab es Warnungen vor einem nahenden feindlichen Heer.

... ...

Doch die Stadtbewohner achten kaum auf diese Warnungen und waren gleichgültig und vergaßen nach und nach die schrecklichen Omen, da sie sich nicht weiterhin ereigneten.

Schließlich überfiel das Heer die Stadt.

III 10. g)   Heimskringla

König Olaf sagte, daß es ein glücklicher Tag für sie sein müsse, da sie in Säla in Norwegen angekommen seien und fand, daß es ein gutes Omen sei, daß dies geschehen sei.

III 11.   Straucheln als Omen

Eines der wichtigsten Standard-Omen war das Straucheln, das das Scheitern der bevorstehenden Handlung ankündigte.

III 11. a)   Das andere Lied über Sigurd Fafnir-Töter

In diesem Lied tritt Odin als Sigurds Lehrer auf – vor allem als Kampfkunst-Lehrer.

„Da fürchte Gefahr, wenn der Fuß Dir strauchelt,
So Du zum Kampfe kommst.
Trügerische Disen stehn Dir zu beiden Seiten
Und wollen Dich verwundet sehn."

Dise = Göttin = Walküre

III 11. b)   Völsungen-Sage

Dieselbe Szene findet sich auch in der Völsungen-Saga:

Als sie jedoch an den Felsen einer Landzunge vorübersegelten, rief ein Mann grüßend zu den Schiffen hinüber und frug, wer der Anführer der Flotte sei. Da wurde ihm gesagt, der Anführer und Herr sei Sigurd Sigmund-Sohn, der berühmteste aller jungen Männer, die zu dieser Zeit lebten.

Da sagte der Mann: „Niemand sagt etwas anderes über ihn, als daß niemand unter den Königssöhnen ihm verglichen werden kann. Ich wünsche, daß ihr die Segel auf einem Schiff refft und mich an Bord nehmt!"

Da frugen sie ihn nach seinem Namen und er sang:

Nun folgt dieselbe Strophen wie in dem eben angeführten Lied „Das andere Lied von Sigurd Fafnirstöter".

Die ausführliche Darstellung dieser Szene mit allen Strophen und Gesprächen findet sich in dem Band 38 über „Sigurd/Siegfried".

III 11. c)   Saga über Norna-Gest

Auch Norna-Gest berichtet über dieses Ereignis:

Dann segelten wir die Küste entlang nach Süden. Dann gerieten wir in einen Sturm, der von Hexenkunst verursacht worden war und viele erkannten darin das Werk der Hundinge. Da segelten wir noch ein Stück weiter an der Küste entlang.
Da sahen wir einen Mann auf einer Landzunge stehen, die von den Klippen am Meer in die See hinausragte. Er war in einen grünen Umhang und blaue Hosen gekleidet und trug hochgeknöpfte Schuhe und hielt einen Speer in seiner Hand.

Dieser Mann sang zu uns hinüber und sprach:

Nun folgen dieselben Strophen wie in „Das andere Lied von Sigurd Fafnir-Töter" und in der Völsungen-Saga.
Der darauf folgende Text ist jedoch etwas ausführlicher:

Da steuerten wir das Land an und das Wetter besserte sich sofort. Sigurd bat den Mann aufs Schiff zu kommen. Dies tat er. Nun beruhigte sich das Unwetter vollständig und eine gute Brise kam auf.
Der Mann saß zu Sigurds Füßen und war sehr angenehm. Er frug Sigurd, ob er einigen Rat von ihm annehmen wolle. Sigurd antwortete, daß er wolle und daß er wohl viel guten Rat haben müßte, wenn er wünsche, die Menschen daran teilhaben zu lassen.
Sigurd sprach zu dem Mann in dem Umhang:

Nun folgen die übrigen Strophen mit Odins Ratschlägen wie in den beiden Texte zuvor.

… … …

Als das Morgenlicht kam, war Hnikar verschwunden und wurde nie wieder gesehen. Die Männer glaubten, daß er Odin gewesen sein müsse.

III 11. d)   Saga über Ketil Forelle

Als Ketil zu dem Zweikampf gegen Franmar ging, ereignete sich folgendes:

Bodmod nahm Ketil bei der Hand. Als er sich erhob, rutschten Ketils Füße auf dem Hügelgrab aus.
Da sprach Bodmod diese Verse:

„Du hast bewiesen, Ziehsohn,
daß Du einen Streit beginnen
und im Kampf siegen kannst,
doch Du wirst niemals in diesem Kampf gewinnen.
Odin gibt den Sieg
doch er läßt oft den besseren Krieger aus.“

Auch hier wird das Straucheln als Omen für die Niederlage in dem bevorstehenden Kampf gedeutet.

III 11. e)   Regin-Lied

„Es ist schlimm, vor dem Glück zu straucheln.“

Glück = Situation, in der man Glück benötigt wie z.B. in einem Kampf

III 11. f) Saga über König Sverri von Norwegen

König Sverri war einer der ersten, die zum Vorschiff gingen, um an Land zu springen. Als er am Mast vorüber war, rutschte eine Planke unter seinen Füßen fort und er fiel in den Laderaum.
Seine Männer sprangen schnell über ihn hinweg und er mußte eine lange Zeit dort unten bleiben, während die Männer vorübereilten.
Einer der letzten, die über ihn sprangen, war Helgi, der 'Gerstenbauch' genannt wurde. Als der König aufblickte, erkannte Helgi ihn und sprach: „Es ist ein übler Abschied von unserem König, ihn im Bilgewasser liegen zu lassen,“ und ergriff des Königs Schulter und zog ihn aus dem Laderaum.

Der König sprach: „Nenne mich eine Weile lang nicht zu oft König," und dann sprangen sie beide zusammen ans Ufer.

Die Bilge ist der unterste Raum im Schiff, in dem sich das ins Schiff gedrungene Wasser, ein Teil der Gischt und der Regen sammeln.
Der König ist hier durch das Omen vorsichtig geworden.

III 11. g)   Heimskringla

Als sie die Insel hinaufstiegen, rutschte der König mit einem Fuß an einer Stelle aus, an der Lehm war, doch fing er sich wieder mit dem anderen Fuß.
Da sagte er: „Der König fällt."
„Nein," entgegnete Hrane, *„Du bist nicht gefallen, König, sondern Du hast Deinen Fuß fest auf die Erde gesetzt."*
Da lachte der König darüber und sprach: „Dann möge das so sein, wenn Gott will."

Man kann ein Omen offensichtlich verschieden deuten, wenn man das will … wobei der Optimismus des Gefolgsmanns des Königs in dieser Szene gerechtfertigt ist: Hrane hebt schließlich nur hervor, daß der König sich nach seinem Straucheln wieder selber gefangen hat und nicht gestürzt ist.

III 11. h)   Saga über König Sverri von Norwegen

Als der Jarl an Land sprang, fiel er vornüber auf seine Knie. Er stemmte beide Hände auf den Boden und sagte: „Ein Fall kündet eine glückliche Reise an!"

Hier weigert sich der Jarl, die übliche Deutung dieses Omens zu akzeptieren.

III 12.   Zweikampf-Omen

Der Zweikampf wurde als normale Orakel-Methode angesehen, um einen Rechtsstreit zu entscheiden, aber man konnte ihn auch als Omen benutzen, um etwas über eine bevorstehende Schlacht zu erfahren.

Der Zweikampf war für die beiden beteiligten Kämpfer ein Orakel, da sie die Durchführung des Zweikampfes beschlossen hatten, um ihren Streit zu klären.

Ein Mann, der zufällig an dem Zweikampfplatz vorüber kam, konnte den Verlauf des von ihm beobachteten Zweikampfes hingegen als ein Omen für eine eigenen Angelegenheit ansehen.

Es sind insgesamt 58 Zweikämpfe überliefert worden, die nach den traditionellen Regeln durchgeführt worden sind. Siehe dazu auch den nächsten Teil dieses Buches, in dem die Orakel beschrieben werden sowie das Kapitel „Zweikampf" in Band 73.

III 12. a)   Das andere Lied über Sigurd Fafnir-Töter

Hier wird das Erblicken eines Zweikampfes als Omen benutzt:

„Gut auch ist das Omen, wenn Du hinaus kommst
Und zur Reise bereitstehst,
Wenn zwei vor dem Hofe zum Zweikampf fertig stehn,
Ruhmgierige Recken."

III 12. b)   Hamburgische Kirchengeschichte

In diesem Text ist der Zweikampf hingegen ein Orakel:

Noch eine andere Beobachtung von Anzeichen gibt es, durch welche sie schwerer Kriege Ausgang erforschen: Einen Gefangenen des Volkes, mit welchem Krieg ist, irgendwie aufgegriffen, bringen sie in den Kampf mit einem Auserlesenen ihrer Landsleute, jeden in den heimischen Waffen. Der Sieg von diesem oder jenem wird als Vorentscheidung angesehen.

III 13.   Der Beginn einer Sache als Omen

Eine wichtige Grundlage zur Deutung von Omen ist das Prinzip, daß der Beginn einer Sache den weiteren Verlauf dieser Sache vorhersagt.

Dies stimmt mit der Astrologie überein, die das Horoskop des Beginns einer Sache, also deren „Geburt", als Beschreibung für den Charakter der gesamten Angelegenheit auffaßt.

III 13. a)   Saga über die Fost-Brüder

„Der Verlauf des Spieles wird durch die erste Bewegung entschieden."

III 13. b)   Gesta danorum

Der Mann, der seine erste Tat erfolgreich zu Ende bringt, darf für den Rest auf genauso gutes Schicksal hoffen.

Beide Seiten faßten das Ergebnis des ersten Angriffs als eine Vorhersage des ganzen Kampfes auf, denn der Anfangserfolg im Krieg ist oft ein Omen für das, was noch folgt.

III 13. c)   Gesta danorum

Der König betete, daß die Worte des Mannes wahr werden würden, und er erklärte, daß der Geist des Mannes prophetisch sei.

Erik antwortete, daß er wahr spreche und daß der kleine Sieg das Vorzeichen für einen größeren Sieg sei, und er erklärte, daß man die Vorhersage eines großen Ereignisses oft durch Kleinigkeiten erfassen könne.

III 13. d)   Hrolf Kraki und seine Berserker

Hjalti sprach: „Das sind große Omen, die sich hier zeigen, obwohl wir sie lange Zeit nicht beachtet haben, und ich glaube, daß sich große Dinge ereignen werden, an die man sich noch lange Zeit erinnern wird. Einige werden behaupten, daß das, was ich sage, nach Furcht stinkt, aber es könnte gut sein, daß König Hrolf jetzt das letzte mal zusammen mit seinen Recken und seinem Gefolge trinkt. "

III 14.   Der Fall eines Kriegers in der Schlacht als Omen

Das folgende Omen ist nur ein einziges mal belegt, aber der Hinweis „die Alten haben gesagt" spricht dafür, daß die betreffende Vorstellung weit verbreitet gewesen sein muß.

III 14. a)   Saga über Egil Skallagrimson

„Die Alten haben gesagt, daß eines Mannes Tod gerächt werden wird, wenn er vorwärts fällt, und daß Rache an denen genommen werden wird, vor deren Füße er fällt."

III 15.   Das Verhalten von Kindern als Omen

Der in dem folgenden Omen auftretende Skalde Bragi scheint entweder ein sehr guter Beobachter und Omendeuter oder ein wenig hellsichtig gewesen zu sein, wie die folgende Szene zeigt. Ob diese Fähigkeit etwas mit dem Gott Bragi zu tun hat, ist ungewiß.

III 15. a)   Half und seine Recken

König Hjor Half-Sohn nahm Hagny, die Tochter des Königs Haki Hamund-Sohn, zur Frau. König Hjor zog zu einem Treffen der Könige und während er fort war, gebar Hagny zwei Söhne und sie waren schwarz und fürchterlich häßlich und einer von ihnen wurde Hamund genannt und der andere Geirmund.

Eine Dienerin gebar zur derselben Zeit einen Sohn, der Leif genannt wurde. Er war sehr hübsch. Die Königin vertauschte die Söhne mit der Dienerin und brachte Leif zu dem König.

Der König zog wieder fort. Die Jungen waren nun drei Jahre alt. Leif wurde immer zaghafter als er älter wurde, aber Hamund und Geirmund wurden riesig und sprachen sehr verständig.

Der Skalde Bragi kam zu einem Fest dorthin. Eines Tages waren alle Männer im Wald und die Frauen waren in den Haselgebüschen um Nüsse zu sammeln; niemand war in der Halle war außer Bragi, der auf dem Ehrenplatz saß, und der Königin, die sich unter einem Haufen von Kleidern versteckt hatte.

Leif saß auf dem Thron und spielte mit Gold, aber Hamund und Geirmund waren auf dem Stroh unten auf dem Fußboden. Aber dann gingen sie zu Leif hinüber und stießen ihn von seinem Stuhl und nahmen ihm all sein Gold. Er schrie.

Bragi stand auf und ging dahin, wo die Königin lag, stieß mit seinem Stab in die Kleider und sprach:

*„Hier innen sind zwei
und ich vertraue beiden,
Hamund und Geirmund:
sie wurden dem Hjor geboren;
aber der dritte, Leif,
ist Lodhotts Sohn.
Du hast niemals
diesen Jungen geboren, Frau!"*

Da tauschte Hagny die Söhne wieder mit der Dienerin.

III 15. b) Landnamabok

Dieselbe Szene wird auch noch in einem zweiten Buch geschildert:

Als der König das nächste mal auf Wikinger-Raubfahrt war, lud die Königin Bragi den Skalden in ihr Haus ein und bat ihn, gut nach den Jungen zu sehen, die drei Jahre alt waren. Sie schloß die Jungen mit Bragi in einer Kammer ein und verbarg sich selber unter der Empore.
Da sang Bragi diese Verse:

„Zwei sind hier innen,
Ihnen traue ich,
Hamund und Geirmund,
Hjors eigenen Nachkommen;
aber Leif, der dritte,
der Sohn der Lodhott:
ziehe ihn nicht auf, Königin -
nur wenige werden sich als übler erweisen!"

Dann schlug er mit seinem Stab auf die Empore, unter der sich die Königin versteckt hatte.

III 16.   Visionen als Omen

Das nächste Omen steht am Übergang zwischen einem Omen und einer Vision. Diese Form ist zwar nur dieses eine mal überliefert worden, aber es wird vermutlich häufiger vorgekommen sein, da derartige Visionen oder „prophetische Wachträume" ein allgemein häufiges Phänomen sind.

III 16. a)   Nials-Saga

Am Montag Morgen ritten Nial's Söhne Grim und Helge nach einem Hofe, wo sich Kinder von ihnen in Pflege befanden und sagten zu ihrer Mutter, sie würden erst am nächsten Tage wiederkehren.

Am Abend desselben Tages sprach Bergthora zu ihrem Gesinde: „Diesen Abend teile ich Euch Eure Mahlzeit nicht zu; Ihr dürft selbst wählen, so daß ein jeder erhält, was ihm am liebsten ist. Es wird wohl der letzte Abend sein, daß ich meinem Gesinde die Mahlzeit vorsetze."

„Das sei ferne," meinten diese.

„Es wird doch so kommen, wie ich sage," versetzte sie; „ich könnte mehr davon erzählen, wenn ich wollte. Wünschet Ihr ein Zeichen, daß ich die Wahrheit rede, so werden meine Söhne Grim und Helge diesen Abend zurückkehren, bevor Ihr gesättigt seid; trifft das ein, so geschieht mehr von dem, was ich vorausgesagt habe."

Darauf setzte sie das Essen auf den Tisch.

Bald nachher sagte Nial: „Es ist doch wunderbar: mir scheint, ich blicke über den ganzen Raum des Hauses hin; die Giebelwand ist fort, aber der Tisch und das Mahl schwimmt in lauter Blut."

Alle entsetzten sich, Skarphedin aber bat sie, nicht üble Nachrede hervorzurufen durch Klagen und unziemliche Gebärden. „Uns kommt es mehr als anderen zu, Mut und mannhaftes Herz zu zeigen," äußerte er.

Ehe die Tische weggenommen worden waren, kehrten Grim und Helge zurück. Da wurde allen unheimlich zu Mute.

Nial frug sie, weshalb sie so bald wiederkämen.

Sie versetzten, sie hätten einige Weiber angetroffen, die ihnen mitteilten, sie hätten alle Sigfußsöhne, fünfzehn Mann stark, in voller Waffenrüstung auf Trehörninghals zureiten sehen; Grane Gunnar-Sohn und Gunnar Lambe-Sohn mit einer anderen Schar hätten dieselbe Richtung verfolgt. „Da meinten wir," sagte Helge, „Flose müßte von Osten gekommen sein, um mit ihnen zusammenzutreffen; darum wollten wir nirgends anders sein als da, als wo unser Bruder Skarphedin ist."

Da gebot Nial, daß niemand zu Bett gehen dürfe, sondern alle sollten Wache halten.

III 17.   Namen als Omen

Die folgende Form des für die Germanen recht untypischen Namen-Omens stammt recht sicher aus dem entsprechenden lateinischen Sprichwort.

III 17. a)   Saga über die Fost-Brüder

„Ein Mann ist wie sein Name."

Oder auf lateinisch: „nomen est omen"

III 18.   nicht näher erläuterte Omen

Schließlich gibt es noch eine Reihe von Hinweisen auf Omen, die nicht näher beschrieben werden.

III 18. a)   Angelsächsisches Canon-Gesetz

König Edgar der Friedfertige von England erließ um ca. 970 n.Chr. das „Canon-Gesetz", das die beiden folgenden Passagen enthält:

Wenn irgendeine 'wicca' (Hexe), irgendein 'wiglaer' (Zauberer), ein Eidbrüchiger, ein 'morthyrtha' (Totenverehrer) oder irgendeine vom Übel befallene, überführte Hure irgendwo in dem Land gefunden wird, sollen die Männer sie forttreiben.

Das angelsächsische Wort „wicca" ist der Ursprung des englischen Substantivs „witch" für „Hexe".

Die angelsächsischen Worte „wicca" („Hexe") und „wiglaer" („Zauberer") stammen beide von dem germanischen Adjektiv „ve" für „geweiht" ab.

Es ist interessant, daß die „Toten-Verehrer", also die Menschen, die mithilfe des Utiseta den Kontakt zu den Toten aufnehmen und sich von ihnen Rat und Hilfe holen, den Hexen und Zauberern gleichgesetzt wurden. Der schlechte Ruf der „Totenbeschwörung" stammt aus dieser Zeit.

Wir lehren, daß jeder Priester das Heidentum auslöschen soll und das 'wilweorthunga' (Quellen-Verehrung), das 'licwiglunga' (Anrufungs-Lieder an die Toten), 'hwata' (Omen), 'galdra' (Zaubergesänge, Magie), Menschen-Verehrung und die Abscheulichkeiten, die die Menschen in den verschiedenen Arten der Zauberei und in den 'frithspottum' (Friedens-Orten) mit Ulmen und mit anderen Bäumen und mit Steinen und mit vielen Geistern vollführen, verbieten soll.

König Edgar berichtet hier ungewollt, daß es damals in England noch germanische Priester und Priesterinnen gegeben hat, die von den Christen als Hexen und Zauberer angesehen wurden.

Sie führten ihren Kult an Orten durch, die wie im Altnordischen „Friedens-Ort", also „heiliger Bezirk" genannt wurden. Diese Orte lagen des öfteren an einer Quelle und waren durch Bäume (vornehmlich Ulmen) und Steine gekennzeichnet. Diese Kultorte lagen demnach idealerweise an einer heiligen Quelle in einem heiligen

Ulmen-Hain, und wurden durch Steine markiert.

An diese heiligen Orte wurden durch die Priester und Priesterinnen mithilfe von Zaubergesängen die Geister von vielen verehrten Toten gerufen.

Diese Priester und Priesterinnen waren auch Seher und Seherinnen, die Omen deuteten.

III 18. b)   Hardar-Saga

Sie waren nicht einer Meinung. Sie sagte, daß dies wichtige Ereignisse ankündige.

III 18. c)   Gesta danorum

Gewar, der sehr erfahren in der Wahrsagung und ein Kenner der Deutung von Omen war, sah dies voraus.

III 18. d)   Beowulf-Epos

Der Fürsten Fahrt wurde / von dem weisen Volk
wenig getadelt, / obwohl sie ihn sehr liebten;
sie huldigten dem Helden / und riefen gute Omen.

Man hatte offenbar die Ansicht, daß man gute Omen herbeirufen kann und dadurch die Zukunft beeinflußt. Auch den Sehern und Seherinnen ist des öfteren vorgeworfen worden, daß sie schlechte Omen verkündet haben.

Es wurde offensichtlich nicht genau zwischen der Deutung eines Omens und einem Zauberspruch, der die zukünftigen Ereignisse prägt, unterschieden.

III 18. e)   Brakteat von Börringe

Die Inschrift auf diesem Brakteat (Gold-Amulett) lautet:

tanalu al(u) laukar

„Tanalu" bedeutet „Omen".

„Alu" bedeutet generell „Magie, Weihung".

„Laukar" (= „laukaz") ist eine Schutzrune.

Diese geweihte („alu") Inschrift sollte anscheinend Schutz („laukaz") ankünden („tanalu").

III 18. f)   Gesta danorum

„ Mögen uns stärkere Omen Gutes bringen!"

III 18. g)   Hamburgische Kirchengeschichte

Götterzeichen und Lose beobachten sie wie alle anderen auch.

III 18. h)   Saga über König Sverri von Norwegen

Es schien ihnen am besten zu sein, daß er eine Weile in fremde Länder fuhr und auf die Zeichen wartete, die Gott ihm senden würde.

III 18. i)   Jakob Grimm: Deutsche Mythologie

Das getraide war heilig, der heilego ezesg (gothisch atisks), das liebe korn. wahrscheinlich vernahm man nun in der saat sitzend stimmen oder reden der geister über die bevorstehenden ereignisse.

Man horchte auch auf kreuzwegen, wo grenzen zusammenstießen: solche wegscheiden galten für sammelörter der geister und hexen, vergleiche das altnordische ›thar sem götur moetast‹. standen an wegscheiden götterbilder der Heiden? es heißt, daß man ad bivia gebetet, geopfert, lichter angezündet habe. ebenda ist auch die rede von sitzen auf der wegscheide, ohne daß der saat erwähnt würde: in bivio sedisti supra taurinam cutem, ut ibi futura tibi intelligeres. die ochsenhaut deutet mir gleich der bärenhaut heidnisches opfer an.

144

Wichtigen aufschluß scheint hier ein galischer brauch zu gewähren, den ich aus Armstrong schöpfe: einer wird in die warme haut eines frischgeschlachteten thiers gewunden, im wald an einen wasserfall hingelegt und allein gelassen; aus dem rauschen der wellen, glaubt man, werde ihm das zukünftige offenbar, diese art der weissagung hieß taghairn.

Auch der strudel war geweihter ort gleich dem scheideweg; dieses letzten gedenkt die edda ›opt bölvisar konor sitja brauto noer thoer er deyfa sverd ok sefa‹.

Einige setzten sich neujahrs auf das hausdach, schwertumgürtet, und erforschten die zukunft. diese stelle muß wiederum heilig gewesen sein, da man auch kranke kinder auf das dach setzte zur herstellung. bezieht sich darauf, daß, wenn einer nicht sterben kann, schindeln auf dem dach umgewendet oder ausgehoben werden? auch wenn ein kind verzuckungen hat kehren sie eine schindel um.

Eigenthümlich wird unter zuziehung eines erbschlüssels und knäuels zum fenster hinaus gehorcht.

Niesen (πταίρειν, sternuere) war schon in ältester zeit bedeutsam. einige halten es für gelinden schlagfluss, für augenblickliche lähmung, während welcher der mensch des freien gebrauchs seiner gliedmaßen beraubt ist.

Die Griechen riefen dem niesenden zu: ζῆθι, Ζεῦ σῶσον. Cur sternumentis salutamus?

... ...

Auch die Araber grüßen beim niesen. aus den dichtern des mittelalters folgende stellen: die Heiden nicht endorften niesen, da man doch sprichet ›nu helfiu got!‹; ›Christ in helfe so sie niesen.‹; ›durch daz solte ein schilt gesellen kiesen, daz im ein ander heiles wunschte, ob dirre schilt kunde niesen.‹; ›sô wünsch ich dir ein niesen‹.; ›wir sprechen, swer niuset, got helfe dir.‹; ›deus te adjuvet‹.

Unter den brücken niesen verwünschte geister, damit helf gott! gesagt werde und ihre lösung erfolge. ›dir hat diu katze niht genorn.‹

Den Griechen schien das niesen etwas göttliches. τὸν πταρμὸν θεὸν ἡγούμεθα. benieste worte werden wahr. wenn jemand während einer erzählung niest, so muß er ihre wahrheit beweisen. in den Christnachten niest man nicht, so stirbt das vieh nicht.

Ohrenklingen, garrula auris, βόμβος, wenn am rechten ohr, glücklich. ›absentes tinnitu aurium praesentire sermones de se receptum est‹.

Zittern des auges. ἄλλεται ὀφθαλμός μοι ο δεξιός. brauen und wangenjucken. auch den Indern war zucken des rechten auges übler vorbedeutung. wenn das rechte auge juckt, bedeutet es gutes, wenn das linke übles.

Hierher auch nasenbluten; wenn an der linken seite, unglücklich.

Wer an der thür beim ausgehen hängen bleibt (an die schwelle stößt, stolpert, ist zurückzutreten gewarnt. wen die rechte hand juckt, der wird geld geben müssen, wen die linke, der wird geld empfangen. wen das rechte auge juckt, der bekommt zu weinen, wen das linke, zu lachen. jucken ihm die fußsohlen, so steht ihm tanz bevor, juckt die nase, eine neuigkeit. bekommt jemand einen gelben finger, so ist ein verwandter gestorben.

... ...

Gleich der erforschung des bräutigams war es wichtiges anliegen, das geschlecht des kindes voraus zu wissen, das eine mutter zur welt bringen wird.

Man weissagte es aus der begegnung beim kirchgang, aus früheren kindern, aus dem niesen. daß eine frau lauter töchter gebähren werde, ließen andere zeichen schließen.

Ein altfranzösiches gedicht bei Méon hat folgende stelle:

voire est que je sui de vous grosse,
si m'enseigna l'on à aler
entor le mostier sans parler
trois tors, dire trois patenostres
en l'onor dieu et ses apostres;
une fosse au talon féisse,
et par trois jors i revenisse:
s'au tiers jorz overt le trovoie
c'etoit un fils qu'avoir devoie,
et s'il etoit clos, c'etoit fille.

... ...

Keine art von aberglauben hat aber durch das ganze mittelalter tiefere wurzel geschlagen als die vorbedeutungen, die man unter den benennungen aneganc, widerganc, widerlouf verstand. thier, mensch, sache, auf die man frühmorgens, wenn der tag noch frisch ist, beim ersten ausgang oder unternehmen einer reise unerwartet stieß, bezeichneten heil oder unheil und mahnten das begonnene fortzusetzen oder wieder aufzugeben.

Saxo grammaticus sagt congressionum initia, welchen nordischen ausdruck hatte er dabei im sinn, etwa vidrgangr oder lieber mot?

Wie der beginn eines jeden werks bedenksam ist (omina principiis inesse solent, Ovid), wie der erste eintritt in ein neues haus, über die neue brücke vorsichtig unternommen wird, der gott oder dämon das erstbegegnende für sich fordert (siehe unten); so beachtete man alle zeichen, die sich bei bestimmten ausfarten und reisen ergaben. der mittellateinische ausdruck dafür ist superventa, die überrascht, supervenit (französisch survient); oder lieber sinnlich gefaßt, was oben in der luft, über uns schwebt, wodurch freilich nur der vögelflug bezeichnet wäre.

Hincmar de divortio Lotharii sagt: ›ad haec ... pertinent, quas superventas feminae in suis lanificiis vel textilibus operibus nominant‹. ενόδια σύμβολα nannten es die Griechen, und mit ihnen, den Römern, ja morgenländischen völkern haben wir die meisten gemein.

Bei fast durchgreifender ausbreitung dieser angänge ist es kaum glaublich, daß sie erst im gefolg der lateinischen literatur zu den deutschen gelangt seien: sie beruhen auf älterer verwandtschaft aller europäischen völker, und schon der frühste beobachter unserer vorfahren, Tacitus, bemerkte diese art der weissagung bei ihnen: ›auspicia sortesque, ut qui maxime observant ... . et illud quidem etiam hic notum, avium voces volatusque interrogare‹. von den pferden.

In vielen unsrer alten mythen wird auf die primitiae gewicht gelegt; es sei nur an Wodan erinnert, der denen sieg verleihen wollte, welche er zuerst bei sonnenaufgang erblicken würde.

Ich will erst stellen angeben, welche mehreres zusammenfassen, dann das einzelne erläutern.

... ...

Berthold: ›so gloubent eteliche an bœsen aneganc, daz ein wolf guoten aneganc habe, der aller der werlte schaden tuot, und ist halt so unreine daz er die liute an stinket, daz nieman bi im genesen mac, und daz ein gewihter priester boesen aneganc habe, an dem aller gloube lit ... so gloubent eteliche an den miusearn, so ist dem der hase übern wec geloufen. Als ist ir unglouben als vil, daz sin nieman ze ende komen mag.‹

Den ausdruck aneganc bestätigt Rudolfs weltchronik von Moses redend:

er verbot allen aneganc,
vogelvluc, stimme oder sanc,
daz da geloupte nieman an.

Und Walther heißt es von einem unglückseligen: ›wizzet, swem der anegenget an dem morgen fruo, deme get ungelücke zuo‹.

Reinaert steht dafür tekin ende ghemoet (zeichen und begegnung).

sulc mochte ons daer ghemoeten,
hi soude ons quedden ende groeten,
die ons nemmermê dade goet.

Reineke gemöte, was man noch heute nennt ›to möte komen‹. allgemeiner ist der altnordische ausdruck heill (omen). Aber in einem eddischen lied werden drei glückliche zeichen für den krieger (beim schwerteschwingen, at sverda svipon) genannt: das erste, wenn ihm der dunkle rabe folge (fylgja ens deyqva hrafns), was an den raben der glücksfahne erinnert; die beiden andern sind deutlich angänge, da gesagt wird: ›ef thu ert ut umkominn, ok ert a braut buinn‹ (wenn Du hinausgekommen und auf dem Weg begriffen bist). das zweite nemlich: ›tva thu litr a tai standa

147

hrodrfusa hali‹ (wenn Du zwei ruhmgierige männer, d.i. zwei krieger auf dem Sprung stehen siehst)*; das dritte: ›ef thu thiota heyrir ulf und asklimom, heilla audit verdr ef thu ser þa fyrri fara‹* (wenn Du einen Wolf unter den Ästen der Esche heulen hörst, ist Dir Glück beschieden, wenn Du ihn dann vorwärtslaufen siehst)*. diese drei zeichen gibt Hnikarr (Odinn) dem SigurD an.*

Den drei glücks- werden aber noch zwei unglückszeichen beigesellt, das eine wenn der held gegen die niedersinkende sonne (sidskinandi systor mana) kämpfen müsse, das andre, wenn er beim ausgang zum streit mit dem fuße strauchle (ef thu foeti drepr).

Bemerkenswerthe angänge scheinen mir auch in den gesellensprüchen die frösche im teich, die raben, die drei alten weiber, die jungfrau mit der ziege.

... ...

Lucas David meldet von den alten Preußen, daß sie den angang eines kranken für übel, eines reitenden mannes für gut, eines fuchses und hasen für übel hielten.

Schwierig ist es in den sinn aller dieser einzelnen vorbedeutungen zu dringen.

Zuerst von menschlichem angang. für unheilbringend gehalten wird der eines alten weibes, einer frau mit fliegenden haaren oder, was dasselbe sagen will, aufgelöster kopfbinde. wem frühmorgens ein alt weib begegnet, wer zwischen zwei alten weibern gehen muß, dessen tag ist unglücklich. stößt ein jäger morgens auf eine alte, so legt er sich zu boden, und sie muß über ihn herschreiten, um den schaden zu verhindern (volksgebrauch in Hessen). in der Schweiz ist wenigstens auf neujahr der angang eines weibes unglücklich.

Nach schwedischem aberglauben ist alles begegnen der frauen schlimm, nur nicht das einer hure, wie bei Chrysostomus die παρθένος unglücklichen, die πόρνη glücklichen tag bedeutet. hierzu stimmt: jungfrau und priester sind übles zeichen, hure gutes.

Ihre redet aber ausdrücklich von einer vetula, womit Arndts reise nach Schweden stimmt, und das finnische lied: ›frühmorgens ausfahren, daß nicht alte weiber mit krummem kinn anschielen‹.

Diese letzte bezeichnung führt offenbar auf den begrif einer hexe, das fliegende losgelassene haar mehr noch auf den einer nachtfrau, wahrsagerin, heidnischen priesterin, vergleiche die cimbrische πολιόθριξ.

Veldek schildert Sibylla andfas (horrida crinibus), ›daz mies lockehte hienc ir uz den oren‹. bestätigt wird diese ansicht auch durch den bösen angang des spinnenden weibes, da die hexe feldspinnerin, d.h. norn, parze ist.

Schon Plinius: pagana lege in plerisque Italiae praediis cavetur, ne mulieres per itinera ambulantes torqueant fusos, aut omnino detectos ferant, quoniam adversetur id omnium spei praecipueque frugum. das sieht wieder recht nach den erkundigungen aus, die unsre göttinnen über besponnene oder unbesponnene spindeln anstellen.

Noch mehr, wie mich dünkt, erläutert sich dies durch die gleichstellung des

148

geistlichen: auch ein geweihter priester ist begegnenden von übler vorbedeutung. dafür habe ich noch ein älteres zeugnis aus Hincmar beizubringen: ›sunt etiam qui dicant, quando in venationem pergunt, quod obvium sibi non debeant habere clericum‹; und aus jüngerer zeit führe ich an Reginald Scotts witchcraft: ›if any hunters, as they were a hunting, chanced to meet a frier or a priest, they thought it so ill luck, as they would couple up their hounds and go hom, being in dispair of any further sport that day‹.

Paulis schimpf und ernst, 1550: ›zu der kirchen gieng ein altes weib am morgen fru, da begegnet ir ein pfaff, da thet sie wol sechs creuz für sich. der priester sprach, warumb segnet ir euch also vor mir? ich bin doch nit der teufel. die frau sprach, es hat mir nicht gefehlet, wenn mir ein pfaff bekam an einem morgen frů, das mir den selbigen tag nit etwas widerwertiges ist zu handen gangen.‹

Wenn in einem kreise von leuten unerwartet stille entsteht, sagt man: ›es geht ein priester vorüber‹, neuniederländisch ›er gaat een predikant voorby‹. jedermann ist von dem omen betroffen. So heißt es auch in besserem sinn: ein engel flog durch das zimmer, Ἑρμῆς ἐπεισῆλθε. in der Schweiz sagt man, es gibt schlecht wetter, wenn ein geistlicher ausgeht.

Die plötzliche erscheinung eines heiligen mannes unterbricht und vereitelt irdische geschäfte. begegnende waren gehalten ihnen ehre zu erweisen, vielleicht schrieb das heidenthum in diesem fall die sofortige erfüllung eines ritus vor? das omen des heidnischen priesters übertrugen die Christen auf den christlichen; das der heidnischen priesterin oder weisen frau muste auf nachtfrauen und hexen übergehn, weil der clerus frauen von sich ausschloß.

Warum eines blinden (oder einäugigen), hinkenden und bettlers angang übel, eines höckerichten und aussätzigen aber für gut galt, warum eines gehenden begegnung ungünstiger ausgelegt wurde als eines reitenden, die eines wasser tragenden ungünstig? der blinde und gemantelte mahnen an Wuotan. Deutlicher scheint, daß man sich von keinem weib das schwert reichen lassen mochte, und daß in der edda die begegnung zweier kriegsmänner sieg verkündet.

Liebenden muste der geliebten angang das erwünschteste zeichen sein: ›swer si des morgens angesiht, den tac im niemer leit geschiht‹.

Thierangänge haben ihren ursprung in dem hirten und jägerleben, sie sind auf naturanschauung und sagenhafte meinungen von dem treiben der thiere gegründet. über sie wird sich aus slawischer, ehstnischer, finnischer, litthauischer volkstradition vieles sammeln lassen, was mir jetzt entgeht. selbst die nordische scheint in diesem betracht nicht genau aufgezeichnet.

Saxo grammaticus sagt von Slaven, nicht von Nordmannen, ›ad varia quoque negotia profecturi ex primo animalis occursu votorum auspicia capiebant: quae si lacta fuissent coeptum alacres iter carpebant, sin tristia, reflexo cursu propria repetebant‹. die thiere selbst zu nennen unterläßt er.

Vor allem wichtig ist das eddische omen des heulenden und fortgehenden wolfs, den man als siegbringendes thier des Oðinn ansehen darf. damit treffen alle übrigen zeugnisse, und noch der heutige aberglaube zusammen. dem tapferen, unerschrocknen wolf, dessen begegnen mut und hofnung einflößt, steht der feige, furchtsame hase als nachtheiliges, entmutigendes zeichen überall zur seite.

... ...

Vintler: ›unterwegens lief ihnen von ungefehr ein hase über den weg; der kutscher ward betrübt und sprach, dises bedeutet nichts gutes. hingegen wann ein wolf über den weg laufet, ist es ein gutes zeichen.‹

Paulis schimpf und ernst, 1550: ›morgens furen sie hinaus und da sie schier zu dem wald hin kamen, sprach der knecht, meister, es ist ein wolf vor uns gelaufen; der meister sagt, er hat ihn wol gesehen, es wäre eitel glück.‹

Albertini narrenhatz, 1617: ›aberglaubische stocknarren erschricken, wenn ein haas über den weg, darüber sie gehen oder reiten müssen, laufet, denn sie vermeinen, daß sie an selbigem tag ein unglück ausstehen müssen‹.

Göz von Berlichingen in seinem leben: ›und wie wir anzogen, so hüt ein schäfer allernechst darbei, und zum wahrzeichen, so fallen fünf wolf in die schaaf, und griffen auch an, das hört und sahe ich gerne, und wünscht ihnen glück und uns auch, und sagt zu ihnen, glück zu lieben gesellen, glück zu überall, und ich hielt es für ein glück, dieweil wir also miteinander angriffen hetten‹.

Hier wird kein eigentlicher angang beschrieben, aber der sinn erhellt, den kriegerische völker ursprünglich hineinlegten. wolf, hirsch, eber, bär stehen einander in dieser bedeutsamkeit völlig gleich. einem hasen zu begegnen achtet der Norwege für ein schlimmes zeichen, einem bären oder wolf für ein gutes. füglich geht hier der bär (den das lied von der rabenhochzeit den ›ypperste karl i skoven‹ nennt) dem wolf noch vor.

Des bären gedenken römische nachrichten nie, wol aber des wolfes; Plinius sagt: ›inter auguria ad dexteram commeantium praeciso itinere, si pleno id ore lupus fecerit, nullum omnium praestantius‹. Plinius meldet auch welche wirkung die fußspur des wolfs habe, wenn ein pferd darauf trete: tanta vis est animalis, ut vestigia ejus calcata equis afferant torporem, und: rumpi equos, qui vestigia luporum sub equite sequantur.

Occursum leporis timere heißt es bei Johann von Salisbury und Peter von Blois. außer Berthold und Hartlieb gehört hierher noch eine stelle aus codex palatinus germanicus:

dar zuo sâh wir einen hasen,
der widerfuor uns an dem weg;
do daht ich deiz niht eben loeg:
er tet uns den ersten anegane,

wan daz er snelle für mich spranc.

Griechen und Römern scheint er gleichwol nach den umständen auch guter vor-bedeutung (αἴσιος) zu sein.

Diesen war das wiesel (γαλῆ) übelberufen: wenn es über den weg lief, wurde eine öffentliche versamlung aufgeschoben.

Theophrast sagt, wem ein wiesel vorbeiläuft, der darf nicht weiter gehn, bevor ein dritter den weg beschritten, oder er selbst drei steine vom weg aufgehoben hat. auch centonovelle: quando l'uomo trova la donnola nella via.

Des fuchses angang wird verschieden ausgelegt, nach jener stelle bei Ihre für übel, nach dem litthauischen aberglauben für gut.

Hausthiere, die der ausreisende in seinem hof hält, die ihm nicht erst im wald auf-stoßen, dienen kaum zur vorbedeutung: sie sind zu gewöhnlich, zu zahm und abhän-gig vom menschen, um für ihn zeichenhaft zu werden. doch sagt man, wer bei frühem ausgang schweinen begegne, werde da, wohin ihn seine schritte führen, unwillkom-men sein, wer aber schafen, willkommen. nach andern ist der wandrer willkommner gast, wenn ihm die schafe rechter hand, unwillkommner, wenn sie ihm linker hand aufstoßen.

Bei den Etruskern wurde, wenn der neue magistrat in die provinz zog, auf die begegnung von pferden und ochsen geachtet. man vergleiche die weissagung durch pferde, die freilich auf keinem zufälligen treffen des thiers beruhte, wobei es aber auf das ansetzen seines rechten oder linken fußes ankam. ein beispiel ist aus Procop beizufügen.

Das wiesel wird in eine schöne frau gewandelt. es heißt νυμφίτζα. andere namen bei Nemnich mustela. entspricht dem italienischen donnola für wiesel der ausdruck froie. oder hat man an mittelniederländisch vraeie pulchra, venusta zu denken? vergleiche damoiselle belette. im Renart heißt es petit porchaz, im Renart clene bejach. altnordisch hreisiköttr ist hermelin.

... ...

Noch feiner ausgebildet als der angang vierfüßiger thiere war die beobachtung der vögel, denen freiere, ungehemmtere bewegung durch die luft an sich schon etwas wunderbares und geisterhaftes verlieh.

Der Ursprung dieser Symbolik ist der Seelenvogel – die Vögel wurden den Ahnen gleichgesetzt, die ihren Nachkommen Botschaften überbrachten. Dieses Motiv entspricht dem Verstehen der Vogelsprache, zu dem man fähig wird, wenn man in das Jenseits, d.h. zu den Seelenvögeln der Ahnen gereist ist.

Die Griechen hatten eine umfassende οιωνιστγική, die Römer systematische auspicien und augurien. böhmisch ptakoprawiti augurari, ptakoweštec augur,

151

polnisch ptaszowiezsczek.

Auch den deutschen Heiden galten vögel für boten der götter und für verkündiger wichtiger nachrichten. ›welcher vogel hat dir das in die ohren getragen?‹ heißt: wer hat dir das weis gemacht, in den kopf gesetzt. ›das hat mir ein vogel gesungen‹, ›jag hörde en fogel sa sjunga, en fogel var här, och sade för mig det eller det‹.

Neugriechische und serbische volkslieder werden nicht selten eröfnet durch fliegende, sich nach verschiedner seite drehende und unterredende vögel. zwei schwarze raben (dva vrana gavrana) krächzen auf dem weißen thurn.

Von dem weissagenden rufe des kukuks ist schon gehandelt; er gehört auch zu dem angang, da reisenden seine stimme unvermutet im wald erschallt, erschallt er rechts, so ist es gutes zeichen, wenn links ein übles. Plinius: aliud est cuculo miraculum, quo quis loco primo audiat alitem illam, si dexter pes circumscribatur ac vestigium id effodiatur, non gigni pulices, ubicunque spargatur; man vergleiche über das ausschneiden der vestigia.

Auguria avium berührt der indiculus superstitionum et paganiarum. bei Eligius: ›nec in itinere positi aliquas aviculas cantantes attendatis‹. vögel, deren begegnen weissagsam ist, heißen wegvögel, vorzugsweise geschickt dafür waren aber die krimmenden raubvögel (rapaces aves), die über andere vögel sieg errangen, folglich auch den helden siegeserfolg weissagen konnten; weshalb auch in träumen raubvögel die erste rolle spielen.

Eine stelle bei Procop de bello gothico zeigt, wie früh dieser aberglaube unter deutschen völkern statt fand. Hermigisel, könig der Warner erblickte über feld reitend einen vogel (der nicht näher angegeben ist) auf einem baum und hörte ihn krähen (es war also wol rabe oder krähe). auf vogelgesang sich verstehend sagte der könig seinem gefolge, es werde ihm sein tod nach vierzig tagen geweissagt.

Dem Sigurdr weissagen igdor auf den bäumen, es ist unausgemacht ob es schwalben waren, vielleicht adlerinnen?

Der Igdor ist ein kleinerer Vogel – möglicherweise ein Specht.

Dagr hat einen klugen sperling.

Im altspanischen Cid bezeugen uns mehrere stellen die wahrnehmung der vögel: al exir de Salon mucho ovo buenas aves; con dios e con la vuestra auce; con la buen auce.

Und wie bei den alten die rechte oder linke seite des anflugs hauptsächlich berücksichtigt wurde, erklärt auch Hartlieb fliegen zur rechten hand für glücklich, zur linken für unglücklich.

Der adler müsse dem wandernden taschenhalb fliegen, d.h. zur seite, wo die reisetasche hängt. außer dieser stelle finde ich den ar nicht genannt, wol aber, bei Hartman, Wirnt und Berthold, den mâsar, nach Beneckes wörterbuch zu jenem, eine art kleiner *raubvögel*, welcher bei Burchard muriceps genannt und erklärt ist.

Im gedicht von dem übelen wîbe:

swenne ich nâch gewinne var,
so ist durft daz mir der mûsar
über die straze vliege
und mich des niht entriege,
ob ich ir niht enbringe,

d. h. wenn ich nichts bringe, kann ich mich nur damit entschuldigen. das über weg fliegen dieses vogels ist günstiges zeichen.

Illias bringt ein rechtsfliegender reiher (ερωδιός) glück.

Der rabe, ein siegvogel der Heiden, wird außer jenen nordischen stellen als begleitend beim angang nicht genannt, desto häufiger die krähe. glücklich war: si cornicula ex sinistra in dexteram cantaverit, bei Petrus blesenis ebenso, nur volaverit statt cantaverit; heißt es, von kindern, die in stetem wolleben erzogen, nie die macht des schicksals empfunden haben: ›si enwizzen wannen die krân sint gevlogen‹. ›ein unsæligiu krâ begonde schrien‹. ›ez hab ein swerziu krâ gelogen‹. hingegen: ›alba solet cornix affectum scire tacentis‹.

Auf die krähe hat man den Martinsvogel gedeutet, dessen flug bei Petrus blesenius und Renaert bedeutsam geschildert wird. ›sant Martins vogel, wol über her!‹ daz ist nû gar der niuwen hant. der Hätzlerin d.h. den Martinsvogel leichtsinnig herzurufen, das ist der heutigen welt brauch vergleiche diu niuwe hant und alte hant im Renner.

... ...

Es gab eine gesellschaft der Martinsvögel in Schwaben. die sage vom heiligen Martin und martinet steht bei Bosquet. tha qvad that kraka, sat qvisti a. hrafn qvad at hrafni, sat a ham meidi.

Dös vögerl aum tannabam steht auf oanm fuß, hat a zetterl im schnaberl, von meinm dearndel ann gruß.

Der tschataka trinkt kein andres wasser als regentropfen, die er im fluge hascht. er bringt glück, wenn er zur linken fliegt, während sonst die meisten vögel zur rechten eine günstige bedeutung haben.

Reinaert wird gerufen: ›al heil, edel voghel, kere herwaert dinen vloghel‹. nach Nemnich wäre jedoch der falco cyaneus, ein kleiner raubvogel Martins vogel, neuniederländisch sankt Martens vogel, französich l'oiseau saint Martin, spanisch pajaro san Martin; das würde sich auch zum albanellus (französisch: haubereau) des Johannes sarisberiensis fügen, der gerade auf hospitium, wie Martinsvogel im Reinhard bezogen ist. in den gewöhnlichen legenden von Martinus, dem doch der vogel etwas zugetragen haben muß, finde ich keinen aufschluß.

Auch dem Vintler ist sant Martisvogel heilbedeutend; fast darf diese lesart zu der vermutung führen Martini avis sei aus Martis avis verderbt, dann wäre es der specht, das Märzafülli? heißt es: sant Martins vögalin diu machent mangen umbecreiz; in einer andern stelle einer pfälzischen handschrift steht wiederum Mertifs vogelin und es wird angeführt, daß es zum frau Venus berg weise, was seine mythische natur steigert.

Unsre kinderlieder geben dem sunte Martens vögelken bald rothen rock, bald goldnen flügel; sie werden aber auf den vorabend Martini gesungen und weisen wieder auf den heiligen. ich erlange also über den vogel keine sicherheit.

Von der krähe zeugen andere, alte und neue stellen.

... ...

Olaf Tryggvason, wenn gleich Christ, beachtete, ob die krähe (kraka) auf dem rechten oder auf dem linken fuß stand, und weissagte sich daraus gutes oder böses; seine feinde nannten ihn darum krakubein. hungrkráka altnordisch eine hunger weissagende krähe, illvidriskraka die schlechtes wetter ankündet.

... ...

Auch der specht war ein heiliger; in Lindenblatts chronik: ›ir speht hatte nicht recht (d.h. nicht zur rechten seite) geflogen‹. den Römern galt die schreiende parra (grünspecht? kibitz?) für unheilvoll: impios parrae recinentis omen ducat. picus et cornix est ab laeva, corvus, parra ab dextera.

In Schweden ist der flug des lom (nach Ihre einer art reiher) vorbedeutsam.

Sieht man die elster von vornen, so ist das zeichen gut, von hinten, schlimm.

Wer frühlings die erste schwalbe erblickt, steht alsbald (auf seinem weg) still, und gräbt eine kohle aus der erde, wie man die fußspur auf der stelle, wo man den kukuk vernahm, ausschnitt. ›nu jarlanc stet vil hoch min muot, ich horte den süezen sanc von einer swalwen da si flouc‹. in Dänmark schaut das dienstvolk, ob sie den storch zuerst im jahr fliegend oder stehend treffen.

Beim frosch kam es darauf an, ob man ihn zuerst auf dem land oder im wasser hüpfen sah.

Auch einer kahlen oder gerupften henne zu begegnen galt für übel:

enmi sa voie a encontrée
une geline pielée,
qui pasturoit en la charriere;
a poi ne sen retorne arriere,
por ce quil i entendoit sort;
à ses piez trueve un baston tort,
à la geline lest aler,
et ele sen prist à voler,
en son gelinois le maudist
›honte li viegne!‹, et il si fist.

*Zu dem angang gehörige stellen aus provenzialischen dichtern hat Diez gesammelt;
sie beziehen sich auf rabe, krähe und mehrere falkenarten (albanel, gavanh), ihr
rechter oder linker flug, ihr gehen oder kommen, schreien oder schweigen entschied:*

*los destres e'ls senestres, los anans e'ls venens,
d'albanel, de gavanh, d'autras auzels ferens,
del corp e de la gralha, los crîdans, los tacens.*

*Man möchte ausführlichere kunde dieser vogeldeuterei, wie sie im mittelalter geübt
wurde, haben.*

*Bei den heidnischen Arabern vor Mohammed fand genaue beachtung des vogel-
flugs statt. der ausgehende kehrt sofort um, wenn er einen raben sieht. doch gutes zeichen ist, wenn ein paar raben, messaud und messauda (der glückliche und die glückliche) gleiches fluges über den weg ziehn. sonst heißt der krächzende rabe trennungs-
vogel, weil er trennung verkündet. Ein vogel soll heilbringenden ruf dem hause zur
rechten erschallen lassen. der vogel heißt sakuni, sakunta, hernach kapnjala.*

... ...

*In unserm alterthum scheint auch der überflug einiger vögel bedeutsam. von der
Düringe herren: ›ob ime ein adelar zallen zîten ist mit hôhen flügen gewesen‹.
gefeierten helden gaben adler schatten vor der sonne durch überbreiten ihrer flügel:
als die heidnischen boten zu Carls halle kamen, sahen sie ›daz die adelaren dar zu
gewenit waren, daz sie scate baren‹. dies verbindet sich offenbar mit dem adler über
Carls palast, vielleicht auch dem in Ođins saal.*

*Der überschwebenden taube wurde schon erwähnt, supervenire und obumbrare ist
selbst biblischer ausdruck. dem ›drupir iörn yfir‹ zur seite setze ich eine wichtige
stelle Havamals:*

*ominnis hegri, sa er yfir öldrom thrumir,
hann stelr gedi guma;
thess fugls fiödrom ec fiötradr varc
i gardi Gunnladar,*

*Es sind worte Odins, der sich bei Gunnlöd in vollen zügen nectars berauscht hatte
und als adler entfliegt. ôminnis hegri umschreibt den göttlichen vogel. hegri steht für
hegri, hregri, angelsächsisch hragra, althochdeutsch heigiro und hreigiro, ερωδιός,
ein großer vogel statt des andern.*

*Als Odinn den ersehnten trank schlürfte und der schönen riesin theilhaft wurde,
fesselten ihn adlerschwingen, d.h. erschien er in adlergestalt; wie ähnlich ist alles
das dem mythus von Zeus, der in adler verwandelt Ganymedes raubt, und sich von
ihm den nectar einschenken läßt.*

155

Odin ist zu der Jenseitsgöttin Gunnlöd in deren Hügelgrab, d.h. ins Jenseits gereist und trinkt dort den rituellen Bestattungs-Met, vereint sich mit ihr bei der Wiederzeugung und wird dann von ihr als Seelenvogel wiedergeboren, der bei dem Göttervater ein Adler ist. Diese Mythe ist bei Zeus und Ganymed schon etwas weiter zerfallen als bei Odin und Gunnlöd.

zwoa schneeweißi täuberli
sänt übawärts gflogn
und hiaz hat mich mein dearndl
schon wiedä bitrogn.

Tauben wehen auch dem speisenden könig kühlung. ferner:

ob im vant er einen arn
des schoene was seltsaene,
er was im in waene
gesant von gote ze gemache.
mit einem vetache
treip er im den luft dar,
mit dem andern er im schate bar.

Albertus de falconibus: ego enim jam vidi qui sine ligaturis intrabant et exibant, et nobis comedentibus super mensam veniebant, in radio solis se extendentes coram nobis, quasi blandirentur nobis. dem schlafenden Marcian macht ein überfliegender adler schatten.

Schattender pfauenschweif in der frauentracht kommt in Vilkinus saga und bei Vuk vor. pfauenwedel bei Claudian.

... ...

Bei den Römern hatte sich ein eignes system von vogelweissagung ausgebildet, das nicht auf den flug des wilden gevögels, vielmehr das hausgeschlecht der hüner berechnet war.

Die Griechen übten eine αλεκτρυομαντεία, so daß man körner auf die buchstaben des alphabets legte und von einem hahn wegfressen ließ.

Einfacher war die römische weissagung aus gierigem und trägem fressen oder nichtfressen junger hühner, jede legion hat ihren pullarius, der die hühner erzog, fütterte und bewahrte; der consul stellte das augurium in seinem haus oder zelt an: ›pullis regitur imperium romanum, hi jubent acies‹ sagt Plinius. beispiele gibt Procop.

Man beachtete aber sonst auch geschrei des hahns und der henne. ›gallina cecinit‹ wird in Terentius Phormio unter andern übeln zeichen für den hochzeiter genannt:

nach Donats glosse bedeutete es, superiorem marito esse uxorem. *unserm aberglau-*
ben schien eine wie hahn erkrähende henne gleichfalls ein greuel.

Vernahm die lauschende unter dem hahnbalken den krat des hahns, so war die
weissagung günstig, schrie die henne, ungünstig; gleiche bewandtnis hatte es um den
fallenden mist des hahns oder der henne.

Auch den gänserich ließ man weissagen.

Die Ehsten unterscheiden geflügel mit rauchem und unbedecktem fuß.

Oft ist es auch nicht der wegvögel flug, der vierfüßigen thiere angang, sondern ihr
erscheinen, ihr aufenthalt an der wohnstätte der menschen, die ihm heil oder unheil
weissagen.

Schwalbe und storch sind glücksvögel, störche sieht man gern auf dächern nisten.
wer frühlings den storch zuerst fliegen sieht, soll eine reise unternehmen.

Den Letten war die meise günstiger vorbedeutung, sie heißt sihle, und sihleht ist
weissagen.

Wiesel oder schlange auf dem dach sind nachtheilige zeichen. ›anguis per implu-
vium decidit dc tegulis‹. *Ungünstig oder zweideutig sind rabe, krähe, elster auf kran-*
kenhäusern.

Es gab leichvögel, trauervögel, deren erscheinung tod und sterben verkündet. ich
vermute, den Gothen war die turteltaube mit ihrem weheruf ein solcher, weil sie sie
hraivadubo (leichentaube) nennen, τρυγών *und* turtur *geben nicht diesen nebensinn,*
der vogel trauert nur um den todten gatten.

Vor allen gehört hierher auch ein wegvogel, die eule. Hartmann stellt ihren flug
über den wec dem des mûsarn entgegen, wie dieser heilsam, scheint er unheil gewe-
sen zu sein, heißt es, daß der iuweln fluc der welt nicht fromme.

Ovid:

foedaque fit volucris, venturi nuntia luctus
ignavus bubo, dirum mortalibus omen.

Hier greifen verwandlungen ein. die eule war ein verwünschter mensch, und strix,
strinx *(*›e tectis strix violenta canat.‹*), bruxa bezeichnen zugleich den vogel und die*
nachtfliegende hexe. ›ululae, upupae, bubones, toto anno in tectis funebria
personantes‹. ›male ominatos cantus ulul.arum‹.

Das althochdeutsche holzrûna, holzmuoja, holzmuwo übertragen lamia, *drücken*
aber mehr klagende, weissagende vögel oder geister (beiderlei geschlechts) aus,
deren stimme im wald, flüsternd, raunend und muhend vernommen wird. daher nun
auch die benennung klagmuhme, klagmutter, klageweib. im ackermann von Böhmen
ist klagmut in klagmuoter zu bessern; am Oberharz bedeutet klagmutter, klagweib,
klagefrau ein gespenstiges, aber fliegendes wesen. anderwärts heißt es die wehklage,
leichhuhn, grabeule, todtenvogel, im Braunschweigischen der läpsch, seines faulen,

157

langsamen flugs wegen, *ignavus bubo,* was auch an den sinn des alten *feig (moribundus)* erinnert.

Leichenverkündend ist, wenn der rabe koppt, wenn hahn und huhn stroh schleppen, wenn der galadrot sein haupt vom kranken abwendet.

... ...

Bubo (Uhu) weissagt dem Agrippa. wie der lettische *uhpis, uhu,* ein unglücksvogel ist, verkündet der *huwe (bubo)* baldigen tod in der sage von Herodes. der leidic *huwaere,* der *nahthuwer. truric* als ein *unflaetec huwe.*

Der kauz oder das käuzlein ruft: komm mit, komm mit! der todvogel hat mir schon zweimal gerufen. hierhin gehören auch der *scuwût* auf dem baume und das ›vöglein kreideweisz‹.

Der ausdruck klagmutter gemahnt an Berhta, die weiße frau, die fylgja und die elbische *banshi, bansighe.*

Tod verkündet auch ›la poule qui chante en coq‹.

Andere todesvorzeichen sind folgende. wenn nachts die verstorbnen in kirchen von lebenden gesehn oder gehört werden, so bedeutet es diesen neues wichtiges, namentlich todesfall: *quandocunque a viventibus haec audiuntur vel videntur, novum aliquid signat.* ebenso: nachts grunzen oder sägen hören.

Auf ähnliche weise zeigen andere thiere den todesfall an. wenn das pferd des gerufnen geistlichen sein haupt senkt; wenn ochs und kuh von schwarzer farbe im haus geschlachtet wurden, was noch mit altem opfergebrauch zusammen hängt. der in menschlicher wohnung aufwühlende maulwurf, die zirpende grille, der tickende holzwurm, wenn mäuse schlafenden am kleid nagen.

Weissagende ameisen. anlauf der spinne frühmorgens ist ungünstig; es gibt aber auch glückspinnen.

Bienenschwärme, an häuser sich anhängend, bedeuten feuersbrunst oder unheil, bekannt sind die schon im lager des Drusus erschienenen (Plinius). auch dem herzog Leopold von Östreich verkündeten sie 1386 den verlust der Sempacher schlacht voraus: ›da kam ein imb geflogen in dlinden er genistet hat, ans herzogen waffen er flog als do der selbig herzog wol für die linden zog: das diutet frömbde geste, so redt der gemeine man‹.

Heuschreckenzüge sind sonst vorzeichen fremder gäste und reicher salmenfang.

... ...

Über sich anhängende bienen siehe Aelian. über bienenschwärme und spinnen.

Züge kleiner vögel und salmen künden gäste an.

Der flug des erlenkäfers nach süden ist günstig, nach norden ungünstig.

Oft können leblose dinge zumal elemente omen ergeben. flammen, die sich den kriegern an helm oder speer setzten, waren sieges vorzeichen (νίκης σύμβολον). ein solches feuer nennt Sæmingr, ohne seinen sinn anzugeben: ›hyrr leingi mun â brodds oddi bifaz‹. deutlicher Sæmingr: ›af geirom geislar stôðo‹. Tacitus annales: ›signa *militum arsere‹; ›pila militum arsere‹.*

... ...

Im jahr 1620 vor der Prager schlacht setzte sich ein irwisch auf des obersten fahne und galt für ein vorzeichen des siegs. das ist auch die flamme der Dioskuren, die auf den masten der schiffe erscheint, ein rettendes zeichen in sturmes noth.

Das niesende licht, der überspringende brand bedeutete wieder gäste; erlöschendes licht tod, rosenbrennendes glück. öl oder wein verschüttet, wasser unter den tisch gegossen war den alten jenes ein günstiges, dieses ein ungünstiges zeichen. wenn der tisch krachte, die balken knarrten, zog man daraus die schlimmste vorbedeutung. versiegendes oder steigendes wasser bedeutet sterbfall oder hungersnoth. prasselndes feuer, verschüttetes salz verkündigen streit. man halte die mythische auslegung der knisternden flamme dazu, der gott ist in der flamme gegenwärtig wie in dem vorbedeutenden donner.

Einstürzende erdlöcher (gropar) weissagen todesfall, aus dem klang der aufs grab geworfnen drei ersten schollen entnimmt man, ob andere bald nachsterben oder nicht. lossbringender splitter kündet gäste, reif vom faß springend tod.

... ...

Die stubenthür öfnet sich von selbst bei todesfällen. daz umfallen eines brets oder ladens heißt todtenfall.

Altnordisch fall er farar heill. in lapsu faustum ominatus eventum. dagegen ist das strauchen mit dem fuße von übler vorbedeutung bei Euripides. ter pedis offensi signo est revocata (Ovid). sed ut fieri assolet, sinistro pede profectum me spes compendii frustrata est (Apulejus). si wâren ze vruo des morgens unreht ûfgestân, die muosten dâ daz leben lân. sumelich ze vruo hate des morgens ûfgestân, der muoste dâ ze pfande lân den lîp.

Den brauch gerstenkörner auf heißen herd zu legen und zu beobachten, ob sie aufspringen oder liegen bleiben, finde ich nur bei Burchard, bei keinem spätern; verschieden war die griechische κριθομαντεία.

Wenn in kriegszeiten zwei ähren an einem getraidehalm gefunden wurden, sah man darin vorzeichen des wieder nahenden friedens; umgekehrt soll es krieg bedeuten, wenn der kirschbaum zweimal im jahre blüht.

Andere sachen, ohne daß vorzeichen oder zauber darin begründet wäre, gelten für heilsam oder schädlich, namentlich gefundne, gebettelte und gestolne. Dahin der gefundne klee mit vier blättern, drei getraidekörner in gebacknem brot, der eggennagel oder eggezahn, dessen besitz hexen erkennen lehrt, inventio acus vel oboli reservati, gefundne nadel, je nachdem sie kopf und spitze kehrt, gefundne radfelge, gefundnes hufeisen (1600), gebetteltes brot, ring von gebettelten pfenningen, gestolner wisch, gestolnes band vom mehlsak, brot, bauholz, fischergeräth, gestolne webknoten.

Bei gefundnen dingen ist die gunst des zufalls im spiel; gebettelten gibt die mühe, gestolnen die gefahr des erwerbs gesteigerten werth. drei schlücke gebettelten weins

159

vertreiben den schlucken (Schluckauf).

Aber nicht bloß gestolnes gut in gewissem fall, auch die diebshand, der aus einer galgenkette geschmiedete sporn, der galgenstrick, diebstrang selbst haben eigenthümliche kraft; man vergleiche die entstehung des galgenmännleins.

Ein rad über den thorweg zu setzen bringt glück; wirkt hier die vorstellung vom glücksrad oder sonnenrad?

Donnersplitter, sargsplitter taugen.

Ans brautbett darf nur trocknes holz von lebenden bäumen kommen; andern aberglauben vom brautbett. Aufgelesne federn, hünerfedern sollen in kein bett.

III 19.   Zusammenfassung

Da man damals vor allem von den Ahnen Rat und Hilfe erwartete und die Ahnen als Seelenvögel aufgefaßt wurden, lag es nahe, generell das Verhalten der Vögel als Botschaft der Ahnen aufzufassen.

Aufgrund der Wiederzeugungssymbolik, bei der die männlichen Toten mit Hengsten, Stieren und anderen männlichen Herdentieren identifiziert wurden, konnte auch das Verhalten der Pferde als Omen aufgefaßt werden.

Der Seehund ist ein eher seltenes Ahnen-Symbol, da es sich auf die Wasserunterwelt bezieht, in die nur Ertrunkene gelangten.

Störungen der normalen Ordnung wie Erdbeben, Vulkanausbrüche, Kometen und ungewöhnliches Wetter waren Omen, die weitere Störungen der Ordnung ankündigten.

Neben diesen Störungen der „großen Ordnung der Welt", gibt es auch Ereignisse, die Störungen der „Ordnung der Welt im Kleinen" sind und daher als Omen gewertet werden können.

Wenn in irgendeinem ungewöhnlichen Zusammenhang Blut erschien, war das natürlich ein sehr unheilvolles Omen. Das wichtigste aller Omen war die Ankündigung des Todes.

Eine wichtige Grundlage zur Deutung von Omen ist das Prinzip, daß der Beginn einer Sache den weiteren Verlauf dieser Sache vorhersagt. Zu diesem Prinzip gehört auch das wichtigste Standard-Omen: das Straucheln, das das Scheitern der bevorstehenden Handlung ankündigte.

Schließlich gab es noch die Visionen als ein zwischen den Omen und der Prophezeiung stehendes Phänomen.

Jakob Grimm berichtet über eine Vielzahl von verschiedenen Omen, die teilweise auch auf germanische Traditionen zurückgehen werden. In der Regel ist aber nicht mehr unterscheidbar, ob sie einen germanischen, keltischen, römischen oder slawischen Ursprung haben – zumal sich die Omen-Traditionen diese vier Völker auch recht ähnlich sind, da sie miteinander verwandt sind.

IV   Omen bei den Indogermanen

Für die Omen gilt dasselbe wie für die Träume: Das Deuten von Omen ist weltweit verbreitet und bei ihrer Deutung bezieht man sich wie bei der Traumdeutung hauptsächlich auf die Bilder aus der Mythologie.

Auch in diesem Kapitel werden nur einige wenige indogermanische Beispiele angeführt, da die überlieferten Omen und ihre Deutung auch hier wieder mehrere Bände füllen würden.

IV 1.   Inder

Rig-Veda 10, 165

*Ihr Götter, in welcher Absicht die Taube als Bote der Zerstörung ausgesandt hierher
    gekommen ist,*

*dagegen wollen wir einen Zauber singen und eine Sühnung machen. Heil sei unseren
    Zweifüßlern, Heil den Vierfüßlern!*

*Günstig soll uns die ausgesandte Taube sein, ohne Harm sei der Vogel in unserem
    Hause, o Götter.*

*Agni der Weise soll darum an unserer Opferspende Geschmack finden. Das
    geflügelte Geschoß (Pfeil) soll uns verschonen.*

*Das geflügelte Geschoß soll uns nicht überfallen; es soll sich neben dem Feuerplatz,
    auf dem Herd niederlassen (Damit der Pfeil dort verbrennt?).*

*Heil sei unseren Rindern und Leuten; nicht künde uns hier die Taube Schaden,
    o Götter!*

*Was die Eule schreit, da soll wirkungslos sein, und wenn die Taube ihren Fuß an das
    Feuer setzt, dann soll dem,*

*als dessen Botin sie hierher geschickt worden ist, diesem Yama, dem Totengott, eine
    Verbeugung gemacht werden!*

*Verscheucht die Taube mit heiligen Versen; freut euch, bringt Speisen und Rinder
    hierher*

*und versperrt den Weg gegen jegliche Trauer und jegliches Leid! Laßt den schnellen
    Vogel vorüberfliegen und laß uns stark bleiben!*

Hier sind sowohl die Taube als auch die Eule Omen von Unheil und Tod.

<u>Rig-Veda 2, 42</u>

Schreiend, seine Herkunft kundtuend stößt er die Stimme hinaus wie der Fährmann das Schiff.

Wenn Du, o Vogel, von guter Vorbedeutung sein solltest, so soll Dich kein böser Blick jeglicher Art treffen.

Nicht soll Dich der Adler, nicht der Greif aufspießen, nicht soll dich der Schütze, der pfeilbewehrte Mann treffen.

In der Richtung der Väter schreiend rede hier, von guter Vorbedeutung, Glück verheißend!

Schrei rechts vom Hause, von guter Vorbedeutung, Glück verheißend, o Vogel! Nicht soll ein Dieb über uns Macht haben, noch ein Übelredender.

Wir möchten das große Wort führen als Meister in der Weisheit.

Offenbar konnten Vögel aber auch ein gutes Omen sein. Anscheinend wurde die genaue Botschaft des Vogels anhand ihrer Schreie erkannt, wobei es auch darauf ankam, wo sie geschrien haben: Rechts verkünden sie eine gute Botschaft.

<u>Rig-Veda 2, 43</u>

Die Weissagevögel antworten wie die Sänger nach rechts gewandt zur rechten Zeit ihre Stimme erhebend.

Beide Reden redet er wie der Samasänger, die Gyatri- und die Tristubh-Weise beherrscht er.

Du singst, o Vogel, wie der Udgatri seine Weise; du redest feierlich wie der Sohn des Brahman bei den Somaopfern.

Wie ein brünstiger Bulle brüllt, wenn er zu den Mutterkühen kommt, so verkünde Du uns von allen Seiten Glück, o Vogel, von überall her verkünde uns Gutes, o Vogel!

Wenn Du Dich ankündigst, so künde uns Glück, o Vogel; wenn Du schweigend sitzest, dann sinne Wohlwollen für uns.

Auch hier sind Vogelrufe auf der rechten Seite glückbringend. Kurz danach werden allerdings alle Seiten als glückbringend aufgefaßt – oder ist das nur die Hoffnung, daß der Vogel nur Gutes verkündet?

IV 2.   Griechen

Odyssee   24, 310-313

Armer Freund! Und ihm flogen doch heilweissagende Vögel,
Als er zu Schiffe ging: drum sah ich freudig ihn scheiden,
Und er freute sich auch; denn wir hofften, einer den andern
Künftig noch oft zu bewirten, und schöne Geschenke zu wechseln.

Illias 2, 306-333

Ringsher opferten wir um den Quell den unsterblichen Göttern
Auf geweihten Altären vollkommene Festhekatomben,
Unter des Ahorns Grün, dem blinkendes Wasser entsprudelt.
Sich, und ein Zeichen geschah. Ein purpurschuppiger Drache,
Gräßlich zu schaun, den selber ans Licht der Olympier sandte,
Unten entschlüpft dem Altar, fuhr schlängelnd empor an dem Ahorn.
Dort nun ruhten im Neste des Sperlings nackende Kindlein,
Oben auf schwankendem Ast, und schmiegten sich unter den Blättern,
Acht; und die neunte war der Vögelchen brütende Mutter.
Jener nunmehr verschlang die kläglich Zwitschernden alle;
Nur die Mutter umflog mit jammernder Klage die Kindlein,
Bis er das Haupt hindreht', und am Flügel die Schreiende haschte.
Aber nachdem er die Jungen verzehrt, und das Weibchen des Sperlings;
Stellte zum Wunderzeichen der Gott ihn, der ihn gesendet:
Denn zum Stein erschuf ihn der Sohn des verborgenen Kronos.
Wir nun standen umher, und stauneten ob der Erscheinung,
Wie doch solcherlei Graun eindrang in der Himmlischen Opfer.
Schleunig vor allem Volk weissagete Kalchas der Seher:
„Warum steht ihr verstummt, ihr hauptumlockten Achaier?
Uns erschuf dies Wunder der Macht Zeus' waltende Vorsicht,
Spät von Dauer, und spät erfüllt, zu ewigem Nachruhm!
Gleichwie jener die Jungen verzehrt, und das Weibchen des Sperlings,
Acht; und die neunte war der Vögelchen brütende Mutter:
Also werden wir dort neun Jahr auch kriegen um Troja,
Doch im zehnten die Stadt voll prächtiger Gassen erobern.“
So weissagete jener; und nun wird alles vollendet.
Auf denn, bleibt miteinander, ihr hellumschienten Achaier,
Hier nun, bis wir gewonnen des Priamos türmende Feste!

Hekatombe = Opfer

164

Sohn des Kronos = Zeus

Illias 10, 272-295

Jetzo nachdem sich beid' in schreckliche Rüstung gehüllet,
Eilten sie hin, und verließen die edelen Helden Achaias.
Ihnen naht' ein Reiher, gesandt von Pallas Athene,
Rechtsher fliegend am Weg'; ihn sahen sie nicht mit den Augen
Durch die finstere Nacht, nur ward sein Tönen gehöret.
Freudig vernahm Odysseus den Flug, und rief zu Athene:
„Höre mich, Tochter Zeus' des Donnerers, die Du beständig
Mich in allen Gefahren verteidigest, und, wo ich hingeh',
Meiner gedenkst; auch jetzo gewähre mir Lieb', o Athene!
Laß uns wohl zu den Schiffen und ruhmvoll wieder gelangen,
Täter erhabener Tat, die Kummer schaffe den Troern!"
Ihm zunächst auch flehte der Rufer im Streit Diomedes:
„Höre Du jetzt auch mich, o Zeus' unbezwungene Tochter!
Folge mir, wie Du dem Vater gefolgt, dem göttlichen Tydeus,
Als er gen Thebe ging, ein Gesendeter von den Achaiern.
Jen' am Asopos verlassend, die erzumschirmten Achaier,
Bracht' er freundliche Worte den kriegrischen Kadmeionen
Dorthin; doch umkehrend vollendet' er schreckliche Taten,
Mit Dir, heilige Göttin, da ihm willfährig Du beistandst.
So nun wollest Du mir auch beistehn und mich behüten!
Dir gelob' ich ein jähriges Rind, breitstirnig und fehllos,
Ungezähmt, das nimmer ein Mann zum Joche gebändigt:
Dieses gelob' ich zum Opfer, mit Gold die Hörner umziehend."
Also flehten sie dort; sie hörete Pallas Athene.

Hier wird gesagt, daß der Reiher auf der rechten Seite vorüberflog. Es ist zumindestens denkbar, daß die Indogermanen allgemein die Seite beachteten, an der sie einen Vogel sahen oder hörten.

Jakob Grimm berichtet, daß sowohl die Germanen als auch die Araber den Vogelruf auf der rechten Seite als glückverheißend aufgefaßt haben.

Dies liegt vermutlich daran, daß die rechte Seite die „rechte", d.h. die „richtige" Seite ist, die mit der Aufrechterhaltung der richtigen Ordnung assoziiert worden ist.

Auch bei anderen Omen wie z.B. dem Ohrensausen ist Jakob Grimm zufolge die rechte Seite ein gutes Omen und die linke Seite ein schlechtes Omen.

Illias 12, 199-255

Diese zauderten noch, unschlüssiges Rats, an dem Graben.
Denn ein Vogel erschien, da sie überzugehn sich entschlossen,
Ein hochfliegender Adler, der, links an dem Heere sich wendend,
Eine gerötete Schlang' in den Klaun hintrug, unermeßlich,
Lebend annoch, und zappelnd, noch nicht vergessend der Streitlust.
Denn dem haltenden Adler durchstach sie die Brust an dem Halse,
Rückwärts gewunden ihr Haupt; er schwang sie hinweg auf die Erde,
Hart von Schmerzen gequält; und sie fiel in die Mitte des Haufens;
Aber er selbst lauttönend entflog im Hauche des Windes.
Starrend sahn die Troer umher die ringelnde Schlange
Liegen im Staub, das Zeichen des Ägis-erschütternden Vaters,
Aber Polydamas sprach, dem trotzigen Hektor sich nahend:
„Hektor, Du pflegst mich zwar in Versammlungen immer zu tadeln,
Red' ich heilsamen Rat; denn traun mitnichten geziemt es,
Anderer Meinung zu sein, dem Gehorchenden, weder im Rate,
Noch in der Schlacht, vielmehr Dein Ansehn stets zu vergrößern:
Dennoch sag' ich Dir jetzo, wie mir's am heilsamsten dünket.
Laßt nicht weiter uns gehn, um der Danaer Schiffe zu kämpfen.
Denn so wird, vermutlich, es endigen, wenn ja den Troern
Dieser Vogel erschien, da sie überzugehn sich entschlossen:
Ein hochfliegender Adler, der, links an dem Heere sich wendend,
Eine gerötete Schlang' in den Klaun hintrug, unermeßlich,
Lebend; doch schnell sie entschwang, bevor sein Nest er erreichet,
Und nicht vollends sie brachte, zum Raub den harrenden Kindern.
So auch wir: wo wir anders durch Mauer und Tor der Achaier
Brechen mit großer Gewalt, und vor uns fliehn die Achaier;
Kehren wir nicht in Ordnung den selbigen Weg von den Schiffen;
Sondern viel der Troer verlassen wir, die der Achaier
Volk mit dem Erze getötet, im mutigen Kampf für die Schiffe.
Also würd' ein Seher verkündigen, welcher im Geiste
Kennte der Zeichen Verstand, und dem die Völker gehorchten."
Finster schaut' und begann der helmumflatterte Hektor:
„Keineswegs gefällt mir, Polydamas, was Du geredet!
Leicht wohl könntest Du sonst ein besseres raten, denn solches!
Aber wofern Du wirklich in völligem Ernste geredet;
Traun dann raubten Dir die Unsterblichen selbst die Besinnung:
Der Du befiehlst, zu vergessen des Donnerers Zeus Kronions
Ratschluß, welchen er selbst mir zugewinkt und gelobet.
Aber Du ermahnest, den weitgeflügelten Vögeln

Mehr zu vertraun. Ich achte sie nicht, noch kümmert mich solches,
Ob sie rechts hinfliegen, zum Tagesglanz und zur Sonne,
Oder auch links dorthin, zum nächtlichen Dunkel gewendet.
Nein, des erhabenen Zeus' Ratschluß vertrauen wir lieber,
Der die Sterblichen all' und unsterbliche Götter beherrschet!
Ein Wahrzeichen nur gilt: das Vaterland zu erretten!
Doch was zitterst denn Du vor Kampf und Waffengetümmel?
Sänken wir anderen auch an den rüstigen Schiffen Achaias
Alle getötet umher; Dir droht kein Schrecken des Todes!
Denn Dir ward kein Herz, ausharrend den Feind und die Feldschlacht!
Wo Du mir aber dem Kampf Dich entziehn wirst, oder der andern
Einen vom Krieg abwenden, durch törichte Wort' ihn verleitend;
Schnell von meiner Lanze durchbohrt verlierst Du das Leben!"
Dieses gesagt, ging jener voran; ihm folgten die andern
Mit graunvollem Geschrei. Der donnerfrohe Kronion
Sendete hoch vom Idagebirg' unermeßlichen Sturmwind,
Der zu den Schiffen den Staub hinwirbelte: daß den Achaiern
Sank der Mut, doch der Troer und Hektors Ruhm sich erhöhte.

In diesem Text wird sehr anschaulich beschrieben, daß bei Omen die rechte Seite gut und die linke Seite schlecht ist.

Rechts ist die Sonne und links die Dunkelheit – der Betrachter schaut offenbar nach Norden hin zu dem Weltenbaum am Nordpol (Erdachse), sodaß rechts der Sonnenaufgang und links der Sonnenuntergang zu sehen ist.

Diese Orientierung einschließlich des Standortes des Weltenbaumes ist bei den Indogermanen allgemein üblich.

Illias 13, 70
Denn nicht Kalchas war es, der deutende Vogelschauer.

Homerische Hymnen: An Demeter
Aber niemand wollte ihr die Wahrheit sagen –
weder Gott noch sterblicher Mensch –
und von den Omen-Vögeln kam keiner mit wahren Botschaften zu ihr.

167

Homerische Hymnen: An den Pythischen Apollo

Da nickte Maias Sohn mit seinem Haupt und versprach,
daß er nie wieder irgendetwas stehlen werde, was der Fernhinschießende besitzt,
und daß er niemals mehr in die Nähe seines starken Hauses gehen werde.
Doch Apollo, der Sohn der Leto, schwor, daß er der Freund und Gefährte
des Hermes sein werde und daß er niemanden unter den Unsterblichen,
keinen Gott und keinen Menschen, der dem Zeus entsprungen ist,
mehr als Hermes lieben werde – und der Vater sandte einen Adler als Bestätigung.

Maias Sohn = Hermes
Fernhinschießender = Apollo
Vater = Zeus

Odyssee 2, 147-171

(über Zeus)

Also sprach er, da sandte der Gott weithallender Donner
Ihm zwei Adler herab vom hohen Gipfel des Berges.
Anfangs schwebten sie sanft einher im Hauche des Windes,
Einer nahe dem andern, mit ausgebreiteten Schwingen;
Jetzo über der Mitte der stimmenvollen Versammlung,
Flogen sie wirbelnd herum, und schlugen stark mit den Schwingen,
Schauten auf aller Scheitel herab, und drohten Verderben,
Und zerkratzten sich selbst mit den Klauen die Wangen und Hälse,
Und sie wandten sich rechts, und stürmten über die Stadt hin.
Alle staunten dem Zeichen, das ihre Augen gesehen,
Und erwogen im Herzen das vorbedeutete Schicksal.
Unter ihnen begann der graue Held Halitherses,
Mastors Sohn, berühmt vor allen Genossen des Alters,
Vögelflüge zu deuten und künftige Dinge zu reden;
Dieser erhub im Volk die Stimme der Weisheit, und sagte:
„Höret mich jetzt, ihr Männer von Ithaka, was ich euch sage!
Aber vor allen gilt die Freier meine Verkündung!
Ihre Häupter umschwebt ein schreckenvolles Verhängnis!
Denn nicht lange mehr weilet Odysseus fern von den Seinen;
Sondern er nahet sich schon, und bereitet Tod und Verderben
Diesen allen; auch droht noch vielen andern das Unglück,
Uns Bewohnern der Hügel von Ithaka! Laßt uns denn jetzo
überlegen, wie wir sie mäßigen; oder sie selber
Mäßigen sich, und gleich! zu ihrer eigenen Wohlfahrt!

Euch weissaget kein Neuling, ich red' aus alter Erfahrung!"

<u>Odyssee 15, 522-537</u>
Aber das weiß Kronion, der Gott des hohen Olympos,
Ob vor der Hochzeit noch der böse Tag sie ereile!
Sprach's; und rechtsher flog ein heilweissagender Vogel,
Phöbos schneller Gesandte, der Habicht: zwischen den Klauen
Hielt er und rupfte die Taub', und goß die Federn zur Erde
Zwischen Telemachos nieder und seinem schwärzlichen Schiffe.
Eilend rief Theoklymenos ihn von den Freunden besonders,
Faßte des Jünglings Hand, und erhub die Stimme der Weisheit:
„Jüngling, nicht ohne Gott flog Dir zur Rechten der Vogel;
Denn ich erkenn' an ihm die heilweissagenden Zeichen!
Außer aus eurem Geschlecht erhebt sich nimmer ein König
In der Ithaker Volk; auf euch ruht ewig die Herrschaft!"
Und der verständige Jüngling Telemachos sagte dagegen:
„Fremdling, erfüllten doch die Götter, was Du geweissagt!
Dann erkenntest Du bald an vielen und großen Geschenken
Deinen Freund, und jeder Begegnende preise Dich selig!"

Kronion = Zeus
Auch hier ist der Vogel auf der rechten Seite wieder ein gutes Omen.

<u>Odyssee 16, 157-163</u>
Daß Odysseus schon im Vaterlande verborgen
Sitzet, oder geheim umherschleicht, diese Verwüstung
Untersucht, und den Freiern ein schreckliches Ende bereitet.
Dieses ersah ich, sitzend im schöngebordeten Schiffe,
Aus des Vogels Fluge, und sagt' es Telemachos heimlich.
Ihm antwortete drauf die kluge Penelopeia:
„Fremdling, erfüllten doch die Götter, was Du geweissagt!"

IV 3. Hethiter

Die systematisiertesten und differenziertesten indogermanischen Vogelflugorakel hat es bei den Hethitern gegeben.

Leider sind die religiösen hethitischen Texte bisher nur zu einem kleinen Teil übersetzt worden.

Ein häufiger Helfer bei Beschwörungen ist der Seher, dessen Tätigkeit zwar nicht genauer beschrieben wird, aber sich aus seinem Namen ergibt. Man kann vermuten, daß auch der Seher auf den Schamanen zurückgeht, da dessen wichtigste Tätigkeit das Sehen der Ahnen bzw. Götter im Jenseits ist.

Die Seher wurden als so wichtig erachtet, daß auch die Götter selber einen Seher, den Gott Aduntari, und eine Seherin, die Göttin Zulki, hatten.

Ein spezieller Priester bei den Hethitern war der Chuwarlu, dessen Name „Vogler" bedeutet.

Dieser Name läßt vermuten, daß er mit den Seelenvögeln zu tun hatte und entweder in der Lage war, die Seelenvögel zu rufen bzw. zu vertreiben oder selber seinen Körper als Seelenvogel zu verlassen (Astralreise). In beiden Fällen wäre der Vogler wie auch der Patili-Priester und der Seher ursprünglich der Schamane gewesen.

Der Vogler taucht in den Ritualtexten in zwei Zusammenhängen auf, die beide mit Ahnengeistern zu tun haben. In dem einen Fall vertreibt er zusammen mit einer Beschwörerin die „unheilvollen Vögel", vermutlich die dem König übelgesonnenen Geister von Verstorbenen aus dem Palast; in dem anderen Fall führt er zusammen mit einer Pupuwanni-Priesterin Beschwörungen gegen eine Behexung durch.

Vermutlich ist der Vogler auch für die Deutung von Vogel-Omen zuständig gewesen.

C Orakel

V Orakel in der germanischen Überlieferung

Ein Orakel hat als Grundlage eine Gruppe von Gegenständen oder Symbolen, die die Gesamtheit der Welt darstellen: die Runen, die Tarotkarten, die Hexagrame des I Ging usw.

Aus dieser Gruppe wird „per Zufall" ein Element ausgewählt, das dann anzeigt, was die Antwort auf die gestellte Frage ist.

Die meist unausgesprochene oder auch unbewußte Annahme bei diesem Verfahren ist, daß die Welt und das Bild der Welt (die Orakel-Elemente) in Analogie zueinander stehen und daß die von dem Wahrsager gestellte Frage, die sich auf die Welt bezieht, folglich zu dem entsprechenden Element in dem Bild der Welt, also zu dem entsprechenden Orakel-Element führt.

V 1. Vogel-Orakel

V 1. a) Fafnir-Lied

Die folgende Szene ist sicherlich das bekannteste aller germanischen Vogel-Orakel – wobei es sich genaugenommen um eine Art Vision handelt.

Da ging Regin zu Fafnir und schnitt ihm das Herz aus mit dem Schwert, das Ridil heißt, und trank dann das Blut aus der Wunde.

Regin:
„Sitze nun, Sigurd – ich schlafe derweil –
Und halte Fafnirs Herz ans Feuer.
Ich will das Herz zu essen haben
Auf den Bluttrunk, den ich trank."

Sigurd:
„Fern entflohst Du, während in Fafnir ich
Rötete das scharfe Schwert.
Meine Stärke setzt ich wider den starken Wurm,
So lange Du auf der Heide lagst."

Regin:
„Lange liegen ließest Du auf der Heide
Jenen alten Joten,
Wenn Du das Schwert nicht schwangst, das ich Dir schuf,
Die wohlgewetzte Waffe."

Sigurd:
„Mut in der Brust ist besser als Stahl,
Wo sich Tapfere treffen.
Den Kühnen immer sah ich erkämpfen
Mit stumpfem Schwerte den Sieg.

Der Kühne mag besser als der Bange kann
Sich im Kriegesspiel versuchen.
Mehr gelingt dem Muntern als dem Mürrischen
Was er hab in der Hand."

Sigurd nahm Fafnirs Herz und briet es am Spieß. Und als er dachte, daß es gar wäre, und der Saft aus dem Herzen schäumte, da stieß er daran mit seinem Finger und versuchte, ob es gar gebraten wäre. Er verbrannte sich und steckte den Finger in den Mund. Aber als Fafnirs Herzblut ihm auf die Zunge kam, da verstand er der Vögel Stimmen. Er hörte, daß Vögel auf den Zweigen zwitscherten.

Einer von den Vögeln:
„Da sitzt Sigurd blutbespritzt
Und brät am Feuer Fafnirs Herz.
Klug däuchte mich der Ringverderber,
Wenn er das leuchtende Lebensfleisch äße."

Ringverderber = großzügiger Fürst

Ein anderer:
„*Da liegt nun Regin und geht zu Rat,*
Wie er trüge den Mann, der ihm vertraute;
Sinnt in der Bosheit auf falsche Beschuldigung:
Der Unheilschmied brütet dem Bruder Rache."

Der dritte:
„*Hauptes kürzer laß er den haargrauen Schwätzer*
Fahren von hinnen zu Hel.
So soll er den Schatz besitzen allein,
Wie viel des unter Fafnir lag."

Der vierte:
„*Er däuchte mich klug, gedächt er zu nützen*
Den Anschlag, Schwestern, den ihr wohl ersann.
Er berate sich rasch die Raben zu erfreuen,
Denn den Wolf erwart ich, gewahr ich sein Ohr."

Der fünfte:
„*So klug ist nicht der Kampfesbaum,*
Wie ich den Heerweiser hätte gewähnt,
Läßt er den einen Bruder ledig
Und hat den andern umgebracht."

Kampfbaum = Krieger
Heerweiser = Heerführer, Fürst

Die sechste:
„*Sehr unklug scheint er mir, schont er länger noch*
Den gemeingefährlichen Feind.
Dort liegt Regin, der ihn verraten will;
Er weiß sich davor nicht zu wahren."

Die siebente:
„*Um den Kopf kürz er den eiskalten Joten*
Und beraub ihn der Ringe.
So sind die Schätze, die Fafnir besessen,
Ihm allein zu eigen."

Sigurd:
„So verrat mich das Los nicht, daß Regin sollte
Mir zum Mörder werden:
Beide Brüder sollen alsbald
Fahren von hinnen zu Hel."

Sigurd hieb Regin das Haupt ab, und aß Fafnirs Herz und trank beider Blut, Regins und Fafnirs.
Da hörte Sigurd, was die Vögel sangen:

„Mit den roten Ringen bereife Dich, Sigurd;
Um Künftiges sich kümmern ziemt Königen nicht.
Ein Weib weiß ich, ein wunderschönes,
Goldbegabt: war sie Dir gegönnt!

Die Germanen bezeichneten Gold als „rot".

Zu Giuki gehen grüne Pfade:
Dem Wandernden weist das Schicksal den Weg.
Da hat eine Tochter der teure König:
Die magst Du, Sigurd, um Mahlschatz kaufen.

Ein Hof ist auf dem hohen Hindarfiall
Ganz von Glut umgeben außen.
Ihn haben hehre Herrscher geschaffen
Aus undunkler Erdenflamme.

Auf dem Steine schläft die Streiterfahrene,
Und lodernd umleckt sie der Linde Feind.
Mit dem Dorn stach Ygg sie einst in den Schleier,
Die Maid, die Männer morden wollte.

Schaun magst Du, Mann, die Maid unterm Helme,
Die aus dem Gewühl trug Wingskornir das Roß.
Nicht vermag Sigdrifas Schlaf zu brechen
Ein Fürstensohn eh' die Nornen es fügen."

V 1. b) Hamburgische Kirchengeschichte

Und wirklich ist auch hier jener Brauch bekannt, der Vögel Stimmen und Flug zu befragen.

Man kann sich fragen, ob es sich hier um ein Orakel oder um die Deutung von Omen handelt.

Wenn der Seher bzw. die Seherin auf eine von ihnen oder von einem Ratsuchenden gestellte Frage hin beobachtet, was die Vögel tun, wäre es ein Orakel. Wenn der Seher bzw. die Seherin hingegen einen auffälligen Vogelflug bemerken und ihn dann deuten, wäre es ein Omen.

Bei einem Orakel stellt zunächst der Mensch eine Frage und die Götter antworten – bei einem Omen sprechen zunächst die Götter und die Menschen versuchen sie zu verstehen.

V 1. c) Zusammenfassung

Das Vogelorakel leitet sich aus der Vorstellung der Ahnen als Seelenvögel her, da man die Ahnen in allen Dingen um Rat und Hilfe frug. Auf eine solche Ahnen-Befragung hin erhielt man daher eine „Vogel-Antwort".

V 2.   Viehorakel

V 2. a) Tacitus

Der Priester erkennt genau, wenn die Göttin (Nerthus) *im Heiligtum gegenwärtig ist, und beobachtet die Bewegungen des Wagens, der stets von Kühen im Joch gezogen wird, mit tiefer Verehrung.*

V 2. b)   Indiculus superstitionum et paganiarum

In diesem um ca. 780 n.Chr. für die Sachsen-Missionierung durch Karl den Großen verfaßten Buch beziehen sich zwei Überschriften eindeutig und drei weitere wahrscheinlich auf Orakel.

13. Über Vorhersagungen aus dem Mist der Vögel, Pferde oder Rinder
17. Über heidnische Beobachtung in der Pfanne, oder im Anfang irgendeiner Sache

14. Über Göttliches und Schicksalhaftes
16. Über Tierhirne
22. Über Stürme, Stierhörner und Schnecken

V 2. c)   Hrolf Kraki und seine Berserker

Danach stampfte Elch-Frodi mit seinem Huf auf den Felsen neben ihm und sank bis zu der Afterklaue ein.
Da sprach Frodi: „Ich werde jeden Tag zu diesem Hufabdruck kommen und schauen, was ich in dem Abdruck sehe. Wenn Erde in ihm ist, wirst Du an einer Krankheit gestorben sein, wenn es Wasser ist, wirst Du ertrunken sein, und wenn es Blut ist, wirst Du an Waffen gestorben sein und dann werde ich Dich rächen, denn von allen Männern liebe ich Dich am meisten.“

V 2. d)   Faröische Heldenlieder – Regin-Lied

Hiördis:

„Geh Du hin zum Wasserfall, wirf einen Stein in den Fluß,
Kiese Dir zuhanden das Roß, das nicht weicht hinweg."
Er ging zu dem Wasserfall, warf einen Stein in den Fluß
Und nahm das von den Rossen, das nicht wich hinweg.

Es war gewählt im Reiche, von allen wars das beste:
Darauf ward es geheißen Grani, Sjurdurs Roß.

V 2. e)   Zusammenfassung

Die Orakel aus dem Verhalten von Pferden und Rindern haben ihren Ursprung vermutlich in der Vorstellung, daß sich die Ahnen (und der ehemalige Sonnengott-Göttervater Tyr) bei ihrer Wiederzeugung im Jenseits in ein männliches Herdentier verwandeln. Die Antwort auf eine Orakel-Frage an die Ahnen im Jenseits konnte daher auch durch das Verhalten eines männlichen Herdentiers erhalten werden.

177

V 3.   Orakelstäbe/Orakellose

V 3. a)   Wortschatz: Los

blotskarpr-span	- Opferritual-Span („span" = „Span, splitter, Teil", sekundär: „Weissagung, Prophezeiung")
hlutr	- Los (ursprünglich „Teil, Stück, Ding, Sache" => Los-Span)

V 3. b)   Kenningar

In dem um ca. 910 n.Chr. verfaßten „Ynglingatal" nennt Thjodolfr von Hvini einen Seher „Deuter der Orakelstäbe".

V 3. c)   Ynglingatal: Dag der Weise

Ich habe gehört,
daß der Ruhm-liebende Dagr
dem Schicksalsspruch gehorchen mußte,
als der Wahrsager
mit den Orakel-Stäben
nach Vörvi kam,
um den Spatz zu rächen;
ja des Königs Männer

brachten die Botschaft aus dem Baltikum,
daß der Wurf-Stab
des Futters des Sleipnir
den König erstochen hatte.

- Orakel-Stäbe = Runenstäbe
- dem Schicksalsspruch gehorchen = sterben
- Spatz: Dagr zog wegen der Tötung seines Spatzes in den Krieg.
- Sleipnir = Odins Roß; dessen Futter = Heu; Wurf-Stab des Heues = Mistgabel
(Dagr wurde von einem Sklaven mit einer geworfenen Mistgabel getötet.)

V 3. d) Landnahme-Buch

Der Schuß mit einem „Feuer-Pfeil" markiert den Besitzanspruch auf eine bestimmte Fläche Land. Da dieser Vorgang „sich ein Land heiligen" genannt wird, muß es zu diesem „Feuer-Pfeil" eine religiöse Vorstellung, d.h. eine diesem Pfeil-Schuß zugrundeliegende Mythe gegeben haben.

Einst lebte ein Mann, der Önund der Weise genannt wurde, der in dem Land oberhalb von Mark-Gill die ganze östliche Talhälfte in Besitz nahm.

Als jedoch Eirek sich dazu entschloß, das ganze Tal westlich des Gill zu beanspruchen, warf Önung geheiligte Lose, um herauszufinden, wann Eirek losgehen und das Tal in Besitz nehmen würde.

Auf diese Weise war Önund schneller und schoß mit einem Feuer-Pfeil über den Fluß und heiligte für sich die Westseite des Flusses und erbaute für sich ein Haus zwischen den Flüssen.

V 3. e) Nials-Saga

„Er suchte Ausflüchte," sagten sie, „und es war leicht zu erkennen, daß er fürchtete, er werde gegen uns den <u>kürzeren</u> ziehen."

„Oft wird man finden," entgegnete Hildegunne, „daß Gunnar sich nur schwer zu dem bewegen läßt, was zu Zwist und Streit führt, aber ein harter Widersacher ist er, wenn er gedrängt wird."

Gunnar aber ritt zu Nial und frug ihn, wozu der Kampf nach seiner Meinung führen werde.

„Du wirst das <u>längste</u> Los ziehen," antwortete Nial, „aber manchem Manne wird es den Tod bringen."

„Ist auch mir der Tod beschieden?" frug Gunnar.

„Nicht das," versetzte Nial, „aber wachsen wird die Zahl Deiner Feinde und endlich wird auch Dich das Geschick ereilen."

Als der Tag erschien, auf den der Pferdekampf festgesetzt war, versammelte sich eine große Menge auf dem bestimmten Platze. Dort waren Gunnar, sein Bruder Kulskjäg und ein jüngerer Bruder, den er hatte, namens Hjort, außerdem Nial und alle seine Söhne, sowie alle Sigfussöhne, und endlich Starkad und Egil mit ihren Söhnen.

Der „längere" (Stab) ist offenbar der Sieger und der „kürzer" der Verlierer. Dieses einfache Los-Verfahren ist auch heute noch unter Kindern bekannt.

V 3. f)   Nials-Saga

Die anderen gingen zu dem Gericht des Ostviertels. Dort wurde das Los geworfen, und das Los fiel auf Mörd, daß er zuerst seine Sache vorbringen solle.

V 3. g)   Das andere Lied über Helgi Hunding-Töter

Gudmund:
„Drum fechten wir länger nicht bei Frekastein
Den Streit zu schlichten mit sanften Worten:
Zeit ist's, Hödbrodd! Rache zu heischen,
und zu sehen, ob uns ein leides Los zufällt."

V 3. h)   Die Saga über Hervor und König Heidrek den Weisen

Zu dieser Zeit kam eine große Hungernot über Reitgotaland, sodaß es zu einem Ödland zu werden schien.

Da wurden von den Wahrsagern Lose geworfen und es fiel das Opfer-Losholz, wodurch sie erfuhren, daß das Gedeihen nicht zum Reitgotaland zurückkehren würde, bevor nicht der edelste Jüngling im Reitgotaland geopfert wurde. König Harald sagte, daß Heidreks Sohn die höchste Stellung haben und Heidrek sagte, daß Haralds Sohn der edelste sei. Darüber konnten sie sich nicht einigen außer dadurch, daß sie zu dem Mann gingen, dessen Rat alle vertrauen konnten: König Hofund.

Heidrek wurde als Anführer für diese Fahrt ausgewählt und mit ihm zogen viele angesehene Männer. Als Heidrek zu seinen Vater kam, wurde er gut aufgenommen. Er legte ihm die ganze Angelegenheit dar und bat ihn um ein Urteil. Und Hofung sagte, daß Heidreks Sohn der höchste im ganzen Land sei.

Heidrek sprach: „Mir scheint, daß Du das Todesurteil meines Sohnes sprichst – was willst Du also tun, um mir meinen Verlust auszugleichen?"

Da sprach König Hofund: „Du mußt verlangen, daß sich jeder vierte Mann von denen, die bei dem Opfer zugegen sind, Deinem Befehl unterwirft und daß Du sonst Deinen Sohn nicht opfern wirst. Du brauchst ihnen nicht zu sagen, was Du dann tun wirst."

Daher wurde, als Heidrek heim nach Reitgotaland kam, ein Rat einberufen. Da hub Heidrek wie folgt zu sprechen ab: „Es ist die Entscheidung meines Vaters König

Hofund, daß mein Sohn der edelste im ganzen Land ist und daß daher er für das Opfer auserwählt wird. Als Ausgleich dafür will ich die Befehlsgewalt über jeden vierten Mann haben, der zu diesem Rat gekommen ist, und ich will, daß ihr mir dies gewährt."

So geschah es – sie wurden seinen Truppen beigefügt. Danach ließ er seine Truppen versammeln und das Banner erheben und griff König Harald an. Da kam es zu einer großen Schlacht, bei der König Harald zusammen mit seinen Männern fiel. Da übernahm Heidrek das Land, das König Harald gehört hatte und machte sich selbst zum König dieses Landes.

Heidrek sagte, daß all die Krieger, die getötet worden waren, ein Opfer anstelle seines Sohnes waren, und gab die Toten dem Odin.

V 3. i) Vellekla

„Der Feind derer, die flohen,
frug die Götter auf der Ebene um Rat
und erhielt die Losstäbe-Antwort,
daß der Tag Schlachten-günstig war:
da sah der Schlachten-Lenker,
wie mächtig die Stark-Rippen waren:
die Götter des Tempels
verminderten die Leben in Gotland."

die, die fliehen = die Feinde des Königs Olaf Tryggvason, auf den sich dieses Lied bezieht
Schlachten-Lenker = Fürst
Leben vermindern = Feinde töten
„Stark-Rippen" ist eine unklare Kenning für „Götter" – vielleicht: „die mit dem starken Atem"?

V 3. j) Egil-Saga

In einem Herbst fand ein großes Fest statt, auf dem viele Männer versammelt waren, unter denen Bjorgolf und sein Sohn die vornehmsten Gäste waren. Am Abend wurden sie, so wie es alter Brauch war, durch das Los zu Paaren zusammengestellt.

V 3. k) Egil-Saga

Doch bevor die Tische entfernt wurden, sagte der Jarl, daß sie Lose ziehen sollten, um die Paare zu bestimmen, die zusammen trinken sollten, jeweils Mann und Frau, soweit die Anzahl dies erlaubte, und daß die übrigen alleine trinken sollten.

Sie warfen ihre Lose in einen Umhang und der Jarl zog sie heraus. Der Jarl hatte eine sehr schöne Tochter in der Blüte ihrer Jugend – das Los bestimmte, daß sie an diesem Abend neben Egil sitzen sollte.

V 3. l) Der Seherin Ausspruch

Da wird Hönir die Lose ziehen,
Und beider Brüder Söhne bebauen
Das weite Windheim. Wißt ihr, was das bedeutet?

Hönir = Priestergott, der auch für die Orakel zuständig ist

V 3. m) Saga der Leute aus dem Vatnsdal

Die Leute hielten Thorgrim wegen seiner Verwandtschaft mit den Vatnstal-Leuten für am besten für die Anführer-Rolle geeignet, doch diese Frage wurde durch das Los geklärt, da sich viele andere für genauso gut geeignet hielten.
... ...
Dann wurden die Lose in ein kleines Tuch gelegt und es war immer Silbers Los, das herauskam – wegen seiner magischen Kräfte.
... ...
Silbers Los hatte ihm die Goden-Würde gesichert.

Gode: Priester, Anführer, „Ortsvorsteher"

V 3. n) Hamburgische Kirchengeschichte

Götterzeichen und Lose beobachten sie wie alle anderen auch.
Der Losung fest gewohnte Art ist einfach. Einen Zweig, von einem Fruchtbaume

abgehauen, schneidet man in kleine Stäbchen, unterscheidet diese durch gewisse Zeichen (vermutlich Runen), *und streut sie über ein weißes Tuch blindlings und auf's Ungefähr.*

Alsbald hebt, wenn in Staatssachen Befragung geschehen wird, der Priester der Gemeinde, wenn in häuslichen, bloß das Haupt der Familie, zu den Göttern flehend und gegen den Himmel aufblickend, dreimal ein Stäbchen auf, und deutet die aufgehobenen nach dem vorher eingedrückten Zeichen.

Verneinten sie, so ist für denselben Tag über dieselbe Sache keine Befragung mehr; bejaten sie jedoch, so ist noch Bestärkung durch Götterzeichen erforderlich.

Diese Kontrolle des ersten Orakelspruches ist eine weise Einrichtung …

V 3. o) Zusammenfassung

Das Los ist ein Holzspan, der teilweise mit Namen u.ä. beschriftet worden ist – für eine Beschriftung mit Runen gibt es keinen sicheren Hinweis, obwohl es durchaus denkbar ist, daß es auch solche Los-Stäbe gegeben hat.

Die Stäbe wurden markiert und auf ein Tuch verteilt. Dann zog der Priester oder der Hausherr dreimal ein Stäbchen und deutete die auf ihm eingedrückten Zeichen. Das Ergebnis dieser Befragung mußte manchmal noch durch Omen bestätigt werden.

Es konnten auch sehr konkrete Fragen wie zum Beispiel nach dem Zeitpunkt einer von jemand anderem beabsichtigten Tat gestellt und beantwortet werden.

Ein einfaches Losverfahren, das bei Wahlen aller Art benutzt wurde, ist das Einkerben von Namen in die Holzstäbe, aus denen dann anschießend gewählt wurde – dies wurde u.a. bei der Bestimmung eines neuen Goden, bei der Festlegung der Reihenfolge der Reden auf dem Thing, bei dem Bestimmen eines Opfers und bei der Festlegung der Sitzordnung bei Festen angewandt.

Ein noch einfacheres Verfahren, daß lediglich den Sieger zwischen zwei Parteien bestimmt, ist das Ziehen des längeren Loses – der andere hat leider „den kürzeren gezogen".

Der Wahrsager ist ein „Deuter der Orakelstäbe". Hönir als der Priestergott der Asen war in Asgard für die Los-Orakel zuständig.

Magiekundige Männer konnten den „Zufall" so lenken, daß das Los gezogen wurde, das sie wollten (Telekinese).

Der Begriff „Los" wurde auch im Sinne von „Schicksalsspruch" verwendet – also wie in der heutigen Redewendung „ein schweres Los haben".

V 4. Orakelwürfel

V 4. a) Wortschatz: Würfel-Orakel

teningr, tenningr	- „Viereckiger" = Würfel
verpla	- „Geworfener" = Würfel
teninga-kast	- Würfel-Wurf (u.a. als Orakel)
verpla-cast	- Würfel-Wurf

V 4. b) Tacitus

Das Würfelspiel – man muß sich wundern – üben sie unbetrunken als etwas Ernstes mit solcher Unvernunft für Gewinnen und Verlieren, daß, wenn alles dahin ist, sie im äußersten und letzten Wurfe die Freiheit und den Körper daran setzen. Der Besiegte tritt in freiwillige Knechtschaft; obgleich jugendkräftiger, obgleich stärker, läßt er sich geduldig binden und verkaufen. So groß ist die Hartnäckigkeit in der fehlerhaften Sache; sie selbst nennen es treue Ehrlichkeit. Sklaven dieses Loses geben sie im Handel weiter, um auch sich vom Schamgefühl des Sieges loszumachen.

V 4. c) Der Seherin Ausspruch

Sie warfen im Hofe heiter mit Würfeln
Und darbten goldener Dinge noch nicht.

V 4. d) Gesta danorum

Auf der Fahrt hinaus versammelte Toste aus reinem Mutwillen seine Mannschaft zusammen, um mit ihnen Würfeln zu spielen, und als aus dem Würfeln Streit entstand, drängte er sie dazu, den Streit durch einen tödlichen Kampf zu beenden.

V 4. e) Zusammenfassung

Im Vergleich zu den Los-Stäben, die deutlich als Orakel erkennbar sind, scheinen die Würfel eher als Spiel verwendet worden zu sein, auch wenn die z.T. hohen Einsätze wie z.B. den der eigenen Freiheit zumindestens eine Herkunft aus einen religiösen Zusammenhang vermuten läßt.

V 5. Tafl

Dieses Brettspiel-Orakel wird in dem Kapitel „Tafl" in Band 57 ausführlich beschrieben.

Es sind 9 Erwähnungen von Tafl-Spielen bekannt, die für Orakelzwecke verwendet worden sind, sowie 30 weitere Erwähnungen von Tafl-Spielen, die nur noch zur Unterhaltung benutzt worden sind.

Die Entwicklung von Orakeln zu Gesellschaftsspielen ist weltweit zu beobachten. So wurde aus den germanischen Orakelwürfeln das Würfelspiel, aus dem chinesischen I Ging das Schach, aus dem ägyptischen Senet das „Gänsespiel", „Mensch ärgere Dich nicht" u.ä., aus dem jüdischen Lebensbaum das Tarot und aus diesem die Rommé- und Skatkarten, aus dem aztekischen Ballspiel-Orakel der Fußball usw.

Der folgende Text ist die Zusammenfassung des Kapitels über das Tafl-Spiel in Band 57.

Zusammenfassung

Der Name des Tafl-Spieles bedeutet „Brett(-spiel)". Es hat 7x7, 9x9, 11x11, 13x13 oder 19x19 Felder. Einige Felder sind zur besseren Orientierung markiert.

Es wird von zwei Personen gespielt. Der eine der beiden hat einen König, der zu Spielbeginn auf dem Mittelfeld steht, das nur er betreten darf, und um ihn herum symmetrisch ein Heer. Der andere Spieler hat ein doppelt so großes Heer, das gleichmäßig an den vier Außenseiten aufgestellt wird. Die bekannten Anzahlen von Spielfiguren sind 1+4 gegen 8, 1+8 gegen 16, 1+12 gegen 24 sowie 1+24 gegen 48.

Das Spiel ist ein strategischer Kampf. Der Verteidiger hat gesiegt, wenn der König zu der Außenlinie gelangt und somit geflohen und frei ist. Der Angreifer hat gesiegt, wenn vier seiner Figuren den König umstellt haben.

Die Figuren dürfen nur geradeaus ziehen ohne eine andere Figur zu überspringen – wie der Turm im Schach. Eine Figur ist geschlagen, d.h. sie wird aus dem Spiel genommen, wenn sie auf zwei gegenüberliegenden Seiten von einem Feind umgeben ist.

Die Verteidiger waren meist rot/braun und die Angreifer hell/weiß.

Das Tafl-Spiel hat einen mythologisch-kultischen Ursprung. Es lag auf dem Altar in manchen Tempeln, im Gras bei den Asen nach dem Ragnarök sowie in manchen Grabschätzen bei der Jenseitsgöttin. Es wird daher ein Orakel gewesen sein. Die im Kult verwendeten Tafl-Spielfiguren waren zumindestens manchmal aus Gold. Das Gold und die Zahl „8" weisen auf einen Zusammenhang mit der Sonne und der Qualität der „Richtigkeit" hin.

Manchmal wurde um einen Einsatz gespielt. In den Mythen ist der Einsatz die Jenseitsgöttin und die durch sie geschenkte Wiedergeburt sowie Freyas Brisingamen als Symbol der Wiedergeburt. Die beiden Spieler bei diesem mythologischen Tafl-Kampf sind Tyr-Itrek-Odin und Andad-Nidud-Loki. Der Ausgang des Spieles zwischen den beiden Göttern entscheidet darüber, ob es Winter oder Sommer ist. Der Verlierer wird in der Halle der Hel gefesselt eingesperrt. Diese Halle wurde möglicherweise mit dem „Wohnort", den es im Tafl-Spiel zu erreichen galt, assoziiert.

Zu dieser Deutung paßt gut das Ziel des Spieles: Die Angreifer wollen den König fangen und der König will fliehen.

Das Tafl-Spiel muß eine wichtige Funktion gehabt haben, da in einem neunteiligen Selbstlob dieses Spiel an erster Stelle steht. Dies läßt sich am einfachsten durch die Deutung des Tafl als Jenseitsreise des Tyr erklären, da diese Reise in das Jenseits zu dem Göttervater Tyr das zentrale Erlebnis und die wichtigste Fähigkeit eines Schamanen-Priesters ist. Diese Jenseitsreise ist auch das zentrale Element bei der Krönung eines Königs.

Das Thema des Tafl-Spieles scheint somit vor seiner Benutzung als reines Spiel und als Strategie-Übung die Jenseitsreise des Tyr gewesen zu sein. Dieses Motiv konnte von den christlichen Mönchen leicht auf Christi Auferstehung übertragen werden, wodurch dieses Spiel dann zu dem „Alea evangelii", d.h. zu dem „Spiel der (vier) Evangelisten" wurde, die diese Auferstehung beschreiben.

Die Verteidiger wurden „Jungfrauen" genannt und vermutlich als Walküren aufgefaßt. Im Keltischen wurde das Spiel auch „Schwarzer Rabe" genannt, womit die Kriegs- und Todesgöttinnen in der Gestalt eines Raben oder einer Krähe gemeint sein werden, die bei den Kelten den Schwanen-Walküren entsprechen.

Der König in ihrer Mitte sollte daher der Göttervater sein. Dem entspricht, daß bei den Kelten das dem Tafl ähnelnde Fidchel-Spiel von dem Sonnengott Lug erfunden wurde und der König auch der „goldene Anführer" genannt wurde. Von den Germanen sind fünf Freyr-Statuetten und eine Thor-Statuette bekannt, die die Größe von Tafl-Königen haben. Sie könnte diese Position wie viele andere mythologische Motive von Tyr übernommen haben.

Der Kopf an einem der Spielbretter könnte der Kopf der Erdgöttin Jörd sein, wodurch das Spielfeld zu der Erde, d.h. zu Midgard werden würde. Das Spiel entschied dann darüber, ob der König in das Innere der Jörd, also in die Halle der Hel gehen muß oder nicht. Auf dieser Grundlage läßt sich das Tafl auch als Orakel benutzen. Ein Sieg des Tyr-Königs ist ein „Ja" und eine Niederlage des Tyr-Königs ist ein „Nein".

Möglicherweise sind die „acht Hörner" in einem der Tafl-Rätsel des Odin-Gestumblindi eine Anspielung auf die vier Stiere, die die Söhne der Gefion und des Tyr-Riesen sind und ebenfalls als „acht Hörner" umschrieben werden. Sie sind die vier Himmelsträger in den vier Himmelsrichtungen.

Tafl wurde auch einfach zum Vergnügen gespielt.

V 6.   Hochsitzsäulen-Orakel

Dieses Orakel ist recht speziell und diente dem Auffinden des von einem Asen (in der Regel von Thor) bestimmten Siedlungsplatzes bei der Ankunft der Wikinger in Island.

V 6. a)   Landnamabok / Eyrbyggia-Saga

Im Jahr 884 n.Chr. ist Thorolf, über den im Folgenden berichtet wird, in Island angelangt.

Im 12. Kapitel des „Buches über die Besiedlung Islands" und in der Eyrbyggia-Saga, die beide über Thorolf berichten, finden sich auch die ersten ausführlicheren Beschreibungen des isländischen Thor-Kultes.

Thorolf lebte ursprünglich auf der Insel „Groß" in Hordarland in Westnorwegen. Er hieß ursprünglich „Rolf", aber hatte sich wegen seiner Verehrung des Thor in „Thorolf" umbenannt. Er war ein großer und kräftiger Fürst und hatte einen langen Bart, weshalb er Groß-Bart genannt wurde – was zugleich der „Bärtige von der Insel Groß" und „Langbart" bedeutete. Weil er einem von König Harald Schönhaar Verbannten Hilfe gewährte, lag er im Streit mit seinem König.

Der folgende Text besteht aus Textstellen aus dem Landnamabok und aus der Eyrbyggia-Saga, die sich gegenseitig ergänzen.

Thorolf Ornolf-Sohn wohnte auf der Insel „Groß". Er wurde „Großbart" genannt. Er brachte den Göttern oft Opfer dar und vertraute auf Thor.

Thorolf Groß-Bart veranstaltete ein großes Opfer und frug Thor, seinen geliebten Freund, ob er mit dem König Frieden schließen oder das Land verlassen und an einem anderen Ort sein Glück versuchen solle. Die Worte wiesen Thorolf nach Island.

Daraufhin beschaffte er sich ein großes Schiff, das alle seine Habe aufnehmen konnte, und bereitete es für die Island-Fahrt vor. Er nahm seine Sippe und alles Gerät aus seinem Haushalt mit sich und es entschlossen sich auch viele seiner Freunde mit ihm zu ziehen.

Thorolf zerlegte den Tempel des Thor und nahm fast das gesamte Holz mit sich auf seine Fahrt nach Island und ebenso die Erde unter dem Sitz, an dem Thor saß.

Der „Sitz des Thor" hieß wörtlich „Sitz der Seelenweg-Säulen". Diese beiden Säulen wurden „öndvegis sula" genannt und stellten das Tor in das Jenseits dar. Sie waren fast immer mit dem Kopf des Thor beschnitzt. Diese Pfosten wurden mit religiöser

Ehrfurcht betrachtet. Viele der Skandinavier, die nach Island auswanderten, nahmen ihre Hochsitze mit sich.

Danach segelte Thorolf in das Hauptmeer und hatte guten Wind und erreichte schließlich Land. Er segelte südwärts und westlich um die Rauch-Landzunge („Reekness") herum. Dann legte sich der Wind und sie sahen, daß zwei große Buchten in das Land einschnitten.

Das „Hauptmeer" ist der Atlantik.

Als er in den Westen von Breit-Fjord kam, warf er seine Hochsitz-Pfosten über Bord, in die Thor geschnitzt war. Und er betete über den Pfosten zu Thor, daß dieser sie dort an Land treiben lassen solle, wo Thor wünschte, daß Thorolf sich niederlassen soll. Er gelobte, daß er das gesamte Land, daß er sich zu eigen nehmen würde, dem Thor weihen und nach ihm benennen würde.

Ingolf Ernson, der erste Siedler in Island, warf seine Hochsitz-Säulen vor Island ins Meer und errichtete sein Langhaus an der Stelle, an der sie an Land geschwemmt wurden, obwohl dies ein sehr karger Ort war und Ingolf bereits sehr viel fruchtbarere Gegenden auf Island gesehen hatte. Diesem Beispiel folgten die meisten Siedler, die nach ihm kamen, bis Island dichter besiedelt war und man andere Regelungen erdachte.

Es ist sogar bekannt, daß ein Siedler nach fünfzehn Jahren noch einmal umzog, nachdem seine Pfosten endlich am Strand entdeckt worden waren.

Danach segelte Thorolf in den Fjord und gab ihm einen Namen und nannte ihn Breit-Fjord. Er ließ sich an der Südseite in der Nähe der Mitte des Fjordes nieder, denn an diesem Ort entdeckte er, daß Thor dort an Land gespült worden war. Dieser Platz wurde deswegen später „Landzunge des Thor" („Thorsness") genannt.

Sie gingen etwas weiter Insel-einwärts von der Landzunge aus gesehen in der Bucht an Land, die heute Tempel-Bucht genannt wird. Dort errichtete er sein Haus und dort baute er einen großen Tempel und weihte ihn dem Thor und heute wird dieser Ort „Tempelstätte" genannt.

Vor Thorolfs Zeit ist dieser Fjord nur sehr dünn oder wahrscheinlich überhaupt nicht besiedelt gewesen. Thorolf nahm Land vom Staff-Fluß landeinwärts bis zum Thor-Fluß in Besitz und nannte dieses Land „Landzunge des Thor".

Er hatte eine so große Ehrfurcht vor dem Felsen, der auf der Landzunge stand und den er „Heiligen Felsen" („Helgafell") nannte, daß er bestimmte, daß niemand ungewaschen dorthin blicken dürfe und daß diese Ort so heilig sei, daß nichts auf diesem Berg zerstört werden dürfe, weder Vieh noch Menschen, sofern sie nicht aus sich heraus dort sterben sollten.

Der „Helgafell" ist ein kleiner Basalt-Berg, der im Norden und Osten steil aufragt, aber im Süden und Westen flach und meist mit Gras bewachsen ist.

An diesem Ort lebte später auch der berühmte und einflußreiche Gode Snorri, der wie Thorolf ein Thor-Priester war.

Bei dem „Helgafell" wurde auch eine der ersten Kirchen Islands errichtet und an diesen Ort zog auch das Kloster von Flatey um.

Danach zog Thorolf mit Feuer durch sein gesamtes Land von Staff-Fluß aus nach Westen und dann nach Osten bis zu dem Fluß, der heute „Thor-Fluß" genannt wird, und gab dort seinen Schiffsgenossen Land.

V 6. b) Landnahme-Buch

Ketillraumr war der Name eines berühmten Hersir („Graf") im Raum-Tal in Norwegen.

… … …

Heid die Zaubergesang-Frau sagte ihnen allen voraus, daß sie in einem Land im Westen des Meeres, das noch nicht entdeckt worden war, siedeln würden, aber Ingimund sagte, daß er sich davor hüten werde. Die Zaubergesang-Frau sagte jedoch, daß das ihm das nicht möglich sei und daß als Zeichen dafür nun sein Talisman, den er in seiner Tasche trug, verschwinden würde und daß er ihn dort wiederfinden würde, wo er auf jenem Land für das Fundament für die Säule hinter seinem Hochsitz graben würde.

Ingimund war ein großer Wikinger und fuhr immer auf Wikinger-Raubzug in den Westen.

… … …

Ingimund fühlte sich nirgendwo zuhause; daher drängte ihn König Harald, sein Glück in Island zu suchen. Ingimund sagte, daß das genau das sei, was er nie vorgehabt habe, aber er sandte zwei Finnen-Gestaltwandler auf eine Magier-Reise nach Island („Astralreise"), um dort nach seinem Talisman zu suchen, der in der Gestalt des Freyr geformt und aus Silber angefertigt worden war.

Die Finnen kamen zurück und sagten, daß sie den Ort gefunden hatten, an dem sich der Talisman befand, daß sie ihn jedoch nicht ergreifen konnten.

Sie beschrieben jedoch dem Ingimund genau die Lage des Ortes in einem Tal zwischen zwei Hügeln und sie berichteten Ingimund alle Einzelheiten des Landes und wie es geformt war, wo er sich niederlassen sollte.

„Finne" war bei den Germanen ein Synonym für „Zauberer", da die Magie der Finnen bei den Germanen sehr angesehen war und oft Finnen zur Lösung schwieriger Probleme mithilfe von Magie herangezogen worden – wie hier das Auffinden des Talismanes an dem Ort, an dem sich Ingimund niederlassen sollte.

Diese möglicherweise nicht finnischen „Finnen" unternahmen eine „Magier-Reise", d.h. eine Astralreise nach Island.

Über solch einen „astralen Kundschafter", der nicht körperlich, sondern nur mit seinem Astralkörper („Lebenskraftkörper") auszog, um etwas zu erkunden, wird u.a. auch in der Heimskringla im Zusammenhang mit König Haralds Wunsch, Island zu erobern, berichtet.

Im Vorwort zur Heimskringla wird erzählt, daß auch Odin diese Kunst beherrschte:
„Odin konnte seine Gestalt verwandeln: Sein Körper lag dann wie tot oder wie schlafend da, aber er selber hatte dann die Gestalt eines Fisches, einer Schlange, eines Vogels oder Tieres und konnte in einem Augenblick in seinen eigenen Angelegenheiten und in denen eines anderen in einem anderem Land sein."

Als nächstes wird über die Reise nach Island berichtet:

Danach brach Ingimund zu seiner Reise nach Island auf. Mit ihm fuhren sein Schwager Jorund Nacken und seine Freunde Eyvindr Sorkvir und Asmund und Hvyti sowie seine Knechte Fridmund, Bodvar, Thorir, Refskegg und Ulfkell.

Sie kamen im südlichen Teil Islands an Land und blieben den ganzen Winter über zusammen mit Grim, dem Ziehbruder des Ingimund, in Hvanneyri, aber im Frühling zogen sie über die Heide nach Norden.

Dann kamen sie zu einem Meeresarm, an dem sie zwei Widder fanden und nannten ihn Widderbucht. Von dort aus wanderten sie weiter durch das Land nach Norden und gaben allen Orten, zu denen sie kamen, passende Namen.

Er blieb einen Winter lang in Vidi-Tal in Ingimunds-Wald. Von dort aus sahen sie schneefreie Berge im Süden und zogen im Süden dorthin. Dort erkannte Ingimund das Aussehen des Landes, das der Seher als seinen zukünftigen Wohnort beschrieben hatte.

Thordis, seine Tochter, wurde in Thordis-Wald geboren.

Ingimund nahm das ganze Wasser-Tal von Helga-Wasser und Urdar-Wasser hinauf in Besitz und wohnte in Hof und fand dort seinen Talisman an der Stelle, an der er das Fundament für seinen Hochsitz-Pfosten aushob.

Die Seher in dieser Geschichte haben offenbar ihr Handwerk verstanden ...

Eine vollständige und ausführlicher kommentierte Übersetzung der Auswanderung des Ingimund nach Island und die Errichtung seines Tempels findet sich in dem Band 56 über die „Tempel".

V 6. c)   Landnahme-Buch

Ingolf, der sich um 874 auf Island niederließ, ist zumindestens in der germanischen Überlieferung der erste Siedler auf Island – auch wenn auf dieser Insel vermutlich zwischen frühestens 770 n.Chr. und spätestens 880 n.Chr. einige keltische christliche Mönche aus Schottland gelebt haben.

Sein Verfahren der Suche nach dem richtigen Siedlungsplatz mithilfe der Pfosten seines Hochsitzes wurde auch von vielen der Siedler, die ihm folgten, angewendet.

Als Ingolf Island erblickte, warf er die Hochsitz-Säulen über Bord als Orakel über Bord und schwur, daß er sich dort niederlassen würde, wo auch immer diese Hochsitz-Säulen angetrieben werden würden.

Dieses Orakel gibt nur dann einen Sinn, wenn man davon ausgeht, daß diese Säulen eng mit den Gottheiten verbunden gewesen sind.

... ...
Hjorleif blieb dort über Winter; im folgenden Frühling beschloß er auszusähen.
... ...
Vifil und Karli waren die Namen zweier Sklaven des Ingolf, die westwärts an der Küste entlang sandte, um die Hochsitz-Pfosten zu finden.

Zunächst bleiben die beiden erfolglos, aber sie gingen noch ein zweites mal auf die Suche.

... ...
In dieser Jahreszeit fanden Vifill und Karli die Hochsitz-Pfosten bei Orns Hügel unterhalb der Heide.
... ...
Ingolf zog im folgenden Frühjahr über die Heide dorthin. Er ließ sich dort nieder, wo die Hochsitz-Pfosten angeschwemmt worden waren. Er lebte in Reykjavik. Dort sind nun seine Hochsitz-Pfosten in seinem Feuerhaus.

Das „Feuerhaus" ist die große Halle, in der das Feuer brannte.
Aus dieser Art von Orakel ergibt sich, daß die Hochsitz-Pfosten vermutlich einen beachtlichen Umfang und eine stattliche Größe gehabt haben, da sie ansonsten wohl nur schwer zu finden gewesen sein dürften.

Wappen von Reykjavik

Dieses erste Hochsitzsäulen-Orakel hat nicht nur den Wohnort des Ingolf bestimmt, sondern auch die Lage von Reykjavik („Rauchbucht"), der zukünftigen Hauptstadt von Island.

Die beiden Hochsitzsäulen des Ingolf und das Meer, in das er sie geworfen hat, bilden das heutige Wappen der Stadt.

V 6. d) Lachstal-Saga

Bjorn fand die Säulen seines Tempels, die an einem bestimmten Bach ange-schwemmt worden waren und er war der Meinung, daß dies zeigte, wo er sein Haus bauen sollte.

V 6. e) Landnahme-Buch

Thorstein Pferdebremse siedelte und lebte zuerst in der Hausbucht. Sein Sohn war An, von dem die Hausbucht-Leute abstammen.

Einst lebte ein Mann, der Lodmund der Alte genannt wurde, und ein anderer, der Bjolf genannt wurde – sein Ziehbruder. Sie fuhren von Vors auf der Landzunge von Thula aus nach Island. Lodmund war außergewöhnlich stark und ein großer Zaube-rer.

Er warf seine Hochsitz-Pfosten über Bord während sie noch auf See waren und schwur, daß er sich dort niederlassen würde, wo sie an Land kamen.

Diese Ziehbrüder kamen zu den Ostfjorden und Lodmund ließ sich in Lodmunds-Fjord nieder und bleib dort den Winter über. Dann hörte er von seinen Hochsitz-Säulen im Süden des Landes. Da trug er all seinen Besitz auf sein Schiff.

Als sie das Segel aufzogen, legte er sich nieder und gebot allen, auf gar keinen Fall seinen Namen auszusprechen. Als er eine Weile so gelegen hatte, hörten sie einen gewaltigen Lärm und die Männer sahen einen riesigen Erdrutsch auf das Heim, in dem Lodmund gewohnt hatte, niedergehen.

Danach richtete er sich auf.

... ...

Er siedelte dort, wo seine Hochsitz-Pfosten an Land gespült worden waren und das war auf dem Solheim-Sand zwischen dem Ziegenbock-Fluß und dem Dreckbach, der nun Jokul-Fluß genannt wird. Er lebte in Lodmund-Tal und nannte seinen Hof Solheimar („Sonnenheim").

Lodmund hat offenbar im Liegen eine Astralreise unternommen, bei der Lodmund durch das Nennen seines Namens leicht in seinen Körper hätte zurückgerufen werden könnte.

V 6. f) Landnahme-Buch

Hrollaug fuhr auf den Rat des Königs Harald hin nach Island und nahm seine Frau und seine Söhne mit sich. Er kam im Osten in der Gegend von Horn dort an und warf dort im Osten seine Hochsitz-Säulen über Bord, die im Horn-Fjord an Land geschwemmt wurden. Er selber wurde weit hinter dieses Land abgetrieben und hatte in der heftigen Brandung in dem flachen Wasser sehr zu kämpfen.

Sie gingen am Sumpfbach bei den Landzungen an Land und blieben dort den ersten Winter.

Dann hörten sie, daß ihre Hochsitz-Säulen gefunden worden waren und zogen von dort nach Osten.

V 6. g) Kormak-Saga

Danach fuhren sie aufs Meer hinaus. Als sie in die Nähe des Landes kamen, warf Ogmund seine Hochsitz-Pfosten über Bord. Dort, wo die Hochsitz-Pfosten angeschwemmt wurden, gingen sie vor Anker. Dies war im Mitten-Fjord.

V 6. h) Lachstal-Saga

Danach steuerte Unn ihr Schiff zu dem Ende der Bucht. Dort waren ihre Hochsitz-Säulen an Land geschwemmt worden. Da fand sie, daß es einfach zu wissen war, wo sie sich niederlassen sollte.

V 6. i) Zusammenfassung

Bei der Besiedlung Island warfen viele Siedler bei ihrer Ankunft in Sichtweite Islands die beiden Säulen ihres Hochsitzes ins Meer und errichteten dann ihr Haus dort, wo diese Säulen angespült worden sind.

Da diese „öndvegis-sula", also diese „Seelenweg-Säulen" das Tor zu den Ahnen waren, die den vor diesem Tor sitzenden Hausherrn beschützten, konnten die Ahnen durch dieses Tor bzw. durch die beiden Säulen dieses Tores auch ihre Nachkommen bei der Ortswahl beraten.

V 7.   sonstige Orakel-Formen

V 7. a)   Färinger-Saga

Und als Harald mit den Booten fortgerudert war, sprach Jarl Hakon zu Sigmund: „Es soll ihm eine gute Fahrt gegeben werden; es soll gerne gesehen werden, wenn er wieder zurückkehrt."

Da ging er mit Sigmund zur Türe hinaus.

Da sprach Hakon: „Was sagst Du dazu? Auf wen vertraust Du?"

„Ich vertraue in meine eigene Kraft und auf mich selber," sprach Sigmund.

„Das sollte nicht so sein," antwortete der Jarl, „Du solltest stattdessen Dein Vertrauen auch dorthin richten, wohin ich es richte, nämlich auf Thorgerdr Hölga-Braut," sagte er, „Und wir werden jetzt zu ihr gehen und sie sehen und aus ihren Händen Glück für Dich erbeten."

Sigmund sagte, das könnten sie tun, wie er wolle. Sie gingen einen bestimmten Weg zum Wald entlang und zweigten auf einen kleinen Seitenpfad in den Wald hinein ab und kamen schließlich zu einer Lichtung, auf der ein Haus stand, das von einem Stockzaun umgeben war. Das Haus war sehr schön und in seine Schnitzereien waren Gold und Silber eingelegt worden.

Sie betraten dieses Haus – Hakon und Sigmund zusammen mit einigen weiteren Männern.

Dort innen waren sehr viele Götter. In dem Haus gab es viele verglaste Dachöffnungen, sodaß es nirgends in ihm einen Schatten gab.

Dort saß eine Frau gegenüber dem Eingang, die schön gekleidet war. Der Jarl warf sich vor ihren Füßen nieder und lag dort lange Zeit und als er sich erhob, sagte er Sigmund, daß sie ihr ein Opfer geben und das Silber dafür vor ihr auf den Schemel legen sollten, „und wir werden als Zeichen dafür, daß sie tun wird, worum wir sie bitten, erhalten, daß sie den Ring loslassen wird, den sie in ihrer Hand hält. Denn Du, Sigmund, wirst durch diesen Ring Glück erhalten."

Dann ergriff der Jarl den Ring und es schien Sigmund, als ob sie ihre Hand fest um ihn legen und der Jarl den Ring nicht erhalten würde. Der Jarl warf sich ein zweites mal vor ihr nieder und Sigmund sah, daß der Jarl weinte.

Dann stand er wieder auf und ergriff den Ring und siehe, diesmal saß er locker; und er nahm ihn und gab ihn Sigmund entsprechend seinem Versprechen. Und damit gingen sie verschiedener Wege.

V 7. b) Gesta danorum

Zu dieser Zeit lebte ein Mann namens Odin, der fälschlicherweise überall in Europa als Gott verehrt wurde, aber sich meistens in Uppsala aufhielt. An diesem Ort blieb er längere Zeit – entweder aufgrund der Bitten der dortigen Bewohner oder wegen der Schönheit des Ortes.

In Uppsala stand der Haupttempel Schwedens, der vor allem dem Göttervater geweiht gewesen sein wird. Adam von Bremen berichtet um 1070 n.Chr. über Statuen des Odin, des Thor und des Freyr in diesem Tempel.

Die Könige des Nordens, die diese Gottheit besonders eifrig verehren wollten, erschufen ein goldenes Abbild von ihm. Diese Statue, die ein Zeichen ihrer Verehrung war, brachten sie unter einer großen Zurschaustellung von Verehrung nach Byzanz und fesselten sogar die Arme mit einer Reihe von Armreifen.

„Byzanz" ist in diesem halbhistorischen Bericht die Umschreibung sowohl für Asgard als auch für die Hauptstadt des Reiches des Odin.
Die Armreifen werden in symbolischer Hinsicht mit Odins Ring Draupnir, mit den Eid-Ringen des Gottes Ullr, mit dem Brisingamen der Freya und mit dem goldenen Haarreif der Göttin Fulla identisch sein.

Odin war überglücklich über diese Art seiner Berühmtheit und empfing aufs Wärmste diese Ergebenheit der Sender der Statue.
Seine Königin Frigga jedoch, die es danach verlangte, noch schöner geschmückt zu sein, rief Schmiede herbei, die das Gold von der Statue rissen. Odin erhängte die Schmiede und setzte die Statue auf einen Sockel, den er durch das erstaunliche Geschick in seinen Künsten so anfertigte, daß sie zu sprechen begann, wenn ein Sterblicher sie berührte.

Dieses „Sprechen" der Statue scheint auf eine Art Orakel zurückzugehen.

V 7. c) Völsungen-Saga

Die Saga berichtet, daß große Feuer an den Enden der Halle entfacht wurden und daß der große Baum, von dem vorher erzählt wurde, in der Mitte der beiden Feuer stand.
Und die Leute erzählen weiter, daß am Abend ein Mann in die Halle kam, dessen

Anblick allen unbekannt war.

Er war solchermaßen gekleidet: Er trug einen gefleckten Umhang und er war bar-
fuß und trug leinene Beinkleider, die bis auf die Knochen fest zugeschnürt waren; er
hielt ein Schwert in seiner Hand, während er auf den „Branstock" genannten Baum
in der Halle zuging; und auf seinem Kopf saß ein Schlapphut. Er war sehr groß und
man sah, daß er sehr alt war und einäugig. Da zog er sein Schwert und schlug es so
heftig in den Baumstamm, daß es bis zum Griff darin versank; und alle in dem Saal
wagten nicht, den Mann zu grüßen.

Dann ergriff er das Wort und sprach: „Wer auch immer dieses Schwert aus diesem
Stamm zieht, soll dieses Schwert als Geschenk von mir erhalten und wahrlich: Er
wird sehen, daß er nie ein besseres Schwert in seinen Händen gehalten hat."

Nach diesen Worten verließ der alte Mann die Halle und niemand wußte, wer er
war oder wohin er ging.

Diese Szene zeigt Odin, wie er dem zukünftigen Herrscher ein Schwert schenkt. Da
ursprünglich Tyr der Schwertgott und der Göttervater gewesen ist, kann man davon
ausgehen, daß es ursprünglich der Schwertgott-Göttervater Tyr (vertreten durch
seinen Priester o.ä.) gewesen ist, der dem Fürsten vermutlich in der Krönungszeremo-
nie das Schwert überreichte. Von Tyr hat dann Odin diese Symbolik übernommen.

Die Krönungen der Fürsten und Könige sind bei allen Völkern ursprünglich eine
symbolische Jenseitsreise gewesen, durch die der Fürst den Kontakt mit den Göttern
erlangt hat, den er für seine Herrschaft benötigt. Die Szene der Überreichung des
Schwertes wird dabei die Rückkehr des Fürsten aus dem Jenseits darstellen und als
Analogie zu der Wiedergeburt des Tyr am Morgen aufgefaßt worden sein. Durch diesen Zusammenhang wurde der Fürst bei seiner Krönung sozusagen ein „Sohn des
Tyr" und nach der Absetzung des Tyr um 500 n.Chr. dann ein „Sohn des Odin".

Aus dieser Vorstellung leiten sich wiederum die Stammbäume vieler germanischer
Königshäuser ab, die auf einen Gott zurückgehen.

Eine ganz ähnliche Szene findet sich bei den Kelten in der Mythe des Merlin, der
ein Schwert in einen Felsen steckte und verkündete, daß derjenige der wahre König
Britanniens sei, der dieses Schwert aus dem Stein zu ziehen vermag. Das „Schwert im
Stein" ist eine Umdeutung des Schwertes des Dagda in der aus Steinen errichteten
Grabkammer des Hügelgrabes des Göttervaters – am Morgen kehrt der Göttervater
(Dagda/Tyr) mit seinem Schwert aus seinem Hügelgrab zurück.

Das „Schwert im Weltenbaum" und das „Schwert im Stein" ist ursprünglich ein
„Schwert im Hügelgrab" gewesen – Hügelgräber wurden oft „Fels" oder „Stein"
genannt.

Nun erhoben sich die Männer und niemand wollte gerne der Letzte sein, der seine
Hand an das Schwert legte, denn sie dachten alle, daß der das Beste haben würde,

der es als erster berührte. So traten zuerst alle die Edlen zu ihm hin und dann die anderen – einer nach dem anderen; aber niemand, der zu ihm hintrat, hatte die Kraft, es herauszuziehen, denn es kam nicht das kleinste Stückchen heraus, wie auch immer sie an ihm ziehen mochten.

Aber schließlich kam Siegmund, König Völsungs Sohn, und legte seine Hand an das Schwert und zog es aus dem Pfeiler als ob es lose vor ihm liegen würde. Das Schwert schien allen so gut zu sein, daß alle meinten, noch nie vorher solch eine gute Waffe gesehen zu haben.

V 7. d)   Hrolf Kraki und seine Berserker

In dieser Saga wird ein besonderer Hochsitz beschrieben, der denjenigen zum König macht, der den Platz auf ihm füllen kann. Dieses Motiv klingt wie eine umgedeutete mythologische Szene.

Elch-Frodi erzählte seinem Bruder Thorir alles darüber: „Es ist das Gesetz der Goten, daß eine große Versammlung einberufen wird, zu der alle Goten kommen müssen. Dieser große Hochsitz, auf dem reichlich Platz zum Sitzen für zwei Männer ist, wird in der Versammlung aufgestellt, und wer immer den Platz ausfüllen kann, wird König. Und mir scheint, daß Du ihn gut ausfüllen wirst."
Mit diesen Worten trennten sie sich und jeder wünschte dem anderen Lebewohl.
Thorir zog seines Weges nach Goten-Land bis er zu einem gewissen Jarl kam. Der Jarl empfing ihn gut und er verbrachte die Nacht dort. Jedermann, der Thorir sah, fand, daß er mit dieser Größe der König der Goten werden könne und daß es nicht viele geben würde, die ihm glichen.
Als die Männer versammelt waren, verlief alles so, wie es sein Bruder Frodi gesagt hatte. Ein Richter wurde bestimmt, der über die Angelegenheit gerecht richten sollte. Viele setzten sich auf den Sitz, aber dem Richter schienen alle unpassend zu sein. Thorir ging als letzter und setzte sich ohne großes Getue nieder.
Der Richter sagte: „Der Sitz paßt Dir am besten und Du bist dazu bestimmt, hier zu herrschen."
Da ernannten ihn die Männer zu ihrem König.

V 7. e) Cormac-Saga

Zu dieser Zeit wurde das Land von Skeggi aus Midfjord beherrscht. Er ritt ihnen entgegen und hieß sie im Fjord willkommen und gab ihnen ein Stück Land, das Ogmund annahm und auf ihm den Grundriß eines Hauses aufzuzeichnen begann.

Es gab den Glauben, daß so, wie das Messen verlief, auch das Glück sein wird: Wenn der Meßstab kleiner zu werden scheint, während sie wieder und wieder messen, dann wird auch das Glück in dem Haus schwinden; und wenn er größer zu werden scheint, dann wird dies auch mit Glück geschehen.

Dieses mal wurde das Maß immer kleiner, obwohl sie es dreimal versuchten.

V 7. f) Abingdon Chronicles

Um ca. 1250 n.Chr. fand ein Orakel statt, das sich auf den Gott Sceaf beziehen könnte. Der Abt von Abingdon stritt sich mit den Männern von Oxfordshire um eine Insel-Weidefläche.

Um zu entscheiden, wem die Weide zukünftig gehören sollte, wurde eine Weizengarbe („sceaf") auf einen Rundschild („scyld") gelegt und obenauf eine brennende Wachskerze. Diesen Schild ließ man dann die Themse hinabtreiben bis er zu der Insel kam und dann zwischen ihr und Iffley entlangtrieb – was dann den zukünftigen Herrn dieser Insel festgelegt hat.

V 7. g) Zusammenfassung

Zu den spezielleren Orakelformen gehören die Bewegungen und Worte einer Statue, das Ziehen eines Schwertes aus einem Baum, das Ausfüllen des Platzes auf einem Thron, die Meßfehler bei der Grundrißzeichnung eines Hauses und das Treibenlassen eines Schildes, auf dem eine Getreidegarbe liegt, auf einem Fluß, wobei die Bewegungen des Schildes die Antwort geben.

Auch das im nächsten Kapitel beschriebene Zweikampf-Orakel gehört in diese Kategorie.

V 8.   Zweikampf als Orakel

Der Zweikampf wurde als normale Orakel-Methode angesehen, um einen Rechtsstreit zu entscheiden (siehe „Zweikampf" in Band 73), aber man konnte ihn auch als Orakel benutzen, um etwas über eine bevorstehende Schlacht zu erfahren.

Es sind insgesamt 58 Zweikämpfe bekannt, die auf die traditionelle, rituelle Weise durchgeführt worden sind.

V 8. a)   Hamburgische Kirchengeschichte

Noch eine andere Beobachtung von Anzeichen gibt es, durch welche sie schwerer Kriege Ausgang erforschen. Einen Gefangenen des Volkes, mit welchem Krieg ist, irgendwie aufgegriffen, bringen sie in den Kampf mit einem Auserlesenen ihrer Landsleute, jeden in den heimischen Waffen. Der Sieg von Diesem oder Jenem wird für Vorentscheidung angenommen.

V 9.   nicht näher definierte Orakel

V 9. a)   Saga über Pfeile-Odd

Ingjald und die Seherin hatten in der Nacht einen großen Zauber vor. Sie ging zu der Zeit mit ihren Leuten hinaus, um den Zauber auszuüben, als die andern schlafen gingen.

Am Morgen danach ging Ingjald zu Heidr, um Auskunft über das Orakel zu holen und frug, wie der Zauber verlaufen sei.

„Das glaube ich", sagt sie, „daß ich gewiß die Dinge erfahren habe, die für Dich von Bedeutung sind, und die Du mich gebeten hast zu erfragen."

„Dann nehmen wir unsere Plätze ein, und jeder wird für sich das Orakel befragen ..."

V 9. b)   Die Geschichte über Thordr Hreda

Thordr sprach: „Das, was Wyrd bestimmt hat, wird geschehen, doch wenn die Zeichen für das Fortbestehen meiner Familie nicht sehr irren, denke ich, daß einige von Ormrs Verwandten ihr Leben durch meine Hand verlieren werden – so wahr meine Nase jemals geatmet hat!"

Wyrd = Urd, Norne, Schicksal

V 9. c)   Odins Rabenzauber

Auf hob sich Hugin den Himmel zu suchen;
Unheil fürchteten die Asen, wenn er verweilte.
Thrains Ausspruch ist schwerer Traum,
Dunkler Traum ist Dains Ausspruch.

„Hugin" ist einer von Odins beiden Raben. Der andere heißt „Munin". Ihre Namen bedeuten „Gedanke" und „Erinnerung". Hugins Verweilen ist wohl als Tatenlosigkeit aufzufassen, d.h. als das Versäumen, die Zukunft zu erforschen.

„Thrain" ist ein Zwerg. Sein Name bedeutet „der Bedrohliche". Die Zwerge waren ursprünglich die Ahnen in der Unterwelt.

„Dain" („Gestorbener") ist ein Erdzwerg. Er hat zusammen mit dem Zwerg „Nabbi" („Pickel, Beule, Makel") Frejas Reittier, das Wildschwein Hildiswini („Kampfschwein") hergestellt. Dain wird manchmal auch als ein Zwerg angesehen, der Runen ritzen kann, d.h. der Magie beherrscht.

Eine Zweiheit von magiekundigen Zwergen geht mit einiger Wahrscheinlichkeit auf die beiden Pferde-Jünglinge vor dem Streitwagen des Göttervaters zurück. Sie passen hier als Orakel-Verkünder besonders gut, da die Pferde-Zwillinge am Abend bzw. im Herbst zusammen mit dem Sonnengott-Göttervater sterben und mit ihm am Morgen bzw. im Frühling dann wiedergeboren werden – wie Baldur.

Hier wird der Flug der beiden Raben des Odin beschrieben, was zwar an ein Vogel-Omen erinnert, aber da die beiden Raben den Befehlen des Odin gehorchen, wird es sich hier eher um ein Orakel handeln. Da jedoch zusätzlich noch über die Aussprüche der beiden Zwerge berichtet wird, klingt das ganze wiederum nach einer Prophezeiung – die Einordnung dieses Beispiels ist somit recht unklar.

V 9. d)   Gesta danorum

Danach nahm Harald Gurid zur Frau. Doch da sie den Makel der Unfruchtbarkeit hatte, aber er Nachkommen haben wollte, ging er nach Uppsala, um für sie Fruchtbarkeit zu erbitten. Dort erhielt er die Antwort, daß er für den Totengeist seines Bruders ein Wergeld zahlen müsse, wenn er Kinder aufziehen wolle.

Er gehorchte dem Orakel und erhielt seinen Wunsch erfüllt, denn Gurid gebar ihm einen Sohn, dem er den Namen Harald gab.

... ...

Harald, der von großer Schönheit und ungewöhnlich großer Statur war und alle in seinem Alter an Stärke und Größe übertraf, erhielt von Odin, dessen Orakel die Ursache seiner Geburt gewesen war, die Gunst, daß kein Stahl seine vollkommene Gesundheit versehren konnte.

Und diese Gunst blieb nicht unerwidert, denn es wird berichtet, daß er Odin alle Seelen versprach, die sein Schwert aus ihren Körpern vertrieben hatte.

V 9. e)   Gesta danorum

Mittlerweile war Alver, der König der Schweden, gestorben und hatte die Söhne Olaf, Ing und Ingild hinterlassen. Einer von ihnen, Ing, war mit dem Erbe-Anteil, das sein Vater ihm hinterlassen hatte, unzufrieden und erklärte den Dänen den Krieg, um sein Reich auszuweiten.

Als Harald die Orakel befragen wollte, wie dieser Krieg enden würde, erschien vor ihm ein alter Mann von großem Körperbau, dem jedoch ein Auge fehlte, und der in einen Fellmantel gekleidet war, und erklärte ihm, daß er Odin genannt werde und in der Kriegsführung erfahren sei. Er gab ihm die allernützlichsten Anweisungen, wie er sein Heer auf dem Feld aufteilen solle.

Er sagte ihm, daß er jedesmal, wenn er mit seiner Land-Streitmacht in den Kampf zog, sein gesamtes Heer in drei Teile gliedern solle, von denen er wiederum ein jedes in zwölf Abteilungen unterteilen solle. Den mittleren Teil solle er jedoch so vergrößern, daß er zwanzig Mann mehr als die beiden äußeren Teile zählte. Diesen Teil solle er in der Form der Spitze eines Kegels oder einer Pyramide anordnen (Keil-Form) und die beiden Flügel auf den beiden Seiten solle er leicht abgeschrägt dazu aufstellen.

V 9. f)   Gesta danorum

Die Alten haben das Orakel der Nornen in Bezug auf ihre Kinder befragt. In dieser Weise wollte Fridleif das Schicksal seines Sohnes Olaf erfahren.

Nachdem er feierlich seine Eide abgelegt hatte, ging er zu dem Haus der Götter, um die Göttern um Hilfe zu bitten. Dort sah er, als er in die Halle blickte, drei junge Frauen auf Stühlen sitzen.

Die erste von ihnen hatte ein freundliches Wesen und verlieh dem Jungen reichlich Gunst in den Augen der Männer.

Die zweite gewährte ihm die Gabe unübertroffener Großzügigkeit.

Doch die dritte, die eine Frau von hinterhältigem und bösem Wesen war und die wütend über die liebevolle Großzügigkeit ihrer Schwestern war, versah die Zukunft des Jungen mit dem Makel des Geizes.

Auf diese Weise wurden die Segnungen der anderen durch das Gift eines beklagenswerten Schicksals verdorben. Aufgrund der zweifachen Natur dieser Geschenke erhielt Olaf den Beinamen „mit Gemeinheit vermischte Großzügigkeit".

V 9. g)   Hamburgische Kirchengeschichte

Manche erzählen, er (König Olaf) sei Christ gewesen, manche, er habe das Christentum wieder verlassen; alle aber versichern, er habe sich auf Zeichendeutung *verstanden, sich auf das Los verlassen und seine ganze Hoffnung auf Vogelzeichen gesetzt. Daher erhielt er auch den Beinamen, daß man ihn nämlich Olaph Cracabben („kraka-bein" = Krähen-Knochen) nannte. Denn er war, wie man sagt, auch dem Betriebe der Zauberkunst ergeben und nahm alle Zauberer, woran jenes Land Überfluß hat, bei sich auf, und ging darum, durch deren Irrlehren hintergangen, zugrunde.*

V 9. h)   Hamburgische Kirchengeschichte

Er (König Olaf der Heilige) *soll außer durch andere Tugendwerke seinen großen Eifer für die Sache Gottes auch darin bewiesen haben, daß er die Zauberer im Lande vertilgte. An diesen aber hat zwar das ganze Heidenland Überfluß, Norwegen ist jedoch zumal von solchen Ungeheuern voll. Denn dort wohnen sowohl Wahrsager, als Vögeldeuter, Magier und Beschwörer und die übrigen Trabanten des Antichrists, durch deren Gaukeleien und Blendwerke die unglücklichen Seelen den bösen Geistern zum Spielwerk werden.*

V 9. i)   Hamburgische Kirchengeschichte

Diese fünfzehn Inseln gehören zum Reiche der Dänen und ihre Bewohner sind bereits alle mit dem Ehrennamen „Christen" geschmückt. Es gibt auch noch andere weiter nach innen zu, welche der Herrschaft der Schweden unterworfen sind. Davon ist die größte die, welche Churland (Rügen) *heißt. Sie hat eine Länge von acht Tagereisen. Das Volk, welches sehr blutdürstig ist, wird wegen leidenschaftlicher Götzendienern von Allen geflohen.*

Es gibt dort sehr viel Gold und sehr gute Pferde. Von Wahrsagern, Vögelschauern und Schwarzkünstlern sind dort alle Häuser voll. (Diese tragen selbst Mönchskleidung.) Von dort werden aus der ganzen Welt Orakelsprüche geholt, insbesondere von den Hispaniern und Griechen.

Dies ist, glaube ich, die Insel, die im Leben des heiligen Ansgar „Chori" genannt wird, und welche damals die Schweden sich zinspflichttg machten.

V 9. j) Hamburgische Kirchengeschichte

Unter ihnen allen (den Slawen) *sind die in der Mitte liegenden Retharier die mäch-
tigsten. Ihre Stadt ist das aller Welt bekannte Rethre, der Sitz des Götzendienstes, wo
den Dämonen, deren vornehmster Redigast, ein großer Tempel erbaut ist. Sein Bild
ist von Gold, sein Lager von Purpur gefertigt.*
*Die Stadt selbst hat neun Thore, ist ringsum von einem tiefen See umgeben, über
den eine hölzerne Brücke führt, die jedoch nur den opfernden oder Orakelsprüche
Einholenden zu betreten verstattet ist, ich glaube deshalb, weil dies darauf hinweist,
daß die verlorenen Seelen derer, welche Götzenbildern dienen, füglich neunfältig
umströmet die Styx sie umschließend.*

V 9. k) Zusammenfassung

Manchmal wird nur von einem „Orakel" gesprochen, aber nicht näher gesagt, um
welche Art von Orakel es sich handelt.

V 10.   orakelhafte Botschaften

Einige Male werden Botschaften versandt, die von ihrem bildhaften Stil her den Orakeln gleichen und daher erst noch gedeutet werden müssen – was jedoch einfach war, da dabei stets die damals bei den Germanen allgemein üblichen Symbole benutzt worden ist.

V 10. a)   Skaldskaparmal

Bei ihnen wurde Swanhild, Sigurds Tochter, erzogen, die aller Frauen schönste war. Das erfuhr der König Jörmunrek der Reiche: da sandte er seinen Sohn Randwer, sie ihm zu werben. Und als er zu Jonakur kam, wurde ihm Swanhild übergeben, daß er sie dem König Jörmunrek brächte. Da sagte Bicki, es gezieme sich besser, daß Randwer Swanhild nähme, denn er wäre jung und sie auch, Jörmunrek aber alt. Dieser Rat gefiel ihnen wohl als jungen Leuten.

Darauf verriet Bicki dies dem König: da ließ Jörmunrek seinen Sohn greifen und zum Galgen führen. Da nahm Randwer seinen Habicht, rupfte ihm die Federn aus und bat, ihn seinem Vater zu senden. Darauf wurde er gehängt. Als aber König Jörmunrek den Habicht sah, da kam ihm in den Sinn, wie der Habicht flug- und federlos sei, so sei auch sein Reich ohne Bestand, denn er sei alt und sohnlos.

Da ließ König Jörmunrek, als er mit seinem Gefolge aus dem Wald von der Jagd geritten kam, und die Königin Swanhild beim Haarwäschen saß, über sie reiten und sie unter den Hufen der Rosse zu Tode treten.

V 10. b)   Die Saga über die Joms-Wikinger

Eines Tages, als sehr heißes Wetter war, gingen die Männer und auch die beiden Könige zum Schwimmen zwischen den Schiffen ins Wasser. Da kamen Leute von oben vom Land heruntergelaufen und schossen auf sie. Knutr wurde tödlich von einem Pfeil getroffen und sie zogen die Leiche aufs Schiff. Als das die Landsleute erfuhren, zog sich sofort ein unbesiegbares Heer zusammen.

Als nächstes kam König Adalsteinn und alles Volk, das sich zuvor Knutr unterworfen hatte, schloß sich ihm an. Danach konnten die Dänen wegen der Heeressammlung der Landsleute nicht mehr an Land gehen. Daraufhin fuhren die Dänen zurück nach Dänemark.

Da hielt sich König Gormr in Jütland auf. Haraldr begab sich sofort dorthin und erzählte seiner Mutter von dem Geschehenen.

König Gormr hatte geschworen, daß er sterben würde, wenn er vom Tod seines Sohnes Knutr erführe, und so auch der, der ihm davon berichtete. Da ließ die Königin die Halle mit grauem Wollstoff behängen. Als der König zu Tisch kam, schwiegen alle, die drinnen waren.

Da sprach der König: „Warum schweigen alle Leute? Gibt es irgendwelche Neuigkeiten zu berichten?"

Da sagte die Königin: „Herr, ihr hattet zwei Falken, einen weißen und einen grauen. Der weiße war weit in die Wildnis hinausgeflogen. Dort stürzten sich viele Krähen auf ihn und rupften ihn, so daß ihm alle Federn ausgerissen wurden. Jetzt ist der weiße verschwunden und der graue zurückgekommen, und er wird nun Vögel zu Eurer Verköstigung erlegen."

Da sprach der König: „Dänemark läßt so den Kopf hängen, als sei mein Sohn Knutr tot."

Darauf sagte die Königin: „Diese Nachrichten, die ihr sagt, werden wahr sein, Herr."

Das bestätigten alle, die drinnen waren. Am selben Tag wurde König Gormr krank und starb am Tag darauf zur selben Zeit. Da war er hundert Jahre lang König gewesen. Ein großer Grabhügel wurde für ihn aufgeworfen.

Das Motiv des gerupften Falken stammt sehr wahrscheinlich aus der Mythe des endlosen, zyklischen Kampfes zwischen dem Sommergott Tyr und dem Wintergott Loki. Tyrs Seelenvogel ist der Adler und Lokis Seelenvogel ist der Falke (siehe „Loki" in Band 16).

V 10. c) Jakob Grimm: Deutsche Mythologie

Von diesem begrif unterscheidet sich also das seit dem mittelalter gebräuchliche siebtreiben oder siebdrehen, welches durch weise frauen oder hexen, zauberer, aber auch durch ehrliche leute geübt wurde, um einen verborgenen übelthäter herauszubringen: das weib faßte ein erbsieb zwischen ihre beiden mittelfinger, sprach eine formel aus und nannte nun die namen der verdächtigen her: bei dem des thäters fieng das sieb an sich zu schwingen und umzutreiben. man wandte dies gegen diebe oder solche an, die im auflauf wunden geschlagen hatten; zuweilen auch auf künftige dinge, z.b. wer der freier eines mädchens sein würde.

Frühste erwähnung finde ich in dem schon mitgetheilten gedicht: ›und daz ein wip ein sib tribe, sunder vleisch und sunder ribe, da niht inne wære‹, das halte ich für *erlogen, sagt der verfasser; sein unglaube mag sich auf den umschwung beziehen, das sieb ist leer, ohne fleisch und bein.*

Man ließ auch das sieb auf eine zange legen, diese zwischen beiden mittelfingern in die höhe halten. In Dänemark nahm der hausherr selbst die prüfung vor, indem er das sieb im gleichgewicht auf die spitze einer scheere stellte.

Dieses sieblaufen (siebjagen, sieblanz) muß im 16. und 17. jahrhundert in Frankreich und Deutschland sehr üblich gewesen sein, viele bücher reden davon und stellen siebdreher und segensprecher zusammen; vielleicht ist es noch jetzt hier und da in anwendung – seetinu tezzinaht (sieb laufen lassen). die Letten stecken es an eine schafscheere. Es war aber schon den Griechen bekannt, Theocrit nennt eine κοσκινόμαντις, und Lucian kennt bei Paphlagoniern κοσκίνῳ μαντεύεσθαι, den hergang der κοσκινομαντεία schildert Potter: das sieb wurde an einem faden in die höhe gehalten, man betete zu den göttern und sprach die verdächtigen namen aus; bei dem des thäters gerieth das sieb in drehung.

Diese Methode ist dem heutigen „Pendeln" sehr ähnlich.

Auf ähnliche weise, wie das sieb, ließ man einen erbschlüssel, der in die bibel (zwischen das erste capitel Johannis), oder ein beil, das in eine kugel gesteckt wurde, bei nennung des rechten namens in bewegung gerathen.

Ich vermute das umlaufen des lotterholzes, welches spruchsprecher (lotterbuben, freiharte) trugen, geschah auch um zu weissagen: ›louf umbe lotterholz, louf umbe gedrâte!‹ ich werde darüber anderswo ausführlicher sein.

Als überrest des judicium offae oder casei kann betrachtet werden, daß man des diebstals verdächtige von einem gesegneten käse essen ließ: dem wahren dieb bleibt der bissen im hals stecken.

Noch andere mittel künftige dinge zu wahrsagen konnten auch auf erforschung der diebe oder missethäter überhaupt gerichtet sein.

Das loß (althochdeutsch hloz, gothisch hlauts, angelsächsisch hleat, altnordisch hlutr) war die ehrwürdigste und gerechteste art aller weissagungen. ein schwieriges, bedenkliches geschäft sollte dadurch über willkür oder leidenschaft der menschen erhoben und geheiligt werden, z.b. bei austheilung des erbes, ausmittelung des schlachtopfers u.s.w.

Loßen entscheidet also über eine unsicherheit der gegenwart, kann sich aber auf die zukunft erstrecken. Anfangs in der hand des priesters oder richters gelegen wurde es hernach behelf der zauberei und von sors ist sortilegus, sorcier hergeleitet. auch das althochdeutsche hliozan wird schon aus der bedeutung sortiri in die von augurari, incantare übergehn, wie sie noch das mittelhochdeutsche liezen hat.

Es gab zwei weisen: der priester, der hausvater warf das loß und deutete das gefallene, oder er hielt es der partei zu ziehen hin; jenes gieng auf das künftige, dieses auf schlichtung des gegenwärtigen. Tacitus beschreibt uns die erste art.

*Sortium consuetudo simplex. virgam, frugiferae arbori decisam, in surculos ampu-
tant, eosque notis quibusdam discretos super candidam vestem temere ac fortuitu
spargunt. mox si publice consuletur, sacerdos civitatis, sin privatim ipse pater
familiae, precatus deos coelumque suspiciens, ter singulos tollit, sublatos secundum
impressam ante notam interpretatur. Si prohibuerunt, nulla de eadem re in eundem
diem consultatio; sin permissum, auspiciorum adhuc fides exigitur.*

Hier macht das loß nur die erste einleitung des geschäfts, und ohne seine zustimmung unterbleiben weitere weissagungen. Ich schreibe die wichtigen erläuterungen
nicht ab, die mein bruder in seiner schrift über die runen gegeben hat.

Ein gewisser zusammenhang dieser loße mit runen und geheimschrift findet statt;
der loßbücher thut schon das 13. jahrhunderts meldung.

Auch die Skythen weissagten mit stäben. Herodot; und Nicander die Alanen. die
alten Sachsen (mittunt sortes, hluton mid tânum), die Friesen, in deren lex Frisonum
es heißt: teni lana munda obvoluti. so tragen die flehenden in der hand.

Loße mit schwarzen und weißen stäbchen wurden von Slaven gebraucht. sie weissagen auch aus gleichen oder ungleichen strichen in der asche. loße mit weiden-
blättern erwähnt. loßen mit halmen.

Es gab loßbücher zauberbücher. diz loßbuoch ist unrehte gelesen. ein lozbuoch im
codex vindobonensis.

Die Armenier weissagten aus der bewegung von cypressenzweigen: quarum cupres-
sorum surculis ramisque seu leni sive violento vento agitatis armenii flamines ad
longum tempus in auguriis uti consueverunt wie uns Moses chorenensis im 5. jahrhundert überliefert.

Eine ganze reihe von weissagungen scheint durch Griechen und Römer in das
übrige Europa verbreitet worden; dahin gehören auch Hartliebs nachrichten von der
hydromantia, pyromantia (dem fiursehen), chiromantia (mittelhochdeutsch: der tisch
in der hant). das christallschauen des reinen kinds ist die gastromantia ex vase aqua
pleno, cujus meditullium vocabatur γάστηρ.

Wichtiger sind die eigenthümlichen, nicht aus dieser quelle fließenden gebräuche
europäischer völker: entweder giengen dabei besondere verrichtungen vor, oder die
weissagung wurde natürlichen dingen abgelauscht, abgehorcht, abgesehn.

Unsere vorfahren wusten nach Tacitus Germania den ausgang der schlacht aus
dem kräftigen oder zagenden erschallen des kriegsgesangs zu deuten.

Die alten Polen weissagten sieg aus dem wasser, das in ein sieb geschöpft ihrem
heer, ohne durchzulaufen, vorausgetragen wurde.

... ...

Was hier auf glück und heil wird sonst auf reine unschuld gedeutet. ein frommer
knabe trägt wasser im sieb, ohne daß ein tropfen durchfließt, nach dem indischen
glauben vermag der unschuldige wasser als kugel zu ballen. ›exstat Tucciae vestalis

incestae precatio, qua usa aquam in cribro tulit‹. Plinius; einem mädchen gibt die hexe auf, wasser im sieb zu holen; die vestalin muste auch feuer in ehernem siebe tragen; und ein dänisches märchen redet sogar von tragen der sonne im sieb.

Das sieb erscheint ein heiliges, alterthümliches geräth, dem man wunder beilegte. was der mythus begreift sind dem sprichwort unmöglichkeiten: ›er schepfet wazzer mit dem sibe swer âne vrîe milte mit sper und mit schilte ervehten wil êre und lant‹.

Die Gallier wahrsagten aus dem σφαδασμός (zucken), wenn der rücken eines dem tod geweihten mit dem schwert durchstochen wurde. Cimbern weissagten aus blut und eingeweide des geopferten gefangnen. weissagung aus dem eingeweide geschlachteter thiere findet auch bei den Malaien statt.

Nach angelsächsicher überlieferung ließen die Normannen ihrem heer eine wunderbare fahne vortragen, aus deren zeichen sie sieg oder besiegung entnehmen konnten.

... ...

Im encomium Emmae heißt es, die fahne sei aus weißer seide, ohne bild, gewesen, in kriegszeiten aber ein rabe mit ofnem schnabel und flatternden flügeln darin sichtbar geworden, sobald sie sieger waren; hingegen habe er still gesessen und die flügel hängen lassen, wann ihnen der sieg entgieng. Ailredus erklärt diesen raben für den leibhaften teufel, der freilich in rabengestalt erschien; näher liegt es an den vogel des heidnischen siegesgottes zu denken, vielleicht gab Oðinn dem siegreichen heer das zeichen, daß er seinen boten herabsandte? aber keine nordische sage thut solcher kriegsfahne meldung.

Von der weissagung aus heilbringendem rossegewieher ist schon gehandelt. Dempster sagt: equos hinnitu alacriore et ferociore fremitu victoriam ominari etiamnunc militibus persuasum est.

Abergläubische horchen weihnachts zwölf uhr auf scheidewegen, an grenzsteinen: vermeinen sie nun schwertergeklirr und pferdegewieher zu hören, so wird im künftigen frühjahr ein krieg entstehn (wie man aus dem pferdegewieher des wütenden heers krieg weissagt). mägde horchen um jene zeit an der schwelle des pferdestalls auf wiehern der hengste, und vernehmen sie es, so wird bis zum 24. juni ein freier erscheinen. andere legen sich weihnachten in die pferdekrippe, um künftige dinge zu erfahren. unheil naht wenn das ros stolpert, z.b. der serbische Scharatz.

Spatulamancia bei Hartlieb ist verderbt aus scapulimantia, und die kunst scheint nicht bloß von Römern oder Byzantinern herzurühren. nach Lambeck findet sich auf der Wiener bibliothek eine abhandlung des Michael Psellus (ich weiß nicht, welches) περὶ ωμοπλατοσκοπίας. auch Vintler gedenkt des ansehens der schulterbeine.

... ...

Unter den Kalmüken gibt es zauberer, dallatschi genannt, weil sie aus dem schulterblatt (dalla) der schafe, schwäne und hirsche weissagen. sie lassen diese knochen eine zeitlang im feuer brennen und verkünden dann aus dem anblick der darauf entstandnen streife und züge. läßt das feuer auf den blättern viel schwarze spuren, so machen die dallatschi auf gelinden winter hofnung; viel weiße spuren aber bedeuten schnee. auch bei den Tscherkessen gilt weissagung aus schulterblättern.

... ...

Dies trift nahe zu der wahrsagung aus dem gansbein (ex anserino sterno) Hartlieb, die in späterer zeit, wahrscheinlich heute noch, unter dem volk vorkommt. ich habe mir folgende stellen darüber angemerkt.

Ettners: ›und was müssen nicht die brustbeine der capphanen, gänse und enten vor prognostica herlehnen? sind dieselben roth, so urtheilen sie eine anhaltende kälte, sind sie aber weiß, klar und durchsichtig, so werde das wetter im winter erleidlich sein.‹

Martinsgans durch Johan Olorinus variscus: ›ihr guten alten mütterlein, ich ver- ehre euch das brustbein, daß ihr calendermäßig daraus warsagen lernet und wetter- propheten werdet. das förderste theil beim hals bedeutet den vorwinter, das hinterste theil den nachwinter, das weiße bedeutet schnee und gelinde wetter, das andere große kälte.‹

Ganskönig von Lycosthenes Psellionoros (Wolfgang Spangenberg) Straßburg 1607: ›das brustbein, so mnn nennt das ros (kindern zum selbspringenden röslein ver- macht), und auch den alten mütterlein, die daraus prognosticieren fein, und an der farb wissen, on gfärden, ob werd ein kalter winter werden‹.

Rhythmi de ansere: ›wie dann das bein in meiner brust, das trag ich auch nit gar umbsust, denn man darin kan sehen wol, wie es den winter wintern soll, und mancher sich danach fast helt, und mich für ein propheten zelt‹.

Im Englischen ist ein ähnlicher Orakel-Brauch noch mit dem als „wishbone" bezeichneten Hühnerknochen erhalten geblieben.

Die so aufs wetter achteten hießen wetersorgoere (weterwiser man) oder weter- kiesære, woher der eigenname Kiesewetter; in Rauchs script finde ich einen ort ›bei der weterchiesen‹, es scheint, daß gewisse plätze dafür gelegen waren.

Die Ehsten weissagten sich wetter und fruchtbarkeit aus fischreusen. Gutslaffs wor- te (in seinem buch über Wöhhanda) sind diese: ›zwar es ist mir neulich erzehlet wor- den, das die bauren vor diesem an dieser bäche ihr augurium wegen des wetters gehabt hetten, welches sie also verhandelt. sie hetten in diese bäche drei körbe gesetzet neben einander, und, ungeachtet der eußersten beiden, hetten sie nur auf den mittelsten korb alleine achtunge gegeben, was für gattunge von fischen in denselben köme. denn so in den mittelsten ein unschuppigter fisch, als ein krebs odcr quap oder dergleichen hineingekommen were, hetten sie sich eines bösen wetters und unfrucht- baren jahres zu besorgen gehabt: darumb so hetten sie einen ochsen geopfert, umb gut wetter zu erlangen. darauf hetten sie die körbe wiederum also eingestellet, und da

212

abermahl ein unschuppiger fisch in demselben befunden worden, so hetten sie zum andern mal einen ochsen geopfert, und darauf zum drittenmale die körbe wieder eingesetzet. hette sich nun wieder ein unschuppiger fisch darin befunden, so hetten sie vors dritte ein kind geopfert, umb gut wetter und fruchtbare zeit zu erlangen, und darauf zuletzt die körbe wieder eingesetzet. wenn sie denn nun nichtschüppigte fische im mittelsten korbe gefunden, so hetten sie es ihnen gefallen lassen und hetten sich mit gedult darin gegeben. hetten sie aber schuppichte fische darinnen gefunden, so hetten sie sich eines guten wetters und fruchtbaren jahres vermutet, welches sie mit freuden wargenommen‹

Ganz verschieden war die griechische ιχθυομαντεία aus der fische eingeweiden.

Wie dem rossewiehern gehorcht wurde, lauschte man nachts in den saatfeldern: weihnachten in die wintersaat gehn und die zukunft erhorchen, mainachts in das grüne korn.

… … …

Unverwandt römischem oder griechischem aberglauben, so viel ich sehe, sind die manigfalten weisen, künftige freier oder liebhaber zu erforschen.

Das mädchen lauscht dem gackern des hahns oder sie wirft den blumenkranz oder sie zieht in bestimmter nacht ein scheit aus dem holzhaufen, einen stecken aus dem zaun und zwar rücklings hinzugehend; oder bei dunkler nacht greift sie in die heerde, um einen widder heraus zu ziehen. das rückwärts gehen und nackend stehen ist dabei, wie in andern fällen, gewöhnliches erfordernis. Auch wirft sie das hemd, nackend, zur thür hinaus, oder greift rücklings aus der thüre nach des liebsten haar, oder deckt ihm (wie nornen) den tisch, an dem er nachts erscheinen und essen muß.

Harrys beschreibt den sogenannten nappelpfang: man setzt auf ein gefäß mit reinem wasser leichte näpfchen von silberblech mit den namen derer bezeichnet, welchen die zukunft erforscht werden soll; nähert sich das näpfchen eines jünglings dem eines mädchen, so wird daraus ein paar. anderwärts bedient man sich dazu einfacher nußschalen.

… … …

Schuhe über das haupt werfen, und sehen, wohin sich die spitze kehrt, erforscht den ort, an welchem ein mensch länger bleiben soll. die sermones disc de tempore nennen unter abergläubischen weihnachtsbräuchen das calceos per caput jactare.

Sie führen auch an, ›qui cumulos salis ponunt et per hoc futura pronosticant‹. im sterbhaus werden wiederum drei salzhaufen gemacht. dieses bezieht sich auf die heiligkeit des salzes.

Griechischer herkunft scheint das weitverbreitete bleigießen; auch Ihre erwähnt seiner, vergleiche die molybdomantia ex plumbi liquefacti diversis motibus.

… … …

Tagwählerei herschte bei Juden, Griechen und wahrscheinlich allen Heiden. Hesiod unterscheidet mütterliche und stiefmütterliche tage, er geht alle guten tage *des Zeus und alle bösen durch.*

Wurden auch die namen der wochentage aus der fremde bei uns eingeführt, so konnte sich doch schon sehr frühe einheimischer aberglaube damit verbinden.

... ...

Auch bei uns lebt der aberglaube fort, daß man nägel nur an bestimmtem wochentag, namentlich freitag, schneiden dürfe.

Ein unglückbringender tag heißt ein verworfner.

Die alten Deutschen scheinen vorzüglich den mittwoch und donnerstag geheiligt zu haben, nach ihren größten göttern, Wuotan und Donar. ›de feriis, quas faciunt Jovi vel Mercurio‹, hat der indiculus superstitionum.

Späterhin finde ich keinen wochentag abergläubisch mehr geehrt als den donnerstag; auch bei den Ehsten. donnerstags darf man keine wohnung beziehen, weil an diesem tage kein vogel zu neste trägt.

Dagegen gelten mittwoch und freitag für verworfne hexentage und einzeln mittwoch, freitag.

Nach den hexenacten erscheinen die teufel zumeist donnerstags und dienstags. aber auch montag gilt für unglücklich zu neuern beginn. am dienstag soll man ausreisen, an ihm ehen schließen. der feiste dienstag, schwedisch fettisdag, französisch mardi gras begünstigt unternehmungen. glücklich ist der sonntag.

Unter den Christen wurden eine menge tage im jahr ausgezeichnet, außer den hohen festen, zumal Johannistag, und fast jeder heilige tag hatte seinen eigenen bezug auf säen, pflanzen, viehtreiben, aderlassen und dergleichen. der dänische skjerstordag ist gründonnerstag. kaum hat bei einem andern volk mehr tagwählerei gegolten als bei den Christen im mittelalter. die altheidnischen jultage und sonnwendtage fielen zusammen mit weihnachten und Johannis.

Mit angang und tagewahl steht ein anderer weit verbreiteter aberglaube in verbindung. wie der tagesarbeit erfolg davon abhieng, daß am frühen morgen eine günstige begegnung eintrat, wie des wolfes oder raben geleit sieg weissagte; so pflegte dem wandernden heer ein göttlich gesandtes thier den weg und den ort der niederlassung anzuzeigen. colonien wurden nach dieser anführung gegründet, städte, burgen, kirchen gebaut; den beginn neuer stiftungen und reiche heiligen thiere, die menschlichen absichten fremd höheren rathschluß der götter kundgeben.

Die griechischen und römischen sage ist voll solcher beispiele. ein rabe führt des Battus ansiedelung nach Cyrene. die Irpiner heißen von irpus, dem wolf der sie leitete. Flôki opferte um wegweisende raben: ›hann fekk at bloti miklu, ok blotadi hrafna pria, tha er honum skyldu leid visa, thviat tha höfdu hafsiglingarmenn engir leidarstein i thann tima i Nordrlöndum‹. des gottes vogel ersetzte den schiffern den magnet (leidarstein).

Es ist wol nicht zufällig, daß rabe und wolf, Wuotans lieblinge, sieg und heil vorbedeutend, hierbei vorzugsweise genannt werden. in der vita Severini wird der bär wegweiser.

Auch hirsch und hindin zeigen den weg, nach Procop cimmerischen jägern die hindin.

... ...

Jäger geleitet der hirsch, hirten der stier, helden der wolf. aber auch die christlichen helden lassen sich lieber von dem hirsch führen, als dem heidnischen wolf: eine hirschkuh zeigte den Franken die rettende furt durch den Main.

Den raben hätten die Christen für einen boten des teufels angesehn.

Flodoardus erzählt in seiner historia remensis ecclesiae ein beispiel vom adler: ›conscenso silvosi montis vertice, dum circumferentes oculorum aciem de monasterii corde volutant positione, subito sublimi coelorum mittitur aliger index a culmine, per quem coelos scansuro locus in terris beato depromeretur Theoderico. nam mysticus ales aquila spatiando gyrans et gyrando circumvolans locum monasterii capacem secans aëra designavit. et ut expressius ostenderet quid dominus vellet unius fere horae spatio supra ubi ecclesia construi debuit lentis volatibus stetit, et ne hoc ab incredulis casu contigisse putaretur, ipso natalis domini die quadriennio continuo supervolando monasterium circumire, mirantibus plurimis, eadem aquila cernebatur.‹

Eine fliegende henne zeigt die baustätte der burg an.

Grenzen werden durch den lauf oder gang eines blinden pferdes, eines krebses geheiligt. da wo die fratres Philaeni die neue grenze erlaufen hatten, ließen sie sich lebendig begraben; die eigentliche ursache dieses festigenden eingrabens wird aber gleich näher enthüllt werden.

Dem Remus waren sechs, dem Romulus zwölf geier günstig geflogen bei gründung der stadt.

Bekannt ist, wie die alten Nordländer ihre auswanderungen und niederlassungen unter göttlichem geleite einrichteten. sie warfen die aus der alten heimat mitgenommnen öndvegissûlur („Seelenweg-Säulen" = Hochsitz-Säulen) oder setstokkar aus dem schif, und landeten da wo diese antrieben. an solchen hölzernen seulen war des gottes bild geschnitzt, auf den sie trauten, und er wies ihnen die neue wohnstätte an.

V 11. Zusammenfassung

Das Vogelorakel leitet sich aus der Vorstellung der Ahnen als Seelenvögel her, da man die Ahnen in allen Dingen um Rat und Hilfe frug. Auch das Verhalten der Pferde und Rinder als Orakelgrundlage stammt aus der Auffassung der Ahnen im Jenseits als männliche Herdentiere (Wiederzeugungs-Symbolik). Als drittes beruht die Wahl des Siedlungsortes aus Island auf den ins Wasser geworfenen und dann angeschwemmten Hochsitzsäulen auf derselben Vorstellung, da diese beiden Säulen zusammen mit dem Bogen über ihnen das Jenseitstor darstellten. Diese drei Orakelformen stehen dem direkten Befragen der Ahnen recht nah (siehe „Utiseta" in Band 50).

Das einfachste Orakel ist das Ziehen von Losen, auf denen oft die möglichen Antworten eingeritzt worden sind. Würfel scheinen hingegen nur zum Spielen benutzt worden zu sein, auch wenn man eine frühere Verwendung als Orakel nicht ausschließen kann.

Das Tafl-Spiel stellt den Kampf zwischen zwei Heeren dar und ist einst ein Orakel gewesen, das in den Tempeln benutzt wurde. Damals werden die beiden Parteien Tyr und Loki gewesen sein.

Vereinzelt hat es auch speziellere Orakelformen gegeben, zu denen die Bewegungen und Worte einer Statue zählen und ebenso das Ausfüllen des Platzes auf einem Thron, der Zweikampf und das Treibenlassen eines Schildes, auf dem eine Getreidegarbe liegt, auf einem Fluß, wobei die Bewegungen des Schildes die Antwort geben.

Die Sammlung von Jakob Grimm zeigt, wie vielfältig die Orakel-Methoden gewesen sind.

VI Orakel bei den Indogermanen

Auch die Orakel sind weltweit verbreitet und in ihren Methoden ausgesprochen vielfältig. Daher werden auch hier nur zwei Beispiele von den Griechen sowie eine kurze Schilderung der hethitischen Orakel angeführt.

VI 1. Griechen

Illias 8, 68-74

Aber nachdem die Sonne den Mittagshimmel erstiegen;
Jetzo streckte der Vater empor die goldene Waage,
Legt' in die Schalen hinein zwei finstere Todeslose,
Trojas reisigem Volk und den erzumschirmten Achaiern,
Faßte die Mitt', und wog: da lastete schnell der Achaier
Schicksalstag, daß die Schale zur nahrungssprossenden Erde
Niedersank, und die der Troer zum weiten Himmel emporstieg.

Illias 8, 170-171

Dreimal erscholl vom Ida das Donnergetön des Kronion,
Trojas Volk ankündend der Schlacht abwechselnden Siegsruhm.

Kronion = Zeus

VI 2. Hethiter

Für die Orakel scheinen bei den Hethitern verschiedene Priester und Priesterinnen zuständig gewesen zu sein. Am häufigsten wurden Leber- und Vogelflugorakel verwendet, die auch ansonsten unter den Indogermanen gut bekannt sind. Eine spezielle Methode bezieht sich auf die „Schlange des Herdes", mit der wohl die Glut gemeint sein wird – die Gestalt der Glut mußte wie die Bewegungen der (Seelen-)Vögel ein Ausdruck für den Willen der Ahnen sein, weil das Feuer das Tor zum Jenseits war.

Auch bei Feldzügen wurde die Marschroute u.ä. durch Orakel festgelegt. Dasselbe Verfahren ist z.B. auch von den Chinesen bekannt, deren Feldherrn das I Ging-Orakel (mit großem Erfolg) benutzten, um ihre Strategie festzulegen.

Es gab auch eine Seherinnen-Göttin bei den Göttern selbern, die den Namen „Zulki" trug.

Die hethitischen Seherinnen sind eine Entsprechung zu den bekannteren Seherinnen z.B. bei den Germanen, Kelten und Griechen.

D Prophezeiungen

VII Prophezeiungen in der germanischen Überlieferung

Eine Prophezeiung ist die Vorhersagung der Zukunft, wobei nicht auf Träume, Omen oder Orakel zurückgegriffen wird, sondern die Zukunft ohne diese Hilfsmittel direkt erfaßt wird.

VII 1. Wortschatz

fitons-andi	- Wahrsagungs-Geist/Inspiration („fiton" ist von griechisch „Phyton" für „Schlange" abgeleitet, wovon sich auch griechisch „Phytia" für „Seherin" ableitet)
vara	- ahnen, vermuten, vorhersehen, warnen, gedenken
for-njosn	- Vorhersehen

VII 2.   Vorhersagen über die Zukunft von Kindern

VII 2. a)   Nials-Saga

„Was dünkt Dich über das Mägdlein,“ wandte sich Höskuld an Rut, „ist es nicht ein liebliches Kind?“

Rut schwieg und Höskuld wiederholte seine Frage.

Da antwortete Rut: „Sehr schön ist sie, und mancher wird dafür büßen müssen.“

VII 2. b)   Saga über König Half und seine Recken

Da sprach Alrek:

„Geirhild, Maid,
gut ist Dein Bier,
ich könnte mich nicht beklagen,
wenn diese Sache keinen Haken hätte:
Ich sehe
Deinen Sohn, Frau
am hohen Galgen hängen –
an Odin verkauft.“

VII 2. c)   Nials-Saga

Einst ritt Nial wiederum nach Mörk. Er wurde freundlich aufgenommen und blieb die Nacht über dort. In der Dämmerung rief er Höskuld Thraensohn zu sich, und dieser kam alsbald herbei. Nial zeigte ihm einen Goldring, den er an der Hand trug.

Der Knabe nahm ihn, beschaute ihn und schob ihn auf seinen Finger. „Willst Du den Ring als eine Gabe von mir annehmen?“ frug Nial, und der Knabe bejahte es.

„Weißt Du auch, wer Deinem Vater den Tod gab?“ frug Nial weiter, und jener antwortete: „Ich weiß wohl, daß Skarphedin ihn erschlug, aber daran dürfen wir nicht mehr denken, denn es ist ein Vergleich geschlossen und volle Buße gezahlt.“

„Du hast wohl geantwortet,“ versetzte Nial, „Du wirst ein braver Mann werden.“

„Ich freue mich Deiner Weissagung,“ entgegnete der Knabe, „denn ich weiß, Du *schauest in die Zukunft und redest keine leeren Worte."*

„Ich will Dir anbieten, daß ich Dich erziehe," sprach Nial, „wenn Du es annehmen willst."

Der Knabe erwiderte, er wolle diese Ehre annehmen, sowie jede andere, die Nial ihm biete, und so geschah es denn, daß er mit Nial zog.

VII 2. d)   Saga über Ragnar Lodenhose

Sie (Kraka) sagte, daß das nicht sein könne, „und ich will, daß Du ein Hochzeitsfest für mich bereitest und dort für mich trinkst, wenn Du in Dein Königreich zurückkehrst, denn das scheint mir für meine Ehre und für Dich und für unsere Nachkommen, falls wir welche haben sollten, angemessener zu sein."

Er gewährte ihr ihre Bitte und sie hatte eine gute Fahrt. Dann kam Ragnar heim in sein Land und es wurde für seine Rückkehr ein prunkvolles Fest bereitet; da gab es ein freudiges Trinken sowohl für seine Rückkehr als auch für seine Hochzeit.

Am ersten Abend, als sie zu Bett gingen, wollte Ragnar ihre Ehe vollziehen, aber sie bat ihn, dies zu lassen, denn sie sagte, daß etwas Übles daraus entstehen könne, wenn ihr Rat nicht gehört würde. Ragnar sagte, daß könne nicht sein, und er sagte, daß der arme Mann und die arme Frau keine Seher (Krakas Eltern) gewesen seien.

Er frug, wie lange dies sein solle.

Da sagte sie:

„Drei Nächte sollen so vergehen,
getrennt am Abend, auch wenn
wir in der Halle zusammen sitzen,
vor unserem Opfer an die Heiligen Götter.
So wird diese Enthaltsamkeit
einen dauerhaften Schaden meines Sohnes verhindern –
der, den Du hastig zeugen willst,
wird keine Knochen haben."

Und obwohl sie dies sagte, achte Ragnar nicht darauf, sondern folgte seinem eigenen Rat.

Daraufhin gebar Kraka ihren Sohn Ivar Ohneknochen.

VII 2. e) Die Saga über Kampf-Glum

In dem Teil des Landes gab es eine Frau mit Namen Oddbiörg, die die Leute damit unterhielt, daß sie Geschichten erzählte – sie war eine Seherin („spaekona").

Man hatte das Gefühl, daß es wichtig war, wie die Hausherrin sie empfing, denn das, was sie sagte, hing mehr oder weniger davon ab, wie gut sie behandelt wurde.

Es ist nicht zu übersehen, daß der Schreiber dieser Saga keine allzuhohe Meinung von den Seherinnen und ihren Fähigkeiten hatte – obwohl sich andererseits im Verlauf der Saga zeigt, daß alle ihre Vorhersagen richtig waren.

Sie kam nach Uppsala und Saldis bat sie, für sie wahrzusagen – etwas Gutes, was die Jungen betraf.

Das ist eine recht merkwürdige Bitte an die Seherin – nur etwas Gutes über die Jungen zu sagen …

Ihre Antwort war: „Diese Jungen sind vielversprechend, aber es ist schwierig zu sehen, was ihr zukünftiges Geschick sein könnte."

Saldis rief aus: „Wenn ich anhand dieser unbefriedigenden Antwort von Dir urteilen soll, dann bist Du unzufrieden mit Deiner Behandlung hier."

„Lasse Dich nicht davon in Deiner Gastfreundschaft beirren," sprach Oddbiörg, „und nimm diese Worte nicht so schwer."

„Je weniger Du sagst, um so besser," entgegnete Saldis, „wenn Du uns nichts Gutes erzählen kannst."

„Ich habe bisher nicht zuviel erzählt," antwortete sie, „aber ich glaube nicht, daß ihre Liebe zueinander lange halten wird."

Da sagte Saldis: „Ich habe gedacht, daß die gute Behandlung, die ich Dir gewährt habe, ein besseres Omen verdient hätte – und wenn Du böse Orakel verkündest, kann es Dir geschehen, daß Du zur Türe hinausgeworfen wirst!"

Saldis unterscheidet hier ganz offensichtlich nicht zwischen dem Verkünden der wahrgenommenen Zukunft und dem Benutzen eines Zauberspruches, der den Lauf der Dinge ändert.

„Nun," sagte Oddbjörg, „da Du ohne Ursache so wütend bist, sehe ich keinen Grund mehr, Dich zu schonen – und ich werde Dich nie wieder belästigen! Aber was auch immer Du damit tun wirst: Diese Jungen werden sich später gegenseitig den Tod bringen und etliche Übel, eines größer als das andere, wird von ihnen über diese Gegend kommen!"

Das psychologische Feingefühl der Seherin dafür, was sie wann sagt, ist in ähnlicher Weise auch von den keltischen Barden/Druiden bekannt.

VII 2. e) Zusammenfassung

Über die Kinder werden folgende Dinge vorhergesagt:

- der Tod von Männern wegen der Schönheit der Frau, zu dem das Mädchen heranwachsen wird
- der gewaltsame Tod eines Sohnes
- ein Junge wird ein mutiger Mann werden
- mit der Zeugung soll gewartet werden, da sonst ein Kind ohne feste Knochen geboren werden wird
- zwei Kinder-Freunde werden sich als Erwachsene gegenseitig töten

VII 3.   Vorhersagen über die Zukunft von Erwachsenen

VII 3. a)   Bandaman-Saga

„*Nun werde ich Dir etwas sagen,*" *sprach Egil,* „*und ich hätte nicht gedacht, daß ich dies jemals sagen würde, und ich bitte um einen Segen für Deinen offenstehenden Mund! Denn es wurde mir vorhergesagt, daß ich an hohem Alter sterben werde – und ich wäre noch zufriedener, wenn die Trolle Dich zuerst holen würden!*"

die Trolle holen jemanden = sterben

VII 3. b)   Bruchstück eines Brünhild-Liedes

Da sprach Gudrun, Giukis Tochter:
„*Du freust Dich frech der freveln Tat;*
Doch Geister ergreifen einst Gunnar den Mörder:
Züchtigung ziemt dem zorngrimmen Herzen."

VII 3. c)   Lachstal-Saga

Halldor sprang so plötzlich auf, daß die Fibel von seinem Umhang gerissen wurde, und sprach: „*Es wird noch etwas anderes geschehen, bevor ich sage, was mein Wille ist!*"
„*Was ist das?*" *frug Thorstein.*
„*Die Streitaxt eines der schlimmsten Männer wird in Deinem Kopf stecken und auf diese Weise Deine Unverschämtheit und Deine Ungerechtigkeit niederwerfen!*"
Thorkell antwortete: „*Das ist eine üble Prophezeiung und ich hoffe, daß sie nicht in Erfüllung geht.*"

Hier ist nicht klar erkennbar, ob Halldor die Zukunft vorhersagt („Prophezeiung") oder ein Unglück herbeiruft („Fluch").

VII 3. d)   Lachstal-Saga

Helgi Hardbienson ging zu Gurdun (Bollis Frau) und ergriff das Ende des Schals und wischte damit das Blut von dem Speer – von demselben Speer, mit dem Bolli erstochen worden war.
Gudrun blickte ihn an und lächelte ein wenig.
Da sprach Halldor: „Das war eine gemeine und grausame Tat!"
Helgi bat ihn, darüber nicht wütend zu sein, „denn mir scheint, daß unter diesem Schal die ist, die mein Leben beenden wird."

VII 3. e)   Lachstal-Saga

Da sprach Osvif: „Du, Kettenhund, wirst in dieser Sache kein Wahrsager sein, denn meine Söhne werden unter den Männer in hohem Ansehen stehen, während Du, Kettenhund, diesen Sommer in die Macht der Trolle geraten wirst!"
Audun Kettenhund ging in diesem Sommer auf Fahrt und sein Schiff ging zwischen den Faröer-Inseln zu Bruch und alle Männer an Bord kamen um, sodaß alle fanden, daß sich Osvifs Prophezeiung vollkommen erfüllt hatte.

Es ist auch hier wieder nicht zu erkennen, ob es sich um eine Prophezeiung oder um einen Fluch gehandelt hat – vermutlich unterschieden die Germanen beides auch garnicht in der Weise wie dies heute üblich ist.

VII 3. f)   Grettir-Saga

Da sprach Grettir: „Dieses Schicksal sage ich Dir voraus, Tardy," sprach er, „daß Du nicht im Rauch der Schlafkammer sterben wirst und auch nicht an hohem Alter."

VII 3. g)   Saga über Halfdan Eystein-Sohn

Die Königin sprach: „Nun muß daß geschehen, was wahrhaft vorausgesagt worden ist: Daß mein Leid schlimm werden wird – und so muß ich mich nun darin fügen, Dich zu heiraten."

VII 3. h)   Gesta danorum

Mittlerweile hatte Helga mit ihren Worten angedeutet, daß die größte Vorsicht geraten war. Sie sagte ihm, daß sie Starkad kenne und daß er sobald er von seinem Sieg über die Krieger zurückkomme, ihn für seine Abwesenheit strafen werde, weil er glauben werde, daß ihm mehr an seiner Bequemlichkeit und Lust gelegen sei als an seinem Versprechen zu kämpfen, weshalb er Starkad kühn widerstehen solle, da dieser die stets die Mutigen verschone und die Feigen verachten würde.

Helge achtete gleichermaßen ihre Vorhersagen und ihren Rat und erfüllte seinen Leib mit der Glut mutiger Tatkraft.

VII 3. i)   Gesta danorum

Der alte Mann (Odin) *prophezeite Hadding bei ihrem Abschied die Art des Todes, durch die er sterben werde – nicht durch die Hand eines Feindes, sondern durch seine eigene Hand.*

VII 3. j)   Saga über Kampf-Glum

Die beiden Schwestern gingen mit ihm zusammen aus dem Langhaus, doch als sie zurückkehrten, blickte Una über ihre Schulter zu ihm zurück und fiel ohnmächtig nieder.

Ihre Schwester frug sie, was sie gesehen habe.

„Ich habe tote Männer zu Bard kommen sehen,“ sagte sie, „er muß totgeweiht sein!“

VII 3. k)   Gisli-Saga

Da sprach Gisli. „... ... ... Und nun müssen wir uns als schlechtere Freunde trennen, als es sein sollte, und wir werden uns nie wiedersehen. Doch ich weiß, daß ich nicht so handeln würde. Ich würde Schulter an Schulter neben Dir stehen und wir würden dasselbe Schicksal teilen.“

„Mir sind Deine Vorhersagen egal und ebenso, wie sehr Du Dich Deines Mutes rühmst.“ sprach Thorkel – und damit trennten sie sich.

VII 3. l)   Cormac-Saga

Helga, die Tochter des Jarls Frode, hatte eine Ziehmutter, die die Zukunft vorher-sagen konnte, und sie kam zusammen mit ihr.

... ...

Helgas Ziehmutter pflegte ihre Hand auf die Männer zu legen bevor sie in den Kampf zogen. Sie tat dies auch bei Ogmund, bevor er das Haus verließ und erklärte, daß er niemals ernsthaft verwundet werden würde.

VII 3. m)   Gesta danorum

Hadding traf einen Mann mit Namen Lysir, der in einem feierlichen Schwur sein Verbündeter wurde – durch das Betreiben eines Mannes von hohem Alter, der nur ein Auge hatte und der Erbarmen mit der Einsamkeit des Hadding hatte.

Lysir („Glänzender, Leuchtender") ist offensichtlich Odin. Dieser Name klingt, als ob er sich auf Odins Goldhelm und somit letztlich auf den ehemaligen Göttervater Tyr beziehen würde, dessen Goldhelm ihn als Sonnengott charakterisiert.

Nun war es bei den Alten, wenn sie ein Bündnis eingehen wollten, der Brauch, die Fußspuren des jeweils anderen mit ihren Blut zu besprenkeln und auf diese Weise ihr Freundschafts-Versprechen durch einen Austausch ihres Blutes zu bestätigen.

Lysir und Hadding, die auf diese Weise durch das festeste Band aneinander gebun-den waren, erklärten daraufhin Loker, dem Unterdrücker der Kurländer, den Krieg.

Sie wurden jedoch besiegt und der alte, zuvor erwähnte Mann nahm Hadding, als dieser auf dem Rücken seines Rosses floh, mit in sein Haus und erfrischte ihn dort mit einem gewissen angenehmen Trank und erzählte ihm, daß er sich schon bald wieder frisch und kräftig in seinem Leib fühlen werde.

Odins Haus ist Walhall, d.h. das Jenseits. Der „erfrischende Trank" ist das Horn voll Met, das auch auf den Runensteinen die Walküre, d.h. die Jenseitsgöttin dem Toten reicht.

... ...

Diesen prophetischen Rat bestärkte er mit einem Lied, das wie folgt lautete:

„Während Du hierher geflohen bist, hat Dich ein Feind,
der Dich für einen Deserteur hielt, verfolgt –
er will Dich fesseln und Dich von den kauenden Kiefern
von Raubtieren zerreißen lassen.

Doch Du sollst die Ohren der Wächter
mit allerlei Geschichten füllen
und wenn sie das Fest gefeiert haben und ein tiefer Schlaf sie gefangen hält,
dann löse Deine Fesseln und die verhaßten Ketten.

Wende Deine Schritte dann hierher
und wenn eine Weile verstrichen ist,
dann richte all Deine Kraft
gegen den geschwinden Löwen,

der die Leichen der Gefangenen zu zerreißen pflegt,
und presse mit Deinen starken Armen
gegen seine wilden Schultern
und suche mit dem nakten Schwert nach seinen Herzmuskeln.

Richte sofort Deinen Kehle zu ihm
und trinke sein dampfendes Blut
und verschlinge mit gierigen Kiefern
das Festmahl seines Leibes.

Dann wird erneute Stärke in Deine Glieder kommen
und eine nie erträumte Kraft in Deine Sehnen eintreten
und eine Anballung von großer Kraft
wird Deine ganze Gestalt erfüllen und durchströmen.

Ich selber werde den Pfad zu der Erfüllung Deinen Gebete ebnen
und werde die Gefolgsleute in ihrem Schlaf
meinem Willen unterwerfen
und werde sie die ganze Nacht hindurch schnarchen lassen."

Und nachdem er gesprochen hatte, hob er den jungen Mann wieder auf sein Pferd und brachte ihn dorthin zurück, wo er ihn gefunden hatte.

Hadding zitterte unter seinem Mantel, aber seine Verwunderung über das, was geschehen war, war so groß, daß er durch die Löcher (seines Mantels) spähte. Und er sah, daß vor den Schritten des Rosses das Meer lag – doch ihm wurde gesagt, daß er *nicht versuchen solle, einem Blick des Verbotenen zu erhaschen, Daher wandte er seinen Blick von den erschreckenden Dingen auf dem Weg, auf dem sie reisten, fort.*

Dann wurde er von Locker gefunden und erkannte durch sein eigenes Erleben, daß jeder Teil der Prophezeiung an ihm erfüllt worden war.

VII 3. n) Nials-Saga

Snorre war ein großer Häuptling am Hvamsfjord und mit Asgrim befreundet; er war der klügste Mann auf Island unter denen, die nicht in die Zukunft schauten; er war liebreich gegen seine Freunde, aber schonungslos gegen seine Feinde.

Snorre empfing Asgrim und sein Gefolge freundlich, wollte ihnen aber keine Hilfe versprechen, nur sagte er, er wolle ihnen nicht entgegen sein, „aber wer ist dieser Mann, der fünfte in Eurer Reihe, der bleiche Mann dort mit den scharfen Zügen, welcher spöttisch lächelt und seine Axt so hoch trägt?“ fragte Snorre.

„Ich heiße Hedin,“ war die Antwort, „manche aber nennen mich Skarphedin mit vollem Namen. Was hast Du mir mehr zu sagen?“

„Du siehst mutig aus,“ versetzte jener, „und gewaltig, aber ich glaube, die längste Zeit Deines Glückes ist dahin und Deine Tage sind gezählt.“

„Das ist eine Schuld, die wir alle zu bezahlen haben,“ erwiderte Skarphedin, „Du aber solltest lieber Deinen Vater rächen als mir Böses weissagen.“

„Dasselbe haben viele vor Dir gesagt,“ antwortete Snorre, „darum will ich Dir nicht zürnen.“

VII 3. o) Nials-Saga

Der folgende Text fand sich auch schon bei den Omen, da in ihm sowohl eine Vision (Blut an der Giebelwand), als auch ein Omen (Erscheinung des Seehunds) und eine Prophezeiung (Rückkehr der Söhne) vorkommt.

Am Montag Morgen ritten Nial's Söhne Grim und Helge nach einem Hofe, wo sich Kinder von ihnen in Pflege befanden und sagten zu ihrer Mutter, sie würden erst am nächsten Tage wiederkehren.

Am Abend desselben Tages sprach Bergthora zu ihrem Gesinde: „Diesen Abend teile ich Euch Eure Mahlzeit nicht zu; Ihr dürft selbst wählen, so daß ein jeder erhält, was ihm am liebsten ist. Es wird wohl der letzte Abend sein, daß ich meinem Gesinde die Mahlzeit vorsetze.“

„Das sei ferne," meinten diese.

„Es wird doch so kommen, wie ich sage," versetzte sie, *„ich könnte mehr davon erzählen, wenn ich wollte. Wünschet Ihr ein Zeichen, daß ich die Wahrheit rede, so werden meine Söhne Grim und Helge diesen Abend zurückkehren, bevor Ihr gesättigt seid; trifft das ein, so geschieht mehr von dem, was ich vorausgesagt habe."*

Darauf setzte sie das Essen auf den Tisch.

Bald nachher sagte Nial: „Es ist doch wunderbar: mir scheint, ich blicke über den ganzen Raum des Hauses hin; die Giebelwand ist fort, aber der Tisch und das Mahl schwimmt in lauter Blut."

Alle entsetzten sich, Skarphedin aber bat sie, nicht üble Nachrede hervorzurufen durch Klagen und unziemliche Gebärden. „Uns kommt es mehr als anderen zu, Mut und mannhaftes Herz zu zeigen," äußerte er.

Ehe die Tische weggenommen worden waren, kehrten Grim und Helge zurück. Da wurde allen unheimlich zu Mute. Nial frug sie, weshalb sie so bald wiederkämen.

Sie versetzten, sie hätten einige Weiber angetroffen, die ihnen mitteilten, sie hätten alle Sigfussöhne, fünfzehn Mann stark, in voller Waffenrüstung auf Trehörninghals zureiten sehen; Grane Gunnarsohn und Gunnar Lambesohn mit einer anderen Schar hätten dieselbe Richtung verfolgt. „Da meinten wir," sagte Helge, *„Flose müßte von Osten gekommen sein, um mit ihnen zusammenzutreffen; darum wollten wir nirgends anders sein, als wo unser Bruder Skarphedin ist."*

Nun gebot Nial, daß niemand zu Bette gehen dürfe, sondern alle sollten gute Wache halten.

Diese Vorhersage ging in Erfüllung.

VII 3. p) Die Saga über die Joms-Wikinger

In diesem Text findet sich neben dem bereits berichteten orakelhaften Ausspruch der Königin auch noch die Prophezeiung des Königs.

Eines Tages, als sehr heißes Wetter war, gingen die Männer und auch die beiden Könige zum Schwimmen zwischen den Schiffen ins Wasser. Da kamen Leute von oben vom Land heruntergelaufen und schossen auf sie. Knutr wurde tödlich von einem Pfeil getroffen und sie zogen die Leiche aufs Schiff. Als das die Landsleute erfuhren, zog sich sofort ein unbesiegbares Heer zusammen.

Als nächstes kam König Adalsteinn und alles Volk, das sich zuvor Knutr unterworfen hatte, schloß sich ihm an. Danach konnten die Dänen wegen der Heeressammlung der Landsleute nicht mehr an Land gehen. Daraufhin fuhren die Dänen zurück nach Dänemark.

Da hielt sich König Gormr in Jütland auf. Haraldr begab sich sofort dorthin und erzählte seiner Mutter von dem Geschehenen.

König Gormr hatte geschworen, daß er sterben würde, wenn er vom Tod seines Sohnes Knutr erführe, und so auch der, der ihm davon berichtete. Da ließ die Königin die Halle mit grauem Wollstoff behängen. Als der König zu Tisch kam, schwiegen alle, die drinnen waren.

Da sprach der König: „Warum schweigen alle Leute? Gibt es irgendwelche Neuigkeiten zu berichten?"

Da sagte die Königin: „Herr, ihr hattet zwei Falken, einen weißen und einen grauen. Der weiße war weit in die Wildnis hinausgeflogen. Dort stürzten sich viele Krähen auf ihn und rupften ihn, so daß ihm alle Federn ausgerissen wurden. Jetzt ist der weiße verschwunden und der graue zurückgekommen, und er wird nun Vögel zu Eurer Verköstigung erlegen."

Da sprach der König: „Dänemark läßt so den Kopf hängen, als sei mein Sohn Knutr tot."

Darauf sagte die Königin: „Diese Nachrichten, die ihr sagt, werden wahr sein, Herr."

Das bestätigten alle, die drinnen waren. Am selben Tag wurde König Gormr krank und starb am Tag darauf zur selben Zeit. Da war er hundert Jahre lang König gewesen. Ein großer Grabhügel wurde für ihn aufgeworfen.

VII 3. q) Die jüngere Version der Huldar-Saga

Haddbroddr verirrte sich einmal auf der Jagd, kam an einen Hof, in welchen er Einlaß fand, und ward hier von einem wunderschönen Weibe begrüßt, welches ihn bewirtete und durch Gespräch und Harfenspiel trefflich unterhielt. Dies war Glöd, die Herrin des Hauses. Drei Nächte teilte er mit ihr das Lager und erzeugte mit ihr die Huld, an der sich Odins und der Stammmutter Huld Weissagung erfüllen sollte.

Glöd gab dem Haddbroddr hierüber Bescheid und verkündete ihm zugleich seines Vaters Tod, indem sie ihn sogleich heimkehren hieß, aber ihn auch für den Fall schwer bedrohte, daß er die Tochter nicht gut aufnehme, die sie ihm schicken werde, sowie sie ihr drittes Jahr erreicht habe.

Da ging Haddbroddr heim und übernahm die Regierung seines Reiches. Er heiratete und gewann mit seiner Frau einen Sohn, welcher Heimgestr Huldar-Bruder genannt wurde. Nach einigen Jahren brachte ihm ein bejahrtes Weib die dreijährige Huld als sein Kind. Da er sie aber nicht annahm, trug das Weib sie wieder fort.

Da brachte Glöd die Huld nach Finnland zu Snär dem Alten zur Erziehung. Kurz darauf erscheint sie aber dem Haddbrodd im Traum und verheißt ihm zur Vergeltung seiner Schuld eigenes Unglück und seinem Hause den Verlust seines Reiches auf volle 700 Jahre.

VII 3. r)   Lachstal-Saga

Da ritt er zum Thing zu seiner eigenen Hütte. Am Anfang war das Thing recht still.
Eines Tages hingen die Leute auf dem Thing ihre Kleidung zum Trocknen hinaus. Thorgils besaß einen blauen Umhang, den er über der Wand der Hütte ausgebreitet hatte.
Da hörten die Männer den Umhang wie folgt sprechen:

„ Der Kapuzen-Umhang,
der an der Mauer hängt, kennt eine Borte;
ich sage nicht, daß er zwei kennt,
denn er ist vor kurzem gewaschen worden. "

Da fanden die Leute, daß dies eine sehr erstaunliche Sache sei.

Das Wort für „Borte" konnte auch „List" bedeuten.
Thorgils hatte kurz zuvor zwei Männer die Goden-Würde fortgenommen und wurde kurz nach dem Spruch des Mantels selber erschlagen. Der Spruch des Mantels wird daher wohl als eine Todes-Ankündigung zu verstehen sein.
Der sprechende Mantel ist wahrscheinlich eine für die Saga umgedeutete Version des Mantels, unter den oder auf den sich der Seher bei seiner Jenseitsreise setzt.

VII 3. s)   Saga der Leute aus dem Vatnsdal

Ingjald und seine Männer bereiteten ein magisches Ritual in der alten Weise vor, damit die Männer erfahren konnten, was die Nornen für sie vorgesehen hatten. Eine Zauberin der Lappen war unter ihnen anwesend. Ingimund und Grim kamen mit einem großen Gefolge bei dem Fest an.
Die Lappen-Frau saß in prachtvoller Kleidung auf dem Hochsitz.
Die Männer verließen ihre Bänke und traten vor, um nach ihrem Schicksal zu fragen.

VII 3. t) Die Lachstal-Saga

König Olaf Tryggvason sprach: „Hier ist ein Schwert, Kjartan, daß Du jetzt bei unserem Abschied erhalten sollst. Trage diese Waffe stets bei Dir, denn mein Geist sagt mir, daß Du niemals ein Waffen-gebissener Mann sein wirst, solange Du dieses Schwert trägst."

Es war eine sehr edle Gabe und reich verziert.

Kjartan dankte dem König mit höflichen Worten für all die Ehre.

VII 3. u) Zusammenfassung

Über Erwachsene werden die folgenden Dinge vorhergesagt:

- der gewaltsame Tod eines Mannes (11)
- der baldige Tod eines Mannes (1)
- der Tod in hohem Alter (1)
- die unverletzte Rückkehr aus einem Kampf (2)
- die baldige Genesung (1)
- die Heirat mit einem verabscheuten Mann (1)
- die Zukunft (1)
- ein Rat für sinnvolles Verhalten (1)

VII 4.   Vorhersagen über die Zukunft einer Menschengruppe

VII 4. a)   Lachstal-Saga

Am Morgen wurde Gests Leichnam bestattet und er und Osvif ruhten in demselben Grab. So wurde Gests Prophezeiung erfüllt, denn nun war der Abstand zwischen ihnen kleiner als zu der Zeit, als der eine von ihnen in Bardistrand und der andere in Sälingsdale gewohnt hatte.

VII 4. b)   Saga über König Half und seine Recken

Eine Geschichte kann ich erzählen
den Söhnen Norwegens,
oh, eine wunderbare,
wenn ihr sie hören wollt:
Odins Tochter
zog nordwärts
in Blut getränkt,
her von Dänemarks Küste.

Odins Tochter = Walküre

Sie trägt einen Helm
auf ihr Haupt gesetzt,
einen harten Schlachten-Schutz;
sie hält sich nicht hinten im Heer.
Nicht mehr lange mußten nun
die Jünglinge warten,
denn der Krieg ist unterwegs,
sie wird nicht zögern.

Schlachten-Schutz = Helm

Schilde werden bersten,
die Augen der Maid blitzen
über den Bezirk
auf den Männer-Verletzer,
den Schwert-Herrn.
Für alle Söldner,
für jeden Mann
wird es viele Speere geben,

bevor der große
Stahl-Sturm beginnt.
Doch wenn dies wahr ist,
wenn es übel ausgeht,
werdet ihr alle
teuer bezahlen
für dieses Jahr,
wenn das Frühjahr kommt."

Männer-Verletzer = Krieger, König
Schwert-Herr = Krieger, König
Stahl = Waffen; Waffen-Sturm = Kampf

VII 4. c)   Völsungen-Saga

Da sprach Gudrun: „Gebt mich nicht diesem Mann, denn etwas Übles wird von ihm über Deine Sippe kommen und seinen eigenen Söhne wird er ein Unheil sein und er wird danach eine bittere Rache erleiden!"

VII 4. d)   Völsungen-Saga

Nun muß erzählt werden, daß König Siggeir in dieser Nacht zusammen mit Signy ins Bett ging.

Am nächsten Morgen war das Wetter schön. Da sprach König Siggeir, daß er nicht warten wolle, da der Wind vielleicht stärker werden und die See unbefahrbar werden könnte.

Es wird nicht gesagt, daß Völsung oder seine Söhne ihn aufzuhalten versuchten –

235

und das um so weniger, als sie spürten, daß er das Fest gerne verlassen würde.

Aber da sprach Signy zu ihrem Vater: „Ich habe nicht den Wunsch, mit Siggeir fortzugehen und mein Herz lächelt ihm nicht zu und ich weiß durch meine Gabe des Vorhersehens und durch den Geist unserer Sippe, daß aus diesem Ratschluß großes Unheil über uns kommen wird, wenn diese Heirat nicht schnell wieder aufgelöst wird."

„Sprich nicht in dieser Weise," sagte er, „denn es wäre eine große Schande für ihn und, ja, auch für uns, das Treuegelöbnis zu brechen, da er schuldlos ist. Und wir werden ihm in nichts mehr trauen können und keine Freundschaft mit ihm haben können, wenn diese Dinge abgebrochen werden. Stattdessen wird er uns dies heimzahlen – auf eine so üble Weise wie er nur kann. Nur das eine sieht vernünftig aus: treu das Gelöbnis einzuhalten."

Signy hat leider recht behalten …

VII 4. e)   Gesta danorum

Danach verbrachte Hadding die ganze Winterzeit mit den intensivsten Vorbereitungen für die Weiterführung des Krieges.

Als der Frost von der Frühlingssonne geschmolzen worden war, fuhr er zurück nach Schweden und verbrachte dort fünf Jahre mit dem Führen des Krieges.

Aufgrund seiner langen Kriegsführung hatten seine Krieger all ihren Proviant verbraucht und waren bis in das Extrem der Abmagerung gelangt und begannen ihren Hunger mit Pilzen aus dem Wald zu stillen. Später schlachteten sie dann unter dem großen Druck des Hungers ihre Pferde und aßen schließlich sogar Hunde, um ihren Hunger zu stillen. Noch schlimmer war es, daß sie auch keine Bedenken mehr hatten, auch menschliche Glieder zu essen.

Als die Dänen auf diese Weise in die verzweifeltste Lage geraten waren, erklang während des ersten Schlafes der Nacht in ihrem Lager ohne daß irgendein Mensch es sang, das folgende Lied:

„Durch schlechte Vorhersagungen habt ihr das Heim eures Landes verlassen und gedachtet, diese Felder im Krieg zu plündern.

Welche unsinnigen Vorstellungen haben euren Geist verspottet?

Welches blinde Selbstvertrauen hat eure Sinne ergriffen, daß ihr glaubt, diese Erde könne so erobert werden?

Die Macht der Schweden kann nicht vor einem Fremden im Krieg nachgeben oder zittern – sondern euer ganzes Heer wird dahinschmelzen, wenn es unser Volk im

Krieg angreift. Denn wenn die Flucht den stürmischen Angriff aufgebrochen hat und der kämpfende Teil des Heeres wankt, dann wird denen, die im Krieg die Oberhand erhalten, freie Hand gegeben werden, die abzuschlachten, die ihnen die Rücken zuwenden.

Und sie haben die Macht verliehen bekommen, um so härter zuzuschlagen, wenn Wyrd den Erneuerer des Krieges vor sich hertreibt.

Und man soll nicht diejenigen mit den Speeren zielen lassen, die die Feigheit ablenkt."

Dieses Lied, das ohne einen sichtbaren Sänger in dem Dänen-Lager erklang, ist offenbar ein Walküren-Lied, das das drohende Ende von König Hadding und seinem Heer verkündet. Auch die Erwähnung des „Wyrd", also des Schicksals spricht für diese Deutung, da das Wort „Wyrd" mit dem Namen der Norne „Urd", deren Botinnen die Walküren ursprünglich gewesen sind, identisch ist.

Diese Prophezeiung erfüllte sich in der Dämmerung des nächsten Tages durch ein großes Gemetzel an den Dänen.

In der nächsten Nacht hörten die Krieger der Schweden genauso einen Ausruf, ohne das jemand erkennen konnte, wer da sprach:

„Warum lehnt sich Uffe mit einem solch leidvollen Aufstand gegen mich auf?
Er wird die größte Strafe zahlen müssen! Denn er wird unter Schauern von Speeren durchbohrt und begraben werden und er wird fallen zur Sühne für seinen unverschämten Versuch!

Und auch die Schuld seiner mutwilligen Rachsucht wird nicht unbestraft bleiben: So wie ich es vorhergesagt habe, wird sein Leib, sobald er in die Schlacht eingreift und zu kämpfen beginnt, an jeder Stelle von den Spitzen der Speere getroffen werden und seine offenen Wunden werden von keinem Verband geschützt werden können und kein Heilmittel wird Deine großen Kampfwunden heilen können!"

Der merkwürdige Umstand, daß beiden Heere eine Niederlage prophezeit wird, spricht dafür, daß auch diese Szene eine Weiterentwicklung einer früheren Mythe sein könnte und daß dieser Text von dem Mönch Saxo dem Schriftkundigen, der ihn verfaßt hat, nur sehr wenig verändert worden ist.

Die Prophezeiung erinnert sehr an die ewige Schlacht zwischen den Heeren von Högni und Hedin, die auf den endlosen zyklischen Kampf zwischen dem Sommergott Tyr und dem Wintergott Loki zurückgeht, der die Jahreszeiten entstehen läßt.

In derselben Nacht kämpften die beiden Heere gegeneinander. Da erschienen zwei haarlose alte Männer, die von ihrem Aussehen garstiger als Menschen aussahen. Alle konnten ihre schreckliche Kahlköpfigkeit im blinkenden Sternenlicht sehen. Sie verteilten ihr ungeheuerliches Streben auf einen gegensätzlichen Feuereifer: Einer von ihnen feuerte die dänische Seite an und der andere trieb die Schweden zum Kampf.

Die Kahlköpfigkeit ist nicht nur ein Zeichen für ein hohes Alter, sondern oft auch ein Zeichen der Schamanen, deren Kontakt zu den Toten ein Sinnbild in ihrem Totenkopf-kahlen Schädel findet. Diese Symbolik findet sich bei verschiedenen Völkern – man kann möglicherweise auch die christliche Tonsur zu dieser Symbolik zählen. Die keltischen Druiden scherten sich einen Steifen von dem einen zu dem anderen Ohr kahl – möglicherweise hat es auch bei den Goden einst einen derartigen Brauch gegeben. Falls dies zutreffen sollte, wären die beiden alten Männer ursprünglich einmal die Goden gewesen, die die beiden Heere durch ihre Magie unterstützt haben.

Hadding wurde besiegt und floh nach Helsingland. Als er dort er seinen Leib, der von Feuer verbrannt worden war, in dem kalten Meereswasser wusch, griff er ein Ungeheuer von ihm unbekannter Art an und schlug es mit vielen Hieben nieder. Nachdem er es getötet hatte, trug er es in sein Lager.

Es stellt sich die Frage, welcher Gott sich wohl in die Gestalt eines Meeresungeheuers verwandelt haben mag – und welche Art von Meeresungeheuer dies gewesen sein könnte.

Ein Drache wäre denkbar, aber noch wahrscheinlicher ist wohl ein im Meer lebendes Troll-Ungeheuer wie Grendel aus dem Beowulf-Epos, das zwar von den Angelsachsen um 750 n.Chr. in England niedergeschrieben wurde, aber ursprünglich aus Dänemark stammt. Während Grendel als Ungeheuer dargestellt wird, wird das von Hadding getötete Monster im Folgenden als ein Gott bezeichnet. Dies ist kein Widerspruch, da Grendel und seine Mutter in der Tiefe ihres Sumpfes ursprünglich die Jenseitsgöttin (Hel, Freya) und der von ihr wiedergeborene ehemalige Sonnengott-Göttervater Tyr (ihr Sohn Grendel) gewesen sind.

Falls diese Deutung zutreffen sollte, müßte sich in Dänemark die Erinnerung an die eigentliche Bedeutung der „Ungeheuer im Meer" recht lange gehalten haben.

Als er sich seiner Tat brüstete, traf ihn eine Frau und sprach ihn mit folgenden Worten an:

„Ob Du zu Fuß über die Felder schreitest
oder ob Du das Segeltuch über der See spannst:
Du wirst den Haß der Götter erleiden
und in der gesamten Welt wirst Du erleben,
wie die Elemente Deinem Willen widerstreben!
Auf dem Fels sollst Du fallen,
auf der See sollst Du umhergeworfen werden,
ein ewiger Sturm soll die Schritte Deiner Wanderung begleiten!
Niemals soll die Frost-Steife Deine Segel verlassen,
niemals soll Dein Dach-Baum Dir Schutz geben
– und wenn Du nach ihm suchst, soll es vom Sturm zerschmettert werden!
Deine Herde soll in bitterer Kälte umkommen,
alle Deine Dinge sollen verderben
und sie sollen Dein Los beklagen!
Du sollst ausgestoßen werden wie ein Pest-Krüppel
und keine Krankheit soll schlimmer sein wie Du!
Diese Strafe hat die Macht des Himmels über Dich verhängt,
denn wahrlich,
Deine frevlerischen Hände haben einen von den Bewohnern der oberen Welt getötet,
als er sich in einer Gestalt verborgen hatte, die nicht seine eigene war:
Hier stehst Du, der Mörder des wohltätigen Gottes!
Wenn Dich jedoch die See empfängt,
wird der Zorn des Kerkers des Windgottes auf Dein Haupt losgelassen werden!
Der Westwind und der wütende Nordwind
und der Südwind sollen Dich niederschlagen,
sie sollen sich vereinen und ihre Böen einander übertreffend aussenden,
bis Du mit guten Gebeten die Härte des Himmels erweicht hast,
und mit Besänftigungen die verdiente Strafe aufgehoben hast!"

Der Windgott wird von Saxo dem Schriftkundigen mit dem Namen des griechischen Windgottes „Eolus" benannt – es wird aber wohl der germanische Windgott Kari gemeint sein.

Die Prophezeiungen der beiden Männer sind wieder sowohl Prophezeiungen als auch Flüche. Das Lied der Frau ist jedoch deutlich mehr ein Fluch als ein Prophezeiung.

VII 4. f)   Geschichte über Styrbjarnar

Als drei Jahre vergangen waren, kam Björn zur Jomsburg im Wendenland und wurde dort der Anführer. Während er mit seiner Mannschaft dort war, gab es ein seltsames Ereignis. Aus dem Graben, der um die Burg herum angelegt war, kam ein großes Finngalkn heraus und sprach das Folgende:

„Die Hild des Kampfes
steht jeden Morgen
unter dem roten Schild.
Jetzt haben die Siegmädchen
den Dänen hartes Schwertspiel bestimmt.
Wie alle müßt ihr mit dem Schwert
gegen Balders bösen, dunklen Vater kämpfen.
Der harte Odin will die Gefallenen auswählen."

Hild des Kampfes = Walküre
 roter Schild = Zeichen für den Beginn der Schlacht (ein weißer Schild zeigt das Ende an)
Siegmädchen = Walküren
Schwertspiel = Kampf
Baldurs Vater = der Kriegsgott Odin
 Ein Finngalkn ist ein Ungeheuer, über das es in der Saga über Pfeile-Odd heißt, es sei *„bis zum Kopf hinauf ein Mensch, aber unten ein Tier mit außerordentlich großen Klauen und einem ungeheuren Schwanz, mit dem es Menschen und Vieh, Tiere und Schiffe zerschlägt."*

VII 4. g)   Das andere Gudrun-Lied

Gudrun:
„Biete mir nicht das bosheitvolle,
So aufdringlich mir dieses Geschlecht.
Dem Gunnar gibt er grimmen Tod,
Schneidet dem Högni das Herz aus dem Leibe.
Nicht fand ich dann Frieden bevor ich das Leben
Gekürzt dem freveln Kriegsbrandschürer."

Mit Grausen hörte Grimhild das Wort,
Denn ihren Kindern kündet es Verderben
Und den Untergang all ihrem Geschlecht.

VII 4. h) Zusammenfassung

Über Gruppen von Erwachsenen werden die folgenden Dinge vorhergesagt:

- gemeinsame Bestattung (1)
- Tod in der Schlacht (3)
- Tod für die Sippe (3)

VII 5. Vorhersagen über die Zukunft von Göttern

VII 5. a) Odins Rabenzauber

Dieser Text ist bereits bei den Omen angeführt und besprochen worden.

Auf hob sich Hugin den Himmel zu suchen;
Unheil fürchteten die Asen, wenn er verweilte.
Thrains Ausspruch ist schwerer Traum,
Dunkler Traum ist Dains Ausspruch.

VII 5. b) Gautrek-Saga

In diesem Text findet sich sowohl ein Orakel (Menschenopfer) als auch eine Reihe von Prophezeiungen bzw. Segnungen und Verfluchungen.

Fünfzehn Jahre nachdem Vikar und Starkad ihre Freiheit erlangt hatten, hielten ungünstige Winde Vikars Schiffe an dem Strand einer Gruppe von kleinen Inseln fest.
Durch ein Orakel fanden sie heraus, daß sie ein Menschenopfer durchführen muß-ten. Daher zog jeder Mann in dem Heer ein Los, aber das bestimmte Opfer war der König selber. Sie zogen wieder und wieder Lose, aber jedesmal war Vikar der Erwählte.
Sie beschlossen, am nächsten Tag zu einer Versammlung zusammenzukommen um herauszufinden, ob sie es vermieden könnten, ihren König zu töten.
In dieser Nacht, ungefähr um Mitternacht, weckte Starkads Ziehvater den Helden auf und bat ihn, ihm zu folgen. Sie ließen ein Boot zu Wasser und ruderten zu einer der anderen Inseln. Grani führte den Helden in einen Wald und zu einer Lichtung, auf der elf Männer auf zwölf Stühlen saßen. Während Starkad in der Mitte der Versamm-lung stand, setzte sich Grani auf den zwölften Stuhl. Starkad hörte, wie die anderen Männer Grani mit dem Namen Odin begrüßten. Sie waren Starkads zwölf Richter, die sein Schicksal bestimmen sollten.

Der achtarmige Riese Starkad, der der Großvater des Starkad in dieser Thing-Ver-sammlung ist, ist ein Tyr-Riese gewesen, d.h. der ehemalige Göttervater im Jenseits.
Dieses Thing, bei dem von Grani-Odin und den anderen Göttern über das Schicksal des Starkad bestimmt wird, könnte daher ein Motiv sein, daß einst die Absetzung des

Tyr durch Thor und Odin um 500 n.Chr. beschrieben hat.

Die „8" der Arme des Großvaters des Starkad weist auf die „Vollkommenheit" und das „Heil-sein" seiner Arme hin – er ist also der siegreiche Göttervater Tyr im Diesseits, der nicht wie der Tyr-Riese im Jenseits seine rechts Hand verloren hat.

Die drei Generationen „Starkad-Großvater – Vater – Starkad-Enkel" versinnbildlichen die endlose, zyklische Wiedergeburt des Tyr, der wie die Sonne jede Nacht durch die Unterwelt reist – und am Abend bzw. im Herbst jedesmal im Kampf mit Loki seine rechte Hand verliert.

Da Tyr in den neueren, Odin-zentrierten Mythen der Sohn des Odin ist und Grani der Ziehvater des Starkad, würden auch diese beiden Verwandtschaftsverhältnisse für die Auffassung des Starkad als einer Sagen-Variante des ehemaligen Göttervaters Tyr sprechen.

Thor begann, indem er sagte, daß Starkad keine eigenen Kinder haben solle, weil Starkads Großmutter Alfhild Starkads Großvater (Starkad Ala-Krieger) ihm (Thor) vorgezogen habe.

Odin entgegnete Thor, indem er sagte, daß der Held drei Lebensspannen leben solle – woraufhin Thor den Starkad damit verfluchte, daß er in jeder seiner drei Lebenszeiten eine furchtbare Tat begehen solle.

Odin bestimmte, daß Starkad die feinsten Kleider und Waffen haben sollte – aber Thor setzte dem entgegen, daß er weder Land noch Hof besitzen solle.

Der einäugige Gott sagte, daß Starkad Reichtümer besitzen werde – aber Thor verkündete, daß er niemals mit dem, was er habe, zufrieden sein werde.

Er wird in jeder Schlacht siegen – aber er wird auch in jedem Kampf schwer verwundet werden.

Er wird für seine Skaldenkunst berühmt werden – aber er wird sich nie dessen erinnern können, was er gedichtet hat.

Die Edlen werden Starkad bewundern und achten – aber die einfachen Leute werden ihn verabscheuen.

Die drei Lebensspannen weisen wie die drei Generationen auf einen endlosen Zyklus, also auf den Tod des Tyr im Herbst und seine Wiedergeburt im Frühjahr, hin.

Auch Starkads Unbesiegbarkeit paßt zu seiner Auffassung als Sagen-Variante des Tyr.

Nach den Segnungen und Flüchen durch die beiden Götter stimmten alle zwölf Richter zu, daß alles so geschehen solle, wie es über Starkads Schicksal verkündet worden war.

Mit diesen Worten verschwanden die Richter und ließen Starkad alleine mit Grani Pferdehaar zurück. Grani gab seinem Ziehsohn einen Speer, der jedoch wie ein

Schilfstengel aussah. Sie kehrten am Morgen zu dem Heer zurück.

Es wurde eine neue Versammlung abgehalten und Starkad riet Vikar und den anderen Räten, daß sie ein scheinbares Opfer darbringen sollten.

Starkad fand eine hohe Kiefer, er fand eine mit einem sehr dünnen Ast. Er nahm den Darm eines geschlachteten Kalbes und band es an das Ende des dünnen Astes. Dies war der Galgen des Königs – und er sah ganz und gar nicht gefährlich aus.

Vikar stieg auf einen Baumstumpf und Starkad legte die Schlinge aus Kalbsdarm um den Hals des Königs. Starkad dachte, daß all dies sehr ungefährlich sei und das der König bei diesem vorgetäuschten Opfer unverletzt bleiben würde. Doch Starkad und Vikar konnten ihren Schicksalen nicht entkommen.

Als Starkad den Rohrstengel in des Königs Brust stieß, verwandelte sich der Stengel in einen echten Speer und stach Vikar. Vikar rutsche von dem Baumstumpf. Der Kalbsdarm verwandelte sich rings um Vikars Hals in einen dicken Strick und der dünne Zweig wurde zu einem dicken Ast. König Vikar starb und der Ort wurde Vikarsholmar genannt.

Vikarsholmar bedeutet „Insel des Vikar".

Dieses mißglückte vorgetäuschte Menschenopfer gleicht sehr der Einweihung des Odin, bei der er an einem Baum hing und mit einem Speer verletzt worden war. Diese Einweihung des Odin und der Umstand, das Vikars Opfer nur vorgetäuscht sein sollte, spricht dafür, daß hier eine Einweihung, d.h. eine symbolische Jenseitsreise geschildert worden ist.

VII 5. c)   Zusammenfassung

Über die Zukunft von Göttern werden die folgenden Dinge vorhergesagt:

- das Schicksal und die Lebenszeit des Tyr-Starkad
- der Tod des Baldur (er ist der Nachfolger einiger Aspekte des Tyr)

VII 6. Vorhersagen über Ereignisse

VII 6. a) Heimskringla

Da Odin jedoch die Gabe der Zukunftsschau und das magische Sehen besaß, wußte er, daß sich seine Nachkommenschaft in der nördlichen Hälfte der Welt niederlassen und dort leben würde.

VII 6. b) Gesta danorum

Gewar, der sehr erfahren in der Wahrsagung und ein Kenner der Deutung von Omen war, sah dies (einen Angriff) *voraus.*

VII 6. c) Njals-Saga

Auf Bergthorshvol befand sich ein Weib namens Säun. Sie war sehr alt und die Nialsöhne nannten sie eine alte Närrin, weil sie immer so viel zu schwatzen hatte. Aber sie verstand sich auf viele Dinge und schaute in die Zukunft, so daß manches eintraf, was sie voraussagte.

Eines Tages ergriff sie einen Stock, ging um das Haus herum zu einem Schober Vogelgras und begann ihn mit dem Stock zu bearbeiten.

Skarphedin wurde dessen gewahr, lachte und fragte, warum sie denn gegen den Schober so erzürnt sei.

„Diesen Schober wird man dazu benutzen, Feuer anzulegen, wenn man Nial und meine Hausmutter Bergthora verbrennen will. Nimm ihn und wirf ihn ins Wasser oder verbrenne ihn sobald als möglich."

„Nein," sagte Skarphedin, „ist es so vorherbestimmt, dann findet sich wohl anderes, um Feuer anzulegen, selbst wenn der Schober entfernt ist."

Das Weib aber fuhr fort, den ganzen Sommer hindurch darüber zu reden, daß man doch den Schober unter Dach bringen möchte, allein es geschah nicht.

Diese Vorhersage ging in Erfüllung.

VII 6. d) Das dritte Lied von Sigurd über Fafnir-Töter

Gunnar:
„Schneller als Du denkst versöhnt sich Dir Gudrun.
Die kluge Königin hat bei dem König (Alf)
Trübe Gedanken an den toten Gemahl.

Eine Maid wird geboren aus Mutterschoße:
Heller traun als der lichte Tag,
Als der Sonnenstrahl wird Swanhild sein.

Einem Helden geben wirst Du Gudrunen,
Die mit Geschossen die Krieger schädigt.
Nicht nach Wunsch wird sie vermählt:
Atli soll sie zur Ehe nehmen,
Budlis Geborner, der Bruder mein.“

VII 6. e) Das erste Lied über Sigurd Fafnir-Töter

Dieses ganze Lied ist eine Weissagung über das gesamte Leben des Sigurd durch seinen Onkel Gripir (siehe auch den Band 38 über „Sigurd/Siegfried“).

Gripir hieß ein Sohn Eilimis, der Hiördis Bruder. Er beherrschte die Lande und war aller Männer weisester; auch wußte er die Zukunft. Sigurd ritt allein und kam zur Halle Gripirs. Sigurd war leicht erkennbar. Vor dem Tor der Halle kam er mit einem Mann ins Gespräch, der sich Geitir nannte.

„Gripir“ bedeutet „Hand“ und somit auch „Greifender“ oder „Zupackender“.
„Geitir“ bedeutet „Geiß, Ziege“. Seinem Namen nach wird Geitir wohl eher ein Bauer oder Leibeigener sein. In dem „Lied des Rig“, in dem die die Erschaffung der drei Stände durch Heimdall („Rig“) beschrieben werden, tragen die Männer und Frauen allesamt Namen, die die Tätigkeiten und Qualitäten ihres Standes beschreiben.

Da verlangte Sigurd von ihm Bescheid und sprach:
„Wie heißt, der hier die Halle bewohnt?
Wie nennen die Leute den König des Landes?“

Geitir:
„Gripir heißt der Herrscher der Männer,
Der des festen Lands und der Leute waltet.“

Sigurd:
„Ist der hehre Fürst daheim im Land?
Kann der König mit mir zu reden kommen?
Der Unterredung bedarf ein Unbekannter:
Bald begehr' ich Gripir zu finden.“

Geitir:
„Der gute König wird Geitir fragen
Wie der Mann genannt sei, der nach ihm fragt.“

Sigurd:
„Sigurd heiß ich, Sigmunds Erzeugter;
Hiördis heißt des Helden Mutter.“

Da ging Geitir zu Gripir, um zu sagen:
„Ein Unbekannter ist angekommen;
Von Antlitz edel ist er zu schauen,
Der gern zusammen käme, König, mit Dir.“

Aus dem Gemach ging der mächtige Fürst
Und grüßte freundlich den fremden König:
„Nimm vorlieb hier, Sigurd; was kamst Du nicht längst?
Du geh, Geitir, nimm den Grani ihm ab.“

Sie begannen zu sprechen und sagten sich manches,
Da die ratklugen Recken sich fanden.

Sigurd:
„Melde mir, magst Du's. Mutterbruder,
Wie wird dem Sigurd das Leben sich wenden?“

Gripir:
„Du wirst der mächtigste Mann auf Erden,
Der edelste aller Fürsten geachtet.
Im Schenken schnell und säumig zur Flucht,
Ein Wunder dem Anblick und weiser Rede.“

247

Sigurd:
„Laß, Fürst, erfahren genauer als ich frage,
Weiser, den Sigurd, wähnst Du's zu schauen:
Was wird mir Gutes begegnen zuerst,
Wenn ich hinging von Deinem Hofe?"

Gripir:
„Zuvörderst erfichst Du dem Vater Rache
Und dem Eilimi Ahndung alles Leides.
Du wirst die harten Hundings Söhne,
Die schnellen, fällen und den Sieg gewinnen."

Sigurd:
„Sag, edler König, mir Anverwandter,
Gib volle Kunde, da wir freundlich reden.
Siehst Du Sigurds Siege voraus,
Die zuhöchst sich heben unter des Himmels Rändern?"

Gripir:
„Du fällst allein den gefräßigen Wurm,
Der glänzend liegt auf Gnitaheide.
Beiden Brüdern bringst Du den Tod,
Regin und Fafnirn: vor sieht's Gripir."

Sigurd:
„Schätze gewinn ich, wenn so mir gelingt
Zu kämpfen mit Männern wie Du mir kund tust.
Im Geiste erforsche ferner und sage mir,
Wie lenkt mein Lebenslauf sich hernach?"

Gripir:
„Finden wirst Du Fafnirs Lager,
Wirst heimführen den glänzenden Hort,
Mit Golde beladen Granis Rücken
Und zu Giuki reiten, kampfrüstiger Held."

Sigurd:
„Noch sollst Du dem Fürsten in freundlicher Rede,
Weitschauender König, weiteres künden.
Gast war ich Giukis, nun geh ich von dannen:
Wie lenkt mein Lebenslauf sich hernach?"

„Giuki" ist eine Weiterentwicklung von „Gibicho", das die Bedeutungen „klaffen, gähnen, Spalte" u.ä. hat. Der Name könnte somit in etwa „der Trennende" bedeuten. Der Ursprung dieses Namens ist leider nicht mehr bekannt.

Gripir:
„Auf dem Felsen schläft die Fürstentochter
Hehr im Harnisch nach Helgis Tode:
Mit scharfem Schwerte wirst Du schneiden,
Die Brünne trennen mit Fafnirs Töter."

Die „Fürstentochter" ist Brünhild. Sie trägt einen Harnisch, also einen Brünne, einen Helm und evtl. noch andere Rüstungsteile.

Sigurd:
„Die Brünne brach, nun redet die Braut,
Die schöne, so vom Schlaf erweckt.
Was soll mit Sigurd die Sinnige reden,
Das zum Heile mir Helden werde?"

Gripir:
„Sie wird Dich Reichen Runen lehren,
Alle, die Menschen wissen möchten,
Dazu in allen Zungen reden,
Und heilende Salben: so Heil dir, König!"

Sigurd:
„Nun laß es gelungen sein, gelernt die Stäbe,
Von dannen zu reiten bin ich bereit;
Im Geist erforsche ferner und sage mir,
Wie lenkt mein Lebenslauf sich hernach?"

Gripir:
„Du wirst zu Heimirs Behausung kommen,
Wirst dem Volksfürsten ein froher Gast sein.
Zu End ist, Sigurd, was ich voraus sah:
Nicht fürder sollst Du Gripirn fragen.“

„Heimir“ bedeutet „Heim-Krieger“.

Sigurd:
„Nun schafft mir Sorge das Wort, das Du sagtest,
Denn Ferneres siehst Du, Fürst, voraus.
Weißt Du unsägliches Unheil dem Sigurd,
Darum Du, Gripir, nicht gerne redest?“

Gripir:
„Mir lag der Lenz deines Lebens
Hell vor Augen anzuschauen.
Nicht mit Recht bin ich ratklug genannt,
Noch vorwissend: was ich wußte, sprach ich.“

Sigurd:
„Auf Erden ahn ich den andern nicht,
Der so vieles, Gripir, vorschaut als Du.
Nicht sollst Du mir bergen was Böses ist,
War es auch Meintat, in meinem Geschick.“

Gripir:
„Nicht Laster liegen in Deinem Lose,
Halt das, herrlicher Held, im Gedächtnis.
Dieweil die Welt steht wird erhaben,
Schlachtgebieter, bleiben Dein Name.“

Sigurd:
„Trennen, seh ich, muß sich nun trauernd
Von dem Seher Sigurd, da es so sich fügt.
Weise den Weg (gewiß ist doch alles)
Mir, Mutterbruder, vermagst Du es doch.“

Gripir:
„Nun will ich Sigurden alles sagen,
Da mich drängt der Degen dazu.
Wisse gewiß, die Wahrheit ist es:
Dir ist ein Tag zum Tode bestimmt. "

Sigurd:
„Nicht reizen will ich Dich, reicher König,
Deinen guten Rat nur, Gripir, erlangen.
Wissen will ich und sei es auch widrig,
Welch Schicksal weißt Du Sigurds warten? "

Gripir:
„Eine Maid ist bei Heimir, herrlich von Antlitz,
Mit Namen ist sie Brünhild genannt,
Die Tochter Budlis; aber der teure
Heimir erzieht die hartgesinnte. "

Der Walküren-Name „Brünhild" setzt sich aus „Brünne" (Brustpanzer) und „hild für „Kampf" zusammen und bedeutet somit ungefähr „die mit einer Brünne für den Kampf gerüstete".
Der Name „Budli" ihrer Vaters bedeutet „der etwas (an-)bietet".

Sigurd:
„Was mag mir schaden, ob schön die Maid
Von Antlitz sei, die Heimir aufzieht?
Das sollst Du mir, Gripir, von Grunde melden,
Denn alles Schicksal schaust Du voraus. "

Gripir:
„Schier alle Freude führt Dir dahin
Die Schöne von Antlitz, die Heimir aufzieht.
Schlaf wirst Du nicht schlafen, nicht schlichten und richten,
Die Männer meiden, Du sähst denn die Maid. "

Sigurd:
„Was lindert das leidige Los dem Sigurd?
Sage mir, Gripir, siehst Du's voraus.
Mag ich die Maid um Mahlschatz kaufen,
Des Volksgebieters blühende Tochter? "

Gripir:
„*Ihr werdet euch alle Eide leisten,*
Hoch und heilig, doch wenige halten.
Warst Du Giukis Gast eine Nacht,
So hat Dein Herz Heimirs Maid vergessen."

Sigurd:
„*Wie so denn, Gripir? Sage mir an.*
Weißt Du Wankelmut in meinem Wesen?
Werd ich mein Wort nicht bewähren der Maid?
Ich schien sie zu lieben aus lauterm Herzen."

Gripir:
„*Das wirst Du, Fürst, durch fremde Tücke;*
Der Räte Grimhilds wirst Du entgelten:
Die Weißgeschleierte wird sie Dir bieten,
Die eigene Tochter: so betrügt sie Dich, König!"

Sigurd:
„*Schließ ich Verschwägerung mit Giukis Geschlecht*
Und gehe den Bund mit Gudrun ein,
Wohl gefreit hätte der Fürst,
Müßt ich mich nicht um Meineid ängstigen."

Gripir:
„*Grimhild wird Dich gänzlich betören:*
Sie bringt Dich dazu, um Brünhild zu werben
Zu Händen Gunnard des Gotenkönigs.
Zu früh gelobst Du die Fahrt des Fürsten Mutter."

Sigurd:
„*Meintaten geschehen, das merk ich wohl:*
Übel wankt Sigurds Wille,
Wenn ich werben muß um die wonnige Maid
Einem andern zu Händen, der ich hold bin selber."

Gripir:
„Ihr werdet euch alle Eide leisten,
Gunnar und Högni, und Du, Held, der dritte.
Unterwegs wechselt ihr Wuchs und Gestalt,
Du und Gunnar: Gripir lügt nicht!"

„Gunnar" bedeutet „Schlacht-Heer".

Der Männername „Högni", der im Nibelungenlied „Hagen" lautet, bedeutet „Hag" im Sinne von „heiliger Hain, umgrenztes Gebiet, Tempelbezirk". Dieser Name wird ursprünglich eine Priesterbezeichnung gewesen sein. Högni-Hagen ist eine der vielen Saga-Varianten des Loki.

Sigurd:
„Warum tun wir das? Warum täuschen
Wir unterwegs Wuchs und Gestalt?
Schon fürcht ich, es folge noch andre Falschheit,
Gar grimme: sprich, Gripir, weiter."

Gripir:
„Du hast nun Gunnars Gang und Gestalt;
Hast eigne Rede und edeln Sinn.
So verlobst Du Dich dem erlauchten
Hutkind Heimirs: das verhütet niemand!"

Sigurd:
„Das Schlimmste scheint mir, Sigurd gilt dann
Dem Volk für falsch, fügt es sich so.
Ungern möcht ich mit Arglist trügen
Die Heldentochter, die ich die hehrste weiß."

Gripir:
„Liegen wirst Du, Lenker des Heers,
Keusch bei der Maid wie bei der Mutter.
Drum wird erhaben so lange die Welt steht,
Volksgebieter, Dein Name bleiben.

Zumal werden beide Bräute vermählt,
Sigurds und Gunnars, in Giukis Sälen.
Wieder wechselt ihr Wuchs und Gestalt
Daheim, nicht das Herz: das behielt jedweder."

Sigurd:
„Wird gute Gattin Gunnar erwerben,
Der herrliche Held? Verhehl es nicht, Gripir,
Wenn des Degens Braut bei mir drei Nächte,
Die hochherzge, lag? Unerhört ist solches.

Wie mag zur Freude noch frommen danach
Der Männer Verwandtschaft? Melde mir, Gripir.
Wird Glück dem Gunnar danach noch gönnen
Solche Sippe, oder selber mir?"

Gripir:
„Dir gedenkt der Eide, mußt dennoch schweigen.
Zwar Gudrunen liebst Du in guter Ehe;
Doch bös verbunden dünkt Brünhild sich,
Die Schlaue sinnt sich Rache zu schaffen."

Der Frauenname „Gudrun" setzt sich aus den beiden Worten für „gut, Gott, Göttin" und für „raunen, Geheimnis, Rune" zusammen und bedeutet somit in etwa „die zauberkundige Göttin". Für diese Deutung spricht auch, daß Gudrun bei der Wilden Jagd auch „Gudrun Pferdeschweif" genannt wurde, da die Gestalt einer Stute, Hindin, Bache, Ziege o.ä. zu der Göttin bei der Wiederzeugung und der Wiedergeburt gehörte.

Sigurd:
„Was wird zur Buße der Brünhild genügen,
Da wir mit Tücke betrogen die Frau?
Eide geschworen hab ich der Edeln
Und nicht gehalten; auch hat sie nicht Frieden."

Gripir:
„Die Grimme geht dem Gunnar sagen,
Ihm habest Du übel die Eide gehalten,
Da Dir der Herrscher von ganzem Herzen doch,
Giukis Erbe, Vertrauen gönnte."

Sigurd:
„Wie ergeht das, Gripir? Gib mir Bescheid.
Werd ich schuldig sein in dieser Sache,
Oder verlügt mich das löbliche Weib,
Und sich auch selber? Sage mir, Gripir."

Gripir:
„Aus Herzensharm wird die hehre Frau
Und aus Überschmerz euch Unheil fügen.
Du gabst der Guten nicht Grund dazu,
Obwohl ihr die Königin mit Listen kränktet. "

Sigurd:
„ Wird ihrem Reizen der ratkluge Gunnar,
Guthorm und Högni, dann Folge geben?
Werden Giukis Söhne in mir Gesipptem
Die Schwerter röten? Rede, Gripir. "

Gripir:
„ Der Gudrun vergeht vor Grimm das Herz,
Wenn Dir ihre Brüder Verderben raten.
Ledig lebt aller Lust
Das weise Weib: das wirkte Grimhild.

Der Männername „Guthorm" setzt sich aus den beiden Worten für „gut, Gott, Göttin" und für „gnädig sein, schonen, ehren" zusammen und bedeutet daher in etwa „gnädiger Gott". Er war der Bruder des Gunnar, des Högni und der Gudrun.
„Grimhild" bedeutet „Kampfhelm, Kampfmaske".

Dir bleibt der Trost, Gebieter der Heerschar,
Die Fügung fiel auf des Fürsten Leben:
So edeln Mann wird die Erde nicht mehr
Noch die Sonne schauen, Sigurd, als Dich. "

Sigurd:
„ Heil uns beim Scheiden! Das Geschick bezwingt man nicht.
Mir ward der Wunsch hier, Gripir, gewählt.
Du hättest gerne mehr Glück verheißen
Meinem Lebenslauf, lag es an Dir. "

VII 6. f) Völsungen-Sage

Es lebte ein Mann, der hieß Grifir, der war Sigurds Mutterbruder. Einige Zeit nach dem Schmieden des Schwertes ging Sigurd zu Grifir, denn dieser war ein Mann, der die Zukunft vorhersehen konnte und das, was einem Mann vorherbestimmt war.

Ihn frug Sigurd inständig danach, wie sein Leben verlaufen werde, aber Grifir zögerte lange, bis er schließlich, von Sigurd über die Maßen großen Bitten bewegt, doch sprach und ihm alles über sein Leben und sein Schicksal erzählte, so wie es sich später dann auch ereignet hat.

VII 6. g)   Der Ausspruch der Seherin

Dieses Lied ist eigentlich eine Zusammenfassung der wesentlichen mythologischen Motive der Germanen, aber es ist in der Form der Vision einer Seherin verfaßt worden.

VII 6. h)   Das Lied des Rigr

Konur der junge / kannte Runen,
Zeitrunen / und Zukunftrunen;
Zumal vermocht er / Menschen zu bergen,
Schwerter zu stumpfen, / die See zu stillen.

Der Begriff „Zukunft-Runen" könnten die Gabe der Prophezeiung umschreiben, aber es wird wohl eher die Kenntnis des Runen-Orakels gemeint sein.

VII 6. i)   Zusammenfassung

Es werden die folgenden Ereignisse vorhergesehen:

- ein Angriff (1)
- die Art eines Angriffes (1)
- das Leben des Sigurd (2)
- das Leben der Gudrun (1)
- die wesentlichen mythologischen Ereignisse (1)
- allgemein die Zukunft (2)

VII 7. Vorhersagen über die Zukunft von Gegenständen

VII 7. a) Völsungen-Saga

Nun lief Hjordis inmitten der Getöteten der Schlacht und kam schließlich dorthin, wo König Sigmund lag und frug, ob er wohl geheilt werden könne, aber er antwortete:

„Viele Männer lebten noch weiter, nachdem ihre Hoffnung fast ganz geschwunden war, aber mein Glück ist von mir gegangen und ich werde nicht erlauben, daß ich geheilt werde. Odin will nicht, daß ich jemals wieder ein Schwert ziehe, denn diese Schwert, das das seine ist, ist zerbrochen. Sieh, ich habe Kriege geführt, solange es sein Wille war.“

„Nichts würde ich übel nennen,“ sprach sie, „Wenn Du geheilt werden und meinen Vater rächen könntest.“

Der König sagte: „Dies ist für einen anderen Mann bestimmt. Siehe, Du bist rund mit einem Sohn, nähre ihn gut und mit guten Pflege wird das Kind das edelste und das berühmteste unserer ganzen Sippe werden. Und bewahre gut die Bruchstücke meines Schwertes auf: Aus ihnen soll ein gutes Schwert geschmiedet werden und es soll Gram genannt werden und unser Sohn soll es tragen und damit große Taten vollbringen, sogar solche, die nie vergessen sein werden. Denn sein Name wird bestehen bleiben und gedeihen solange die Welt besteht. Laß dies genug für Dich sein. Aber nun werde ich müde von meinen Wunden und ich werde nun gehen und meine Verwandten wiedersehen, die vor mir gegangen sind.“

So saß Hjordis über ihn gebeugt bis im Morgengrauen verstarb.

In der Tyr-Mythe schmiedet der Göttervater als Wieland in der Nacht sein Schwert neu und wird am Morgen wiedergeboren – bzw. seine beiden Pferde-Söhne schmieden das Schwert in der Gestalt von Zwergen neu.

Sigmund hat das Schwert von Odin in der Völsungenhalle erhalten, in der es Odin bis zum Heft in den Stamm des Baumes in der Halle stieß und es dem bestimmte, der es aus dem Stamm ziehen konnte.

Sigmunds Sohn ist Sigurd-Siegfried.

VII 8.   Zusammenfassung

Es sind 36 Prophezeiungen bekannt.

Der größte Teil von ihnen sind die 22 Vorhersagen des Todes eines oder mehrerer Männer (64%).

Drei Vorhersagen beziehen sich auf den Tod des ehemaligen Sonnengott-Göttervaters Tyr und seines Sonnensymbolik-Nachfolgers Baldur sowie auf Tyrs Schwert, das bei seinem Tod zerbricht und dann im Jenseits neugeschmiedet wird (11%).

Somit beziehen sich insgesamt 75% der Vorhersagen auf den Tod.

Die übrigen 25% der Prophezeiungen sind sehr verschiedenartig.

Die Zusammenfassung der wichtigsten Mythen (Völuspa), das gesamte Leben des Sigurd (Gripirs Weissagung) und der Gudrun (Gunnars Weissagung) sind nur ihrer literarischen Form nach und nicht nach ihrem Inhalt Weissagungen und sind hier nicht mitgezählt worden.

Die allermeisten dieser Vorhersagen sind auch eingetroffen – vermutlich sind aber auch hauptsächlich die Prophezeiungen überliefert worden, die sich bestätigt haben.

VIII   Prophezeiungen in der indogermanischen Überlieferung

Auch Prophezeiungen sind wie Wahrträume, Omen und Orakel weltweit verbreitet.
Bei den Indogermanen sind außer von den Germanen vor allem von den Griechen bekannt. Allerdings läßt sich oft nicht eindeutig sagen, ob es eine Prophezeiung oder ein Orakel ist. Da bei den griechischen Orakelsprüchen in der Regel kein Hilfsmittel verwendet wird, kann man sie als Prophezeiungen auffassen – da diese Sprüche jedoch in aller Regel erst auf eine Frage hin geäußert werden, sind sie doch eher Orakel. Und manchmal werden die Orakel auch noch als ein Fluch aufgefaßt …

Homerische Hymnen: An Apollo

Ich werde prophezeien die Wahrheit der Dinge,
auf daß im glorreichen Tempel mein Orakel singe.

Frage an das Orakel von Delphi
(durch Chilon von Sparta um 590 v.Chr.)

Chilon: „Was ist das Beste für den Menschen?"
Orakel: „Erkenne Dich selbst."

Frage an das Orakel von Delphi
(durch den Bettler Hermioneus)

Er frug nach dem unterschiedlichen Wert von Opfergaben.
Orakel: „Hermioneus, der mit drei Fingern Gerstenkörner aus seinem Beutel opferte, gefiel Apollo besser als der Thessalier, der goldgehörnte Ochsen und vieles mehr opferte."
Als Hermioneus dies hörte, opferte er auch noch seine übrige Gerste.
Orakel: „Durch diese Tat verärgert Herminoneus Apollo viel mehr als er ihm vorher gefallen hatte."

<u>Frage an das Orakel von Delphi</u>
(durch einen Abgesandten des Königs Krösus um 548 v.Chr.)

Abgesandter: „Was macht König Krösus von Lydien jetzt?"
Orakel: „Ich kenne die Zahl der Sandkörner und die Ausmaße des Meeres. Ich höre die Menschen, die nicht sprechen, und die Stummen, die nicht sprechen können. Ich rieche eine gepanzerte Schildkröte, die mit Lammfleisch in einem Bronzekochtopf gekocht wird, der einen Bronzeboden und einen Bronzedeckel hat."

<u>Frage an das Orakel von Delphi</u>
(durch einen Abgesandten des Königs Krösus um 548 v.Chr.)

Abgesandter: „Soll König Krösus einen Krieg gegen Persien führen?"
Orakel: „Falls Krösus einen Krieg gegen Persien führt, wird er ein großes Reich zerstören.

Krösus hat durch seinen anschließenden Krieg gegen Persien sein eigenes Reich zerstört …

<u>Frage an das Orakel von Delphi</u>
(durch König Iphitos von Elis um ca. 650 v.Chr. wegen der Pest in seinem Land)

Iphitos: „Was kann getan werden in dieser Not?"
Orakel: „Nehmt die olympischen Spiele wieder auf."

<u>Frage an das Orakel von Delphi</u>
(durch Laios von Theben)

König Laios von Theben hatte die Gastfreundschaft des Königs Pelops mißbraucht, da er sich in dessen Sohn verliebt hatte und ihn entführen wollte.

Das Orakel von Delphi sagte Laios voraus, daß ihn sein eigener Sohn töten werde, wenn er jemals einen Sohn habe.

Laios wurde schließlich von seinem Sohn Ödipus ermordet.

E Zusammenfassung

Sowohl in der Traumdeutung als auch in den Omen und Orakeln sowie zum Teil auch in den Prophezeiungen werden die Bilder und Symbole aus der Mythologie als Grundlage verwendet. Diese Bilder sind offensichtlich so fest in der Psyche der damaligen Menschen verankert gewesen, daß die Psyche der Menschen in diesen Bildern „sprach".

Diese Bilder finden sich daher auch in der Dichtung. Die folgende Liste der Traum-, Omen- und Orakel-Symbole könnte daher noch durch viele Beispiele aus den Mythen, Liedern, Sagas und aus den Kenningarn ergänzt werden. Die relative Häufigkeit der Symbole, also ihr Anteil an der Gesamtzahl der Symbole, würde sich dadurch z.B. wegen der Häufigkeit der Kampf-Themen in den Lobliedern zum Teil ändern – die Symbolik würde jedoch dieselbe bleiben.

Man kann die Träume, Omen, Orakel und Prophezeiungen nach dem Thema und nach der Symbolik ordnen.

Tabelle 1

Zunächst einmal kann man betrachten, um welche Themen es bei den jeweiligen „Offenbarungen" geht.

Themen der Träume, Omen, Orakel und Prophezeiungen				
Thema	*Bild*			
	Traum	*Omen*	*Orakel*	*Prophezeiung*
(60) Zweikampf		2	58	
(28) Zukunft Einzelner	8			20
(27) sonstiges	2	9	16	
(22) Tod Gruppe	24			
(22) Tod Einzelner	22			
(14) Stäbe/Lose			14	
(12) Vogel		10	2	
(12) zukünftiges Ereignis	5			7

Thema		Traum	Omen	Orakel	Prophezeiung
(10)	germanisch-christlich	10			
(9)	Tafl			9	
(9)	Straucheln + Sturz		8 + 1		
(7)	Zukunft Gruppe			7	
(7)	Zukunft Kind				7
(7)	Ungewöhnliches		7		
(4)	Beginn einer Sache		4		
(4)	Vieh			4	
(4)	Würfel			4	
(3)	Sterne, Kometen		3		
(3)	orakelhafte Botschaften			3	
(2)	Zukunft des Landes	2			
(2)	Baldurs Zukunft	2			
(2)	Götter				2
(2)	Verhalten von Kindern		2		
(2)	Wetter		2		
(2)	Blut		2		
(1)	Schutzgeist	1			
(1)	religiöse Traum-Vision	1			
(1)	Seehund		1		
(1)	Erdbeben		1		
(1)	Vulkanausbruch		1		
(1)	Vision		1		
(1)	Namen		1		
(1)	Gegenstand				1

Tabelle 2

Als zweites kann man die Symbole betrachten, die in den Träumen, Omen und Orakeln vorkommen. Die Prophezeiungen sind in der Regel nicht in bildhafter Sprache verfaßt und daher ohne Symbolik und tauchen somit in der folgenden Tabelle nicht auf.

Symbole der Träume, Omen, Orakel und Prophezeiungen				
Thema	*Bild*			
	Traum	*Omen*	*Orakel*	*Prophezeiung*
Jenseitsgöttin, Walküre				
Traum-Frau warnt = Gefahr	11			
tote Frau in Halle (Hel) = Tod	1			
Göttervater, Ahn				
Traum-Mann warnt = Gefahr	11			
beißender Riese = Tod	1			
Traum-Person warnt = Gefahr	1			

Thema	Traum	Omen	Orakel	Prophezeiung
Seelenvögel = Ahnen				
Vogel = Mensch	generell			
Vögel sprechen Rat			2	
Adler = starker Krieger, Feind	5			
Rabe, Adler, Falke = Schlacht	2			
riesiger Vogel sein = König	1			
Habicht = eigene Söhne (Krieger)	2			
Kreisch-Eule = Unheil-Frau	1			
Vogelstimmen, Vogelflug		5		
zwei Raben = Odins Zustimmung		2		
Adler = Odins Zeichen		1		
gerupfter Falke = Tod	3		1	
Vogelmist			1	
Raubtiere = Krieger				
Wölfe = Feinde	11			
Bären = starke Feinde	7			
Füchse = listige Feinde	3			
Leopard = König	1			
Hunde bellen im Leib der Hündin		1		
Lärm und wütende Hunde ohne erkennbare Ursache = Krieg		1		

Thema	Traum	Omen	Orakel	Prophezeiung
Herdentiere = Göttervater, Könige, Ahnen				
Hirsch = König	2			
Schweine verwüsten Felder = Tod	1			
Stiere = Jahre	1			
schneeweiße Stiere = viel Schnee, geringe Ernte	1			
rote Stiere = schlechte Ernte	1			
schwarze Stiere = gar keine Ernte	1			
große Stierhörner = viel Besitz	1			
Schwan = Frau, Tochter, Geliebte	2			
Pferde-Verhalten		1		
Seehund-Verhalten		1		
Pferde			2	
Rinder			1	
Bewegung von Kühen vor dem Wagen der Nerthus			1	
Tierhirne			1	
Schlangen, Drachen = Ahnen				
Drache = König	2			
Ungeheuer = starker Mann	1			
Schlangen = Tod	3			
Drachen = Tod	2			
Schlange im Auge		1		

Thema	Traum	Omen	Orakel	Prophezeiung
Feuer = Jenseitstor, Zerstörung				
Feuer in der Halle = Tod	1			
Feuer am Gewand = Tod	1			
Flammen über dem Heer = Angriff auf das Heer	1			
Wasser = Unterwelt, Zerstörung				
Fluß in der Halle = Tod	3			
in tiefes Wasser tauchen = Verrat	1			
Verschließen der Meerengen = Tod	1			
donnernde Flut = Tod	1			
Silberring des Mannes fällt ins Wasser = Ehemann ertrinkt	1			
Helm fällt ins Wasser = Ehemann ertrinkt	1			
Sturm = Gefahr (für die Schiffe)				
Sturm schüttelt Halle = Tod	1			
Sturm = Gefahr	1			
Dunkelheit = Jenseits				
Dunkelheit = Tod	1			

Thema	Traum	Omen	Orakel	Prophezeiung
Todessymbole				
Blut = Tod	3			
Totenkopf = Tod	1			
eigener Tod = Tod	1			
Galgen = Tod	1			
Eisenring um Hals = Tod	1			
Störung der Ordnung = Gefahr				
Erdbeben (Loki?)		1		
Vulkan		1		
Kometen		2		
übles, ungewöhnliches Wetter		1		
Blutregen		1		
ungewöhnliche Wogen		1		
reife Äpfel am Baum zu Jul		1		

Thema	Traum	Omen	Orakel	Prophezeiung
der Beginn prägt den gesamten Verlauf				
Beginn entscheidet		2	1	
Ergebnis des ersten Angriffs entscheidet		2		
Straucheln = Scheitern		8		
Träume in erster Nacht in einem neuen Bett = wahr	1			
Träume in erster Nacht in neuerbautem Haus = wahr	1			
Träume in der Neujahrsnacht (Julnacht; erster Tag des neuen Jahres) = wahr	1			
traditionelle Orakel mit einem Orakel-System				
Orakelstäbe			13	
Tafl			9	
Hochsitz-Säulen angeschwemmt = Siedlungsort			8	
Würfel			3	
spezielle Orakel				
Zweikampf: Stärke = Recht			58	
Schild mit Weizengarbe und brennender Kerze den Fluß hinab treiben lassen => Besitzrecht an einer Insel			1	
Schwert aus Stamm ziehen			1	
auf den Hochsitz passen = König werden			1	

Thema	Traum	Omen	Orakel	Prophezeiung
individuelle Symbole				
Zahl der Herdfeuer = Zahl der restlichen Lebensjahre	1			
Göttin-Statue läßt Ring los			1	
sprechende Statue			1	
weißglühenden Stein gebären = König gebären	1			
junge Bäume im eigenen Garten = Kinder	2			
kein Schnee auf Hügelgrab = Freundschaft mit einem Gott		1		
Schwert fällt aus der Hand in den See = Unglück		1		
Floß versinkt, nachdem alle Männer von ihm abgestiegen sind = Hilfe der Götter		1		
Haube abreißen = Scheidung	1			
Silberring des Mannes zerbricht = Ehemann stirbt	1			
großer Bart = große Macht	1			
Frau ersetzt Eingeweide = Schutz	1			
Männer reden = sie stimmen zu	1			
Wetzstein = Krieger-Trupp	1			
Männer schlafen = sie hören zu	1			
Zweikampf sehen		1		
der Sturz eines getöteten Kriegers zeigt, ob er gerächt werden wird		1		
Tat von Kindern zeigt ihr Wesen		2		

etwas in einer Pfanne			1	
Wasser, Erde oder Blut in Hufabdruck			1	
Vermessen eines Hausgrundrisses			1	
orakelhafte Rede			1	
nicht genau beschriebene Symbole				
nicht genau beschriebene Symbolik		9	11	

<u>Tabelle 3</u>

Anhand der Tabelle 2 kann man nun Übersichten über die verwendete Symbolik anfertigen.

In Tabelle 3 ist die Symbolik thematisch geordnet.

270

Symbole der Träume, Omen, Orakel und Prophezeiungen:
thematisch geordnet

Thema	Bild			
	Traum	*Omen*	*Orakel*	*Prophezeiung*
Jenseitsgöttin, Walküre	12			
Göttervater, Ahn	13			
Seelenvögel = Ahnen	14	8	4	
Raubtiere = Krieger	22	2		
Herdentiere = Göttervater, Könige, Ahnen	10	2	5	
Schlangen, Drachen = Ahnen	8	1		
Feuer = Jenseitstor, Zerstörung	3			
Wasser = Unterwelt, Zerstörung	8			
Sturm = Gefahr (für die Schiffe)	2			
Dunkelheit = Jenseits	1			
Todessymbole	7			
Störung der Ordnung = Gefahr		8		
der Beginn prägt den gesamten Verlauf	3	12	1	
traditionelle Orakel mit Orakel-System			33	
Zweikampf: Stärke = Recht			58	
spezielle Orakel			3	
individuelle Symbole	11	7	6	
nicht genau beschriebene Symbole		9	11	
Summe	114	49	121	0

Diese Übersicht zeigt, daß die Symbolik vor allem in den Träumen auftritt.

Wenn man bei den Orakeln die 58 Zweikämpfe herausnimmt, die ja eigentlich keine Symbolik sind, bleiben 63 Orakel-Symbole übrig. Von diesen sind wiederum 33 traditionelle Symbole aus einem Orakel-System (Tafl, Runen, Würfel u.ä.), sodaß letztlich nur 30 individuelle Symbole übrigbleiben.

Bei den Prophezeiungen findet sich gar keine Symbolik.

Dieser Befund ist recht plausibel:

> Träume sind so gut wie immer voller Symbole.
> Omen müssen stets gedeutet werden, da sie symbolisch sind.
> Orakel haben fast immer ein festes System, nach dem gedeutet wird.
> Prophezeiungen werden in aller Regel ohne Symbole verkündet.

Tabelle 4

In Tabelle 4 ist die Symbolik der Häufigkeit nach sortiert.

Symbole der Träume, Omen, Orakel und Prophezeiungen:
thematisch geordnet

Thema	Bild			
	Traum	*Omen*	*Orakel*	*Prophezeiung*
(58) Zweikampf: Stärke = Recht			58	
(33) traditionelle Orakel mit Orakel-System			33	
(26) Seelenvögel = Ahnen	14	8	4	
(24) Raubtiere = Krieger	22	2		
(24) individuelle Symbole	11	7	6	
(20) nicht genau beschriebene Symbole		9	11	
(17) Herdentiere = Göttervater, Könige, Ahnen	10	2	5	
(16) der Beginn prägt den gesamten Verlauf	3	12	1	
(13) Göttervater, Ahn	13			
(12) Jenseitsgöttin, Walküre	12			
(9) Schlangen, Drachen = Ahnen	8	1		
(8) Wasser = Unterwelt, Zerstörung	8			
(8) Störung der Ordnung = Gefahr		8		
(7) Todessymbole	7			
(3) Feuer = Jenseitstor, Zerstörung	3			
(3) spezielle Orakel			3	
(2) Sturm = Gefahr (für die Schiffe)	2			
(1) Dunkelheit = Jenseits	1			
(284) Summe	114	49	121	0

Die Symbole, die auch in der Mythologie eine große Rolle spielen, sind mit 110 Beispielen (39%) die größte Gruppe: Seelenvögel (26), Raubtiere (24), Herdentiere (17), Jenseitsgöttin (12), Schlangen und Drachen (9), Wasser (8), Feuer (3) und Dunkelheit (1).

Von diesen 284 Symboliken werden immerhin 91 (32%) nach einem traditionellen Verfahren gedeutet (58 Zweikämpfe, 33 Tafl, Würfel u.a.).

Die übrigen 83 Symbole (29%) sind eher individuelle Symbole.

Die Symbolik ist also recht traditionell: 39% stammen aus den Mythen und 32% aus einem festen Orakel-Regelsystem. Nur 29% der Symbole muß individuell gedeutet werden.

Verzeichnis der Themen

(die Zahl ist die Nummer des Bandes, in dem sich das Thema findet)

Eugel 7
Eule 40
Eyrgjafa 35
Faden 55
Fafnir (Zwerg) 32
Fährmann 49
Fala 35
Falkenkleid:
- der Freya 40
- der Frigg 40
Falke 40
Fallar 32
Farbauti 6
Farn 45
Farseti 6
Faulheit =>
Feuersitzen 55
Feima 35
Fenchel 45
Fenja 28
Fenrir 6
Fenrir 43
Fernhypnose 64
Ferse 63
Fessel 66
Fessel-Zauber 64
Feuer 55
Feuersitzen 55
Feuerzauber 64
Fialar 32
Fid 32
Fieberkraut 45
Fili 32
Fimafeng 39
Fimbulwinter 55
Finger 63
Finnalf 5
Finnar 32
Finnmark-Riese 34
Fiölkald 34
Fiölmor 39
Fiölnir 20

Fiölvör 35
Fiörgyn 20
Fiörgyn 23
Fisch 44
Fjölverkr 34
Fjötra 29
Flachs 45
Flegda 35
Fleur-de-lys 55
Fleggr 34
Fliege 40
Fluch 68
Flügel des Wieland 40
Flügelschuhe 67
Flugschuhe des Loki 40
Fluß 49
Freya 22
frühe Skaldenlieder 78
Freyr 15
Fried 29
Friedenszauber 6
Fridr 29
Frigg 21
Folde 20
Fonn 34
Forat 35
Forelle 44
Fornjotr 6
Forseti 19
Frägr 32
Franmar 37
Frar 32
Freki 43
Frosti 32
Frosti 34
Fruchtbarkeit 64
Fuchs 43
Frauenhaarfarn 45
Frühling 54

Frühlingstagund-
nachtgleiche 54
Fulla 29
Fullas Haarreif 60
Fullafle 34
Fundin 32
Fuß 63
Fylgia 50
Fynir 6
Fynir 34
Galar 32
Galarr 34
Galdr 64
Gallapfel 45
Gandalf 32
Ganglati 34
Ganglot 6
Gangr 34
Gangr 33
Gans 40
Gänsefuß 45
Garm 43
Gautan 39
Gautrek-Saga =>
Snotra
Geban 20
Geburts-Orakel 64
Gefäße 57
Gefion 20
Gefion-Geliebter 6
Gefiun 20
Gefjon 20
Geist 50
Geier 40
Geirahöd 31
Geiravör 31
Geirdriful 31
Geirönul 31
Geirröd 5
Geirrota 31
Geirskögul 31
Geitir 6

Geitla 35
Geitir 35
gelb 46
Geliebter der Gefion 6
Gerber-Schaber 67
Gerdr 28
Geri 43
Gespenst 50
Gestaltwandel =>
Verwandlung
Gesang 68
Gestilja 35
Getreide 45
Gewöhnlicher
Flachbärlapp 45
Geysa 35
Gialar 32
Gift 70
Gifur 43
Gigas 6
Gilling 6
Gillings Frau 28
Ginnar 32
Ginnungagap 49
Gjalp 35
Glamr 34
Glatundshundr 43
Glaumar 34
Glaumarr 34
Glaumr 6
Glenr 48
Glitni 5
Glöd 35
Gloi 32
Glück 64
Glückstrank 70
Glumra 35
Glymra 35
Gna 29
Gneip 35
Gnepja 35

Goi 34
Gold 55
Goldalter 55
Goldemar 7
golden 46
Goldhelm 66
Goldhörner von
Gallehus 57
Göll 31
Golnir 5
Göndul 31
Gorr 34
Görsemi 29
Götter 36
Götterdämmerung 55
Götterkampf 55
Göttermet 69
Götter-Tiere 44
Gottesurteil 64
Gurgelbiß 55
Grab 49
Grani 6
grau 46
Grendel 5
Grendels Mutter 35
Greppur 34
Grer 32
Grid 28
Grid 35
Grim 5
Grim 39
Grima 35
Grimhild 31
Grimling 5
Grimnir 5
Grim Struppig-Wange 79
Grip 35
Gripir 34
Grissa 35
Groa 28
Grottintanna 35

Grotunagard 52
grün 46
Gryla 35
Gudr 31
Gudrun 31
Gudmund 5
Gullnir 5
Gullveig 29
Guma 35
Gundelrebe 45
Gunn 31
Gunnlöd 28
Gunnthinga 31
Gürtel 60
Gusir 6
Gygr 35
Gylfaginning 77
Gyllir 5
Gyllir 34
Gyma 20
Gymir 5
Haarband 60
Haare 63
Habicht 40
Hafle 34
Hafli 5
Hafthi 39
Hagen 16
Hahn 40
Hala 35
Halfdan 39
Halfdan Brana-
Ziehsohn 79
Halfdan Eisteinson 79
Hamdir 39
Hamingja 50
Hammer 66
Hand 63
Handschuhe 60
Hanf 45
Hannar 32
Hantel-Symbol 55

Har 32
Hära 35
Hardbeen 6
Hardgreip 35
Hardgreipir 34
Hardverkr 34
Harek Eisenkopf 6
Harfe 57
Harz 45
Hase 44
Hasel 45
Hastingi 34
Hati 5
Hati 43
Hattatal 77
Haudr 20
Haugspori 32
Haym 34
Hecht 44
Hedin 39
Hedin und Högni 79
Hefring 35
Heid 35
Heiddraupnir 5
Heide 49
Heidrek 39
Heidungi 6
Heilige Hochzeit =>
Wiederzeugung 55
Heiliger Hain =
Weltenbaum 52
Heilung 64
Heilziest 45
Heimdall 8
Heimir 39
Heinir 34
Heith 35
Heithdraupnir 5
Hel 26
Helblindi 20
Helgi 39
Helgi Thorisson 79

Hel-Haut 49
Helidi 27
Hellebarde 66
Helreginn 5
Helm 66
Hengikefta 35
Hengiköpt 6
Hengjankapta 35
Hepti 32
Herbst 54
Herbsttagundnacht-
gleiche 54
Herche 20
Herdentiere 42
Herdentierfell 42
Herfjötur 31
Hergrim Halbtroll 5
Hergunnur 35
Heri 32
Herja 31
Herkir 6
Herkja 35
Hermodr 37
Hertha 28
Hervor => Heidrek
Hervor und Heidrek
=> Heidrek
Herz 63
Hexe 58
Hianka 31
Hidde 34
Hild 31
Hildolf 5
Hildolf 20
Himingläva 35
Himmel 52
Himmelsrichtungs-
Mandala 54
Himmelsträger-
Zwerge 32
Hirsch 42
Hjaltrimul 31

278

Keiler 42
Kenningar 75
Kerbel 45
Kessel 57
Keule 66
Kiebitz 40
Kili 32
Kisi 34
Kiste 57
Kjallandi 6
Kjallandi 35
Klaufi 34
Klee 45
Kleima 35
Knochen 67
Knoten 64
Kobolde 36
Kol der Bucklige 39
Kolfrosta 28
Kolga 35
Kopf 63
Kormoran 40
Korn 45
Körperteile 65
Köttr 34
Kraftgütel => Gürtel
Krähe 40
Kraka 31
Kranich 40
Kräuter 45
Kreppvör 35
Kriegerin 62
Kreuzblume 45
Kreuzkraut 45
Krönung 64
Kröte 44
Kuckuck 40
Kuril 6
Kult 55
Kundalini 64
Kwasir 20
Kyrmir 6

Lachanfall 64
Lachen 55
Lachs 44
Landgeister 36
Lauch 45
Laufey 26
Laurin 7
Laus 40
Leber 63
Leib 63
Leidi 34
Leifi 6
Leifnir 6
Leikn 35
Leimrute 66
Leiter 49
Leirvör 35
Leopard 43
Lerche 40
Lidskialf 20
Liebestrank 70
Liebeszauber 64
Lif 39
Lifthrasir 39
Litr 6
Litr 32
Ljod 29
Ljota 35
Lodin 6
Lodinfingra 35
Lodur 16
Lofar 7
Lofn 29
Lofnheid 35
Logi 34
Loki 16
Loni 32
Lopthoena 28
Lori 35
Loricus 6
Löwe 43
Löwenmäulchen 45

Luchs 43
Lutr 34
Lyngheid 35
Magni 19
Malseron 34
Mana 35
Managarm 43
Mannus 20
Mardalla 27
Marder 43
Margerdr 35
Margerthur 35
Mangold 45
Mantel 67
Mantel der Nanna 67
Marnar 29
Märzviole 45
Maske => Helm
Maus 44
Meer 49
Meer der Zeit 55
Meer-Menschen 36
Mehlbeere 45
Mehltau 45
Meili 9
Meise 40
Menglöd 22
Menja 28
Menschenopfer 64
Messer 66
Midgard 52
Midgardschlange 41
Midi 6
Midjungr 34
Midwitnir 6
Mimir 6
Mist 31
Mistel 45
Mistkäfer 40
Mittelpfeiler =>
Yggdrasil
Mittsommer 54

Miötwitnir 32
Mjoll 34
Modgudr 29
Modgudr 31
Modi 19
Modrädnir 32
Modsognir 7
Mögthrasir 6
Moin 32
Mökkurkjalfi 6
Molda 35
Mona 20
Mond 48
Mondul 32
Moosfrau von
Saalfeld 32
Moosleute von
Arntschgereute 32
Mörn 35
Möwe 40
Mühle 66
Mundilfari 6
Munin 40
Munnharpa 35
Münze 67
Muspel 6
Muspelheim =>
Feuer 52
Myrkrida 35
Myrkvid 49
Nabbi 32
Nacktheit 60
Nadel 55
Nägel 55
Naglfar 49
Nain 32
Nali 32
Namensgebung 64
Nanna 21
Nauma (Hel) 35
Nar 32
Narfi 6

Nari Loki-Sohn 19
Nati 6
Naudir 36
Nebel 64
Nefia 35
Nehalennia 29
Neri 30
Neris Schwester 30
Nerthus 28
Nepr 20
Nessel 45
Netz 67
Neuentstehung aus
den Knochen 55
neun Heimdall-
Mütter 35
neun Schwestern 35
Niblung 7
Niblung 39
Nicor 34
Nid 64
Nidi 32
Nidr 28
Nidud 16
Nieswurz 45
Niflheim => Eis 52
Niping 32
Nirdir 10
Niola 48
Njola 48
Njörd 10
Njörun 29
Nölvi 10
Norden 54
Nordosten 54
Nordri 32
Nordwesten 54
Nori 32
Nornen 30
Norr 34
Norr 48
Nott 48

Nyi 32
Nyr 32
Nyrad 32
Oddrun 31
Odin 13/14
Odr 20
Ofoti 5
Öflugbarda 35
Öflugbardi 6
Ogautan 39
Ogladnir 6
Ogn 35
Ohr 63
Oin 7
Olius 32
Ölwaldi 5
Omen 71
Onarr 48
Öndudr 6
Onn 32
Opfer 64
Orakel 71
Oregano 45
Ori 32
Örnir 6
Ortnit 34
Ösgrui 5
Öskrudr 34
Ostara 29
Osten 54
Otr 32
Otter 44
Otunfaxe 39
Penis 55
Perchta 28
persönliches Glück 64
Pfeil 66
Pferd 42
Pferdezwillinge 12
Pflug 67
Phol 9
Polygamie 55

Priester 60
Priesterin 58
Prolog (Edda) 77
Prophezeiung 71
Pukis 36
Rabe 40
Rad 67
Radgrid 31
Radvör 35
Ragnar Lodenhose 39
Ragnarök 55
Ran 27
Randalin 31
Randgnid 31
Randgrid 31
Rangbeinn 5
Rasereitrank 70
Raswid 32
Rätsel 76
Raud 34
Raugnir 34
Raum 6
Reck 32
Regenbogenbrücke
49
Regin 7
Reginleif 31
Reiher 40
Rentier 42
Riesen auf der West-
Insel 6
Riesen-Baumeister 6
Riesen von
Feldkirchen 34
Riesen von
Lichtenberg 35
Rifingalfa 35
Rifingöflu 35
Rigingöflu 35
Rind 42
Rindr 20
Ring 57

Ringkampf 55
Rist 31
Robbe 44
Rögnir 7
Rose 45
Röskva 37
rot 46
rota 31
Rotkehlchen 40
Rücken 63
Rud 35
Rudent 6
Rudi 34
Runa 35
Runen 72
Runenkästchen von
Auzon => Kiste
Runenstein 64
Runenstein von Ardre
64
Rußland-Riese 6
Rütze 35
Rygi 35
Saemdill 6
Saga 28
Sährimnir 42
Säkarsmuli 6
Salbei 45
Salfangr 6
Sam 34
Sämingr 39
Sanngrid 31
Sati 51
Säule => Weltenbaum
52
Saxnot 20
Sceaf 20
Schachtelhalm 45
Schädelschale 63
Schadenszauber 64
Schaf 42
Schafgarbe 45

281

Schaumkraut 45
Schierling 45
Schild 66
Schlafdorn 55
Schlangen 41
Schlangenauge 63
Schlangengrube 49
Schlangenzunge 63
Schleifstein =>
Wetzstein
Schmetterling 40
Schmied 4
Schmied 55
Schnecke 44
Schneeweiß-
Goldschöne 28
Schuh 63
Schutzgeist =>
Fylgja/Hamingja
Schutzzauber 64
Schwalbe 40
Schwan 40
Schwanenkleider der
Walküren 40
Schweden-Riese 6
Schwein 42
Schwert 66
Schwitzhütte 64
sechsköpfiger Riese 6
Seehund 44
Seekuh 44
Seelenvogel 40
Seelenvogel 50
Segen 68
Seher 60
Seherin 58
Seidelbast 45
Seidr 64
Sel 6
seltsamer dritter
Bruder 55
Sense 67

Siar 32
Sichel => Sense
sieben Schwestern 28
Siegfried 38
Sieglind 31
Siegstein 67
Sif 24
Sigdrifa 31
Sigurd 38
Sigi 39
Sigrlami 39
Sigrun 31
Sigyn 28
silbern 46
Simul 31
Sinmara 28
Sindri 32
Sinthgunt 29
Sivör 35
Sjuld 31
Skadi 20
Skafid 32
Skalden 61
Skaldatal 77
Skaldenlieder 78
Skaldinnen 61
Skalli 34
Skalmöld 31
Skadskaparmal 77
Skärir 5
Skeggiöld 31
Skidbladnir 49
Skimsli 5
Skirnir 37
Skirkjar 35
Skirwir 32
Skjalf 29
Skjalv 34
Skjellinefja 29
Skjöldr 39
Skögul 31
Sköll 43

Skorpion 40
Skrati 34
Skrymir 5
Skrimnir 5
Skuld 30
Slagfid 39
Sleggja 35
Snae 34
Snotra 29
Solbiart 5
Sohn der Freya 19
Sohn des Freyr 19
Solblindi 5
Sölfn 29
Sommer 54
Somr 5
Sonne 48
Sonnengöttin 48
Sonnenhymne 64
sonstige Magie 64
Sörli 39
Spatz 40
Specht 40
Speer 66
Sperber 40
sprechende Tiere 41
Sprichworte 74
Spindel 55
Spinnerin 55
Spiritus familiaris 36
Sprettingr 5
Stab 67
Starkad 6
Starkad 39
Stärketrank 70
Statue 57
Stein 64
Steine und Edelsteine
64
Steinigung 55
Stern 48
Sternbild 48

Sternbild 55
Stigandi 5
Storch 40
Storkvid 34
Stoverkr 34
Strahlen-Breitsame
45
Strudel 49
Struthan 34
Stumi 5
stumm 63
Süden 54
Südosten 54
Sudri 32
Südwesten 54
Surtur 6
Suttung 6
Svada 5
Svadi 5
Svaf 7
Svarangr 5
Svasudr 6
Svatr 6
Sveid 31
Sveipinfalda 35
Svidi 6
Svip 5
Svipul 31
Svivör 31
Swaf 20
Swanhild 31
Swanwit 31
Swawa 31
Swior 32
Swipdag 20
Syn 29
Syr 29
Tafl 57
Tal 52
Tamfana 29
Tarn-Kappe 67
Tarn-Umhang 67

284